主　　编　蒋惠岭　国家法官学院副院长
　　　　　　　　　最高人民法院司法案例研究院负责人
副 主 编　关　毅　国家法官学院科研部主任
　　　　　刘　畅　最高人民法院司法案例研究院规划部主任
主编助理　边疆戈　国家法官学院科研部编辑
　　　　　朱建伟　国家法官学院科研部编辑
　　　　　赵文轩　最高人民法院司法案例研究院规划部编辑

《中国法院年度案例》编辑人员（按姓氏笔画）
边疆戈　朱建伟　刘　畅　关　毅　杨小利
罗胜华　赵文轩　胡　岩　袁登明　唐世银
曹海荣　梁　欣　蒋惠岭　程　瑛　谭　红

本书编审人员　罗胜华

中国法院

2020年度案例

国家法官学院
最高人民法院司法案例研究院◎编

金融纠纷

中国法制出版社
CHINA LEGAL PUBLISHING HOUSE

《中国法院年度案例》通讯编辑名单

序

坚持和完善中国特色社会主义法治体系，是党的十九届四中全会作出的一项重要部署。作为其核心组成部分，高效的法治实施体系所要实现的就是让静态的法律制度在实践中得到良好实施。《中国法院年度案例》丛书的价值追求，即公开精品案例，研究案例所体现的裁判方法和价值理念，提炼裁判规则，助推司法标准统一。

《中国法院年度案例》丛书，是国家法官学院于2012年开始编辑出版的一套大型年度案例丛书。丛书由国家法官学院案例开发研究中心具体承担编辑工作，每年年初定期出版。此前，该中心坚持20余年连续不辍编辑出版了《中国审判案例要览》丛书近90卷，分中文版和英文版在海内外发行，颇有口碑，享有赞誉。作为一种全新的案例研究产品，《中国法院年度案例》丛书旨在加强完善中国特色案例指导制度，探索编辑案例的新方法、新模式，以弥补当前各种案例出版物的不足。该丛书2012~2019年已连续出版8套，一直受到读者的广泛好评，并迅速售罄。为更加全面地反映我国司法审判执行工作的发展进程，顺应审判执行实践的需要，响应读者需求，2014年度新增3个分册即金融纠纷、行政纠纷、刑事案例，2015年度将刑事案例调整为刑法总则案例、刑法分则案例2册，2016年度新增知识产权纠纷分册，2017年度新增执行案例分册，2018年度、2019年度将刑事案例扩充为4个分册。现国家法官学院及时编撰推出《中国法院2020年度案例》系列丛书，共23册。

当前市面上的案例丛书百花齐放，又有裁判文书网，可以查询各级法院、各类的裁判文书，还有各种专门领域的案例汇编书籍，以及各种案例指导、案例参考等读物，各具特色。而《中国法院年度案例》丛书则以开放务实的态度、简洁明快的风格，试图把案例书籍变得“好读有用”，故在编辑中坚持以下方法：一是高度提炼案例内容，控制案例篇幅，每个案例基本在3000字以内；二是突出争议焦点，剔除无效信息，尽可能在有限的篇幅内为读者提供有效、有益的信息；三是注重对案件裁判文书的再加工，大多数案例由案件的主审法官撰写“法官后语”，高度提炼、总结案例的指导价值。

同时，《中国法院年度案例》丛书还有以下特色：一是信息量大。国家法官学院案例开发研究中心每年从全国各地法院收集到的上一年度审结的典型案例近万件，使该丛书有广泛的选编基础，可提供给读者新近发生的全国各地多种类型的代表性案例。二是方便检索。为体现以读者为本，丛书分卷细化，每卷下还将案例主要根据案由分类编排，每个案例用一句话概括裁判规则、裁判思路或焦点问题作为主标题，让读者一目了然，迅速找到目标案例。

中国法制出版社始终全力支持《中国法院年度案例》丛书的出版，给了作者和编辑们巨大的鼓励。2018年、2019年连续推出数据库增值服务，2020年继续提供数据库增值服务并充实完善数据内容。购买本书，扫描前勒口二维码，即可在本年度免费查阅往年同类案例数据库。我们在此谨表谢忱，并希望通过共同努力，逐步完善，做得更好，真正探索出一条编辑案例书籍、挖掘案例价值的新路，更好地服务于学习、研究法律的读者，服务于社会，服务于国家的法治建设。

本丛书既可作为法官、检察官、律师等司法实务工作人员的办案参考和司法人员培训推荐教程，也是社会大众学法用法的极佳指导，亦是教学科研机构案例研究的精品素材。当然，案例作者和编辑在编写过程中也难以一步到位实现最初的编写愿望，可能会存在各种不足，甚至错误，欢迎读者批评指正，我们愿听取建议，并不断改进，不断扩大案例研究领域，实现中国特色案例研究事业新发展。

从今年起，《中国法院年度案例》改由国家法官学院与最高人民法院司法案例研究院共同编辑。最高人民法院司法案例研究院是中编办批准设置的最高人民法院的司法案例专门研究机构，与国家法官学院合署办公，在最高人民法院领导下，秉持服务司法审判实践、经济社会发展、法学教育研究、中外法学交流、法治中国建设的办院宗旨，坚持“服务、创新、合作、开放、共享”工作原则，依托国家法官学院开展司法案例的收集、生成、研究、发布和国际交流工作。司法案例研究院的加入，必将使本套丛书的编辑力量更加壮大，案例质量将进一步提升。

国家法官学院副院长
最高人民法院司法案例研究院负责人
蒋惠岭

目　录

Contents

一、银行卡纠纷

（一）借记卡纠纷

1. 借记卡盗刷民事法律问题案例分析 …… 1
——谢某诉某银行借记卡案

2. 免密支付方式下银行卡盗刷案件的责任承担认定 …… 4
——热某特诉中国建设银行股份有限公司广州执信路支行借记卡案

3. 商业银行身份识别及安全保障义务的责任认定 …… 7
——赵某章诉中国建设银行股份有限公司北京八角北里支行银行卡案

4. 网络盗刷案件中，持卡人未尽合理注意义务应承担部分资金损失 …… 11
——李某诉招商银行股份有限公司、招商银行股份有限公司北京朝外大街支行借记卡案

（二）信用卡纠纷

5. 发卡机构按照与持卡人的约定以网站公告通知信用卡收费项目等的变更对双方具有约束力 …… 15
——中国银行股份有限公司宜兴支行诉胡某飞信用卡案

6. 信用卡分期付款手续费应从借款金额中扣除 …… 18
——中国工商银行股份有限公司镇江中山支行诉周某信用卡案

7. 信用卡借款利息及违约金的审查 …… 22
——中国工商银行股份有限公司云浮分行诉黄某、陈某清信用卡案

8. 银行卡盗刷案件中过错原则的适用 …… 26
——李某宁诉中信银行股份有限公司信用卡中心北京分中心银行卡案

9. 持卡人不需承担发卡机构单方收取的违约金或滞纳金 …… 30
——江苏宜兴农村商业银行股份有限公司鲸塘支行诉陈某琳信用卡案

10. 信用卡出借、夫妻共同债务、诉讼时效问题研究 …… 33
——北京银行股份有限公司信用卡中心诉杜某容信用卡案

11. 共同还款承诺不因离婚而失效 …… 37
——中国农业银行股份有限公司重庆南川支行诉龚某、陈某刚信用卡案

二、储蓄存款合同纠纷

12. 举证责任分配不因为一方当事人对司法鉴定意见不认可又不申请重新鉴定而改变 …… 40
——孙某诉中国邮政储蓄银行股份有限公司吉首市人民北路营业所储蓄存款合同案

三、金融借款合同纠纷

（一）金融借款合同担保纠纷

13. 有追索权保理所涉法律关系本质上属于金融借款合同纠纷 …… 47
——中国银行股份有限公司通辽分行诉王某等金融借款合同案

14. 债权人在保证人重整结束后主张债权时的权利限制 …… 50
——中国邮政储蓄银行股份有限公司常州市分行诉许某晶、常州市金丰置业有限公司金融借款合同案

15. 人民法院是否应主动审查保证期间 …… 54
——惠来县农村信用合作联社诉广州天特食品有限公司等金融借款合同案

16. 借款人构成犯罪，借款合同、保证合同并不当然无效 …… 57
———石门县交通建设投资有限公司诉廖某胜等追偿权案

17. 新的一般法与旧的特别法冲突时，法律适用问题…………………………… 60
——衡阳农村商业银行股份有限公司诉衡阳市鸿丰港务有限公司等金融借款合同案

18. 保证期间主张权利产生保证期间作用完结、保证诉讼时效开始计算的法律后果 ……………………………………………………………… 64
——北京农村商业银行股份有限公司汤河口支行诉北京飞箭钢锉有限责任公司、北京宝鸿实业总公司返还金融借款合同案

19. 联户联保最高额借款责任限额应以户为单位 …………………………… 69
——山东莱芜农村商业银行股份有限公司诉崔某国等金融借款合同案

20. 预抵押登记的法律效力 ……………………………………………………… 72
——中国建设银行股份有限公司寿宁支行诉王某花、龚某海金融借款合同案

21. 预购商品房仅办理抵押预告登记的，预告登记权利人对该商品房不享有优先受偿权 ……………………………………………………………… 75
——中国建设银行股份有限公司信宜支行诉白某沂、信宜市东恒房地产有限公司金融借款合同案

22. 银行无法提供其保管的保证文书可作对其不利的推定 ………………… 78
——浙江瑞安农村商业银行股份有限公司诉薛某弟等金融借款合同案

（二）金融借款合同履行纠纷

23. 保证人在主债务履行期限届满前死亡的保证责任认定 ………………… 82
——浙江瑞安农村商业银行股份有限公司诉陈某双等金融借款合同案

24. 如何确定提前收回贷款的日期 ………………………………………………… 85
——福鼎市农村信用合作联社诉兰某宏等金融借款合同案

25. 应收账款质押案件中债务人确认债务后又“反悔”情形的处理 …………… 88
——中信银行股份有限公司济宁分行诉山东雨生塑胶科技有限公司、山东海虹电力器材有限公司金融借款合同案

26. 银行宣布贷款提前到期的效力认定 …………………………………………… 92
——淄博博山农村商业银行股份有限公司诉博山金大贸易有限公司等金融借款合同案

27. 金融借款合同中约定的金融机构得“随时”扣划账户存款的权利不适用诉讼时效 …… 96
——薛某诉渠县农村信用合作联社金融借贷案

28. 向多笔借款共用还款账户汇款时诉讼时效中断的认定 …… 99
——交通银行股份有限公司南通分行诉杨某、官某晖金融借款合同案

（三）其他金融借款合同纠纷

29. 超出日常生活所需的债务是否为夫妻共同债务 …… 103
——安溪县农村信用社合作联社龙门信用社诉林某超等金融借款合同案

30. 夫妻一方冒用另一方名义共同向银行借款不应认定为夫妻共同债务 …… 106
——四川长宁竹海农村商业银行股份有限公司诉雷某生、周某丽金融借款合同案

31. 继承人未举证证明遗产尚未处理而表示放弃继承的法律效力 …… 109
——仙游县农村信用合作联社诉李某姐等金融借款合同案

32. 自然人受让金融不良债权后能否向非国有企业债务人主张利息 …… 112
——侯某旭诉淄博绿海果菜开发总公司等金融借款合同案

33. 一般金融不良债权转让中，受让人向非国有企业债务人主张不良债权受让日之后发生的利息的，人民法院应予支持 …… 117
——嘉兴湖岸一号投资合伙企业诉常州钟旅房地产开发有限公司金融不良债权追偿案

34. 未将金钱交付给债权人不属于清偿债务 …… 121
——吉林蛟河农村商业银行股份有限公司天岗开发区支行诉张某等金融借款合同案

35. 名义借款人与实际借款人不一致时应由谁承担还款责任 …… 125
——陕西府谷农村商业银行股份有限公司孤山支行诉郝某开等金融借款合同案

36. 假按揭中行为人的伪装行为之无效不能对抗善意第三人 …… 128
——中国建设银行股份有限公司常州分行诉金某元等金融借款合同案

37. 共同还款承诺书的效力及权利主体 …… 133
——江苏镇江农村商业银行股份有限公司诉江苏中腾市政公路工程有限公司等金融借款合同案

38. 浅析金融借款合同中复利的计算 …… 137
——东营农村商业银行股份有限公司东城支行诉东营恒旭木业有限公司等金融借款合同案

39. 主债权诉讼时效届满后重新起算的，原抵押权能否得到法院支持 …… 141
——江西铅山农村商业银行股份有限公司诉李某雷、汪某平、汪某凤金融借款合同案

四、票据纠纷

（一）票据追索权纠纷

40. 票据追索权之形式要件与实质要件在审判实务中的认定 …… 145
——山东崇正控股集团有限公司诉宝塔石化集团财务有限公司等票据追索权案

41. 刑民交叉案件中票据追索权行使与抗辩的司法审查 …… 147
——无锡市新瑞元贸易有限公司诉江苏江南农村商业银行股份有限公司常州市新北支行、无锡汉泽源贸易有限公司票据追索权案

42. 出票人拒绝提示票据支付密码，票据持有人有权向出票人行使票据追索权 …… 151
——罗某文诉北京德斯朗科技有限公司票据追索权案

43. 补记是支票转让的法定方式 …… 155
——北京瑞雪鼎尚商贸有限公司诉北京勇博机电设备安装有限公司票据追索权案

44. 票据持有人未填写收款人是否享有票据权利 …… 158
——赵某某诉北京某某投资顾问有限公司票据追索权案

45. 涉及案件基本事实认定的关键证据不适用证据失权制度 …… 162
——北京南光石油化工有限公司诉江苏正信和荣石油化工有限公司票据追索权案

46. 商业承兑汇票的出票人不得以与其前手之间基于基础交易的抗辩对抗持票人 …… 168
——台州廊泵制动装置有限公司诉中建宏能物资贸易有限公司票据追索权案

（二）票据返还请求权纠纷

47. 票据无效或出票人未取得额外利益的，票据利益返还请求权不成立 …… 171
——中山市六方照明科技有限公司、区某登诉中山市古镇伟球贸易拓展部、区某标票据利益返还请求权案

48. 票据利益返还请求权的认定及举证责任分配 …… 174
——上海银天建材有限公司诉上海瑞锦金属制品有限公司票据利益返还请求权案

（四）其他票据纠纷

49. 票据付款请求权人的主体认定及其证明责任 …… 179
——洛阳诚晟商贸有限公司诉中国民生银行股份有限公司北京首体南路支行票据付款请求权案

50. 破损票据的效力及权利人认定 …… 183
——中国光大银行股份有限公司上海真新支行诉中国民生银行股份有限公司北京西坝河支行票据付款请求权案

五、证券纠纷

51. 违反先行为义务应承担相应的赔偿责任 …… 187
——林某红诉信达证券股份有限公司沈阳黑龙江街证券营业部证券案

52. 质押式证券回购纠纷中的法律问题 …… 190
——信达证券股份有限公司诉颜某刚、梁某红质押式证券回购案

53. 券商对投资者的信用账户进行强制平仓操作过程中的通知义务 …… 196
——殷某诉中国银河证券股份有限公司上海东方路证券营业部、中国银河证券股份有限公司证券交易代理合同案

54. 涉融资融券交易的民事纠纷若干问题分析 …… 200
——林某东诉中国银河证券股份有限公司证券交易合同案

55. 债券市场信息披露行为对于根本违约认定的影响 …………………………… 206
——景顺长城基金管理有限公司诉中国城市建设控股集团有限公司债券交易案

六、信用证纠纷

56. UCP600 下信用证通知行表面审查义务的判断标准 ……………………………… 209
——脉织控股集团有限公司诉交通银行股份有限公司信用证议付案

七、融资租赁纠纷

57. 购买生产资料形成的债务并无不必然构成夫妻共同债务 ……… 212
——沃尔沃建筑设备投资（中国）有限公司诉张某良、杨某英融资租赁合同案

八、其他

58. 已出让的优先受益权份额附注权利保留的效力及后果 ………………………… 216
——刘某波诉中信信托有限责任公司营业信托案
59. 开发商以签订房屋买卖合同并登记备案的形式作房屋回购担保的，应履行房屋回购担保义务，而不能直接以房抵债 ………………………………… 220
——解某珍诉云南道恒中天股权投资基金管理有限公司、云南华楚投资开发有限公司委托理财合同案
60. 保理融资方伪造基础合同不当然导致保理合同无效 ………………………… 225
——马某颖诉中信商业保理有限公司北京分公司等合同案

一、银行卡纠纷

（一）借记卡纠纷

1

借记卡盗刷民事法律问题案例分析

——谢某诉某银行借记卡案

【案件基本信息】

1. 裁判书字号

黑龙江省哈尔滨市南岗区人民法院（2019）黑 0103 民初 3024 号民事判决书

2. 案由：借记卡纠纷

3. 当事人

原告：谢某

被告：某银行

【基本案情】

谢某于 2008 年 9 月 29 日在某银行处开户办理银联理财白金卡，该卡被授权用于境外消费，2018 年 4 月 8 日谢某在三亚收到 6 条短信提示，内容为谢某的银行卡被非授权用于境外消费，当时银行卡在谢某自己身上，谢某意识到银行卡被非授权使用，马上电话挂失该银行卡，次日，谢某去三亚银行进行了书面报案，得知自己银行卡被非授权支付金额总计 5607.05 美元，合计人民币 36445 元，谢某在 2018 年

4月9日向三亚市公安局吉阳分局报案，至今此案未破，谢某将钱款存入某银行处，双方形成合同关系，某银行对谢某存款具有安全保障的法定义务和负有全面履行存款合同的义务，谢某并不存在丢失银行卡和泄露密码的过错，因此某银行应当对谢某的银行卡被盗刷承担赔偿责任，故起诉至法院。

【案件焦点】

1. 对于争议账户中存款损失某银行是否存在过错；2. 谢某是否存在未妥善保管或使用银行卡，对此造成的损失是否应承担相应后果。

【法院裁判要旨】

黑龙江省哈尔滨市南岗区人民法院经审理认为：本案是谢某借记卡被盗刷引起的纠纷，借记卡是金融支付工具，是双方当事人储蓄合同的外在载体，直接证明双方当事人之间的储蓄合同关系成立，某银行即负有保障谢某作为储蓄人的合法权益，不受任何单位和个人侵犯的义务。从涉案借记卡被境外消费及谢某整个报案经过可以认定谢某主张的借记卡在国外被盗刷的事实。关于某银行辩称谢某借记卡被盗刷可能因谢某自身原因泄露密码所致问题，如需进行刷卡消费，需有借记卡和掌握密码二个条件缺一不可，谢某持有的借记卡系某银行向谢某发行的金融支付工具，某银行应保障谢某持有的借记卡的唯一性及不可复制性，即使谢某因自身原因泄露了密码，如不持有借记卡，不会导致其借记卡被盗刷，上述事实可以认定谢某持有的借记卡未脱离谢某控制，可以认定谢某的借记卡被盗刷要么系谢某持有的借记卡被复制，要么某银行给谢某发行的该卡不具有唯一性，某银行对此未尽到应负有的保障义务，同时，某银行对其主张的谢某自身原因泄露密码这一事实未举证证明，应承担举证不能的不利法律后果。谢某持有的借记卡被盗刷系某银行没有尽到保障谢某作为储蓄人的合法权益的义务，应由某银行承担违约责任，对谢某的借记卡被盗刷的金额人民币36445元应由某银行依法予以赔偿。

综上，依照《中华人民共和国合同法》第八条、第六十条、第一百零七条之规定，判决如下：

被告某银行于本判决生效后十日内赔偿原告谢某人民币36445元。

【法官后语】

借记卡境内外盗刷事件频发，与之相关的法律问题因此成为各界关注的焦点。在借记卡盗刷案件的审理过程中应注意以下几点：第一，银行虽然是保护储户安全的一方，但储户应对存在他人利用伪卡盗刷的事实提供证据加以证明，没有证据或不足以证明他人利用伪卡盗刷的事实，应由储户承担不利的后果。第二，如果储户能证明案发时真卡由其持有，且储户不能在短时间内往返于己方所在地和盗刷地之间，银行未提出足以反驳的证据的，如案发后不久储户的银行卡到己方所在地银行存款或取款，并保留凭条和短信通知，或到己方所在地或被盗刷所在地公安机关报案时出示银行卡，证明案发时自己持有真卡，且自己不可能在案发时到存取款或报案时往返于自己所在地和盗刷地之间的，法院应认定盗刷事实的存在，由银行承担赔偿责任。第三，储户证明系被盗刷后，如果银行主张银行卡被盗刷系储户泄露密码所致，应该对主张提交证据予以证实，否则，承担举证不能的不利后果。第四，该类案件中银行一般会提出“先刑后民”的抗辩，但储户要求追究的是银行在履行储蓄存款合同过程中的违约责任，存款被盗刷的刑事案件是否被定罪，不影响本案民事案件裁判结果，且根据《最高人民法院关于在审理经济纠纷中涉及经济犯罪嫌疑若干问题的规定》第一条、第十条规定，此类民事案件可以独立于民事案件受理和审理，故该类案件无须中止审理。

防患于未然，当事人银行卡应开通信息提醒服务，以便及时了解资金动向，发现被盗，马上采取以下行动：第一，发现资金异常，立即办理临时挂失。第二，不能及时挂失的情况下，应找最近的银行在最短的时间使用自己办理的银行卡进行存取款操作，打印相关凭证。已经及时办理挂失的持卡人应迅速到附近的 ATM 机操作银行卡，由于此前已经办理挂失，ATM 机将进行吞卡处理。以证明该银行卡在被盗刷时真卡在当事人手中。第三，进行完上述操作后应立即向公安机关报案，领取相应的回执，这样在银行主张权利时才有据可查。

编写人：黑龙江省哈尔滨市南岗区人民法院　付鑫蕊

2

免密支付方式下银行卡盗刷案件的责任承担认定

——热某特诉中国建设银行股份有限公司广州执信路支行借记卡案

【案件基本信息】

1. 裁判书字号

广东省广州市越秀区人民法院（2018）粤0104民初28266号民事判决书

2. 案由：借记卡纠纷

3. 当事人

原告：热某特

被告：中国建设银行股份有限公司广州执信路支行（以下简称建行执信路支行）

【基本案情】

热某特在建行执信路支行处申领涉案银行卡，2018年7月13日深夜至7月14日凌晨，热某特在银行预留的手机号码收到短信，提示涉案银行卡在境外消费六笔，共计15985.69美元。热某特于14日凌晨以电话形式向中国建设银行挂失涉案银行卡，于14日上午前往建行东圃支行申请止付涉案交易，于14日下午向派出所报案。热某特表示涉案六笔交易均非其本人所为，故诉至法院要求建行执信路支行赔偿其损失。建行执信路支行辩称涉案交易不能认定为伪卡交易，且不排除有热某特将银行卡交予他人消费的可能，若为伪卡交易，热某特作为持卡人应对其未妥善保管支付密码导致的损失承责等。

从热某特提交的手机短信记录、银行卡消费记录及建行执信路支行提交的通用机打凭证、银行卡客户交易明细清单、消费底单等证据可知，涉案六笔“POS机消费”交易均发生在英国伦敦，六笔交易按照交易时汇率计算合计人民币105315.32元。热某特的出入境记录显示，热某特在交易发生时身处中国境内。此外，热某特在向银行申请止付及向派出所报案时均出示了银行卡原件。热某特指出涉案银行卡在境外通过“VISA”卡方式消费不需要输入密码，并将其致电中国建设银行客服电话确认的通话录像提交给法院。

【案件焦点】

1. 涉案银行卡是在免密支付方式下被盗刷的，免密支付方式下银行卡被盗刷造成的损失，责任承担应当如何分配；2. 涉案银行卡的约定付款方式为预授权付款，在授权刷卡消费与实际扣款成功之间存在 48 小时的时间差，该时间段内热某特与建行执信路支行的行为与法院认定损失责任承担的关系。

【法院裁判要旨】

广东省广州市越秀区人民法院经审理认为：本案六笔“POS 机消费”交易发生在英国伦敦，交易发生时热某特身处中国境内，故可认定涉案款项交易非热某特所为。热某特在银行卡被盗刷当天上午即到银行使用涉案银行卡办理挂失业务，亦不存在热某特将涉案卡片交予他人在伦敦消费的可能性。因此，法院认定热某特的理财卡被境外不法分子非法复制并使用，涉案六笔“POS 机消费”系他人盗刷。六笔交易授权消费金额按照交易时汇率计算，折合人民币 105315. 32 元。

本案主要争议焦点在于建行执信路支行对热某特存款损失承担责任的认定：一方面，热某特经建行执信路支行审核批准领取涉案理财卡，双方成立储蓄存款合同关系，建行执信路支行有义务确保热某特账户内资金安全。涉案银行卡在境外通过“VISA”卡消费不需要密码，防止银行卡不被非法复制是保障热某特账户资金安全的唯一举措，如果发生盗刷交易，责任全在建行执信路支行。另一方面，涉案交易从授权消费到扣款成功之间存在 48 小时的时间差，热某特在发现交易异常后及时向银行挂失并申请止付，而建行执信路支行作为服务提供方及“VISA”卡合作方，在上述时段内未能采取有效措施停止支付，建行执信路支行应对热某特的损失承担责任。综上，热某特账户损失人民币 105315. 32 元，是因为银行卡被他人非法复制及使用导致，且建行执信路支行在涉案交易发生后未能采取有效措施停止支付，故建行执信路支行应承担全部责任，向热某特赔偿全部损失。广东省广州市越秀区人民法院依照《中华人民共和国合同法》第八条、第六十条第一款、第一百零七条之规定，作出如下判决：

一、在本判决发生法律效力之日起十日内，被告建行执信路支行向原告热某特赔偿人民币 105315.32 元；

二、驳回原告热某特的其他诉讼请求。

【法官后语】

本案纠纷的起因为热某特在建行执信路支行处申领的银行卡在境外以“VISA”卡消费方式被盗刷，笔者认为该案件中主要有以下两个审理关键点：

一、免密支付方式下银行卡被盗刷造成的损失，责任应当如何分配

本案特殊之处在于涉案银行卡是在免密支付方式下被盗刷的。在一般的线下 POS 机刷卡消费中，消费成功需要满足持有真实银行卡及输入正确密码两个条件。对应前述两个条件，银行与储户负有各自的义务：银行作为专业的金融机构，应确保其向储户发行的银行卡不能被非法复制和使用；储户作为支付密码的设定者与保管者，应妥善保管密码确保密码不被非法窃取。在传统的设密支付方式下，银行卡若发生盗刷，法院一般会考量银行及储户各自的过失程度，结合储户是否妥善保管密码、是否为伪卡交易等情况，按一定比例确定银行及储户的承责范围。由于银行卡的交易密码是由储户自己设置，通过加密后传输、保存，具有唯一性和保密性，因此，在通过正确输入密码盗刷成功的案件中，一般认定储户对密码泄露有过错，应对盗刷造成的损失承担次要责任。而在免密支付方式下，储户不再负有妥善保管密码、防止密码被窃取的责任，保障账户资金安全的唯一举措为确保银行卡不被非法复制。银行应保证其发行卡片具有足够高的安全性能，并能对伪卡交易进行有效识别。因此在免密支付的银行卡盗刷案件中，若经核实涉案交易为伪卡交易，在储户无其他明显过错的情况下，银行应对盗刷造成的损失承担全部责任。

二、预授权付款的银行卡被盗刷后储户与银行的行为和损失责任分配的关系

预授权是指持卡人在特约单位消费，消费与结算不在同一时间完成，特约单位通过“POS”机预先向发卡机构索要授权的行为。预授权付款的银行卡被盗刷后，在授权刷卡消费与实际扣款成功之间往往存在一定的时间差，该时间段内被盗刷的款项处于预授权冻结状态，若储户与银行及时采取措施，极大可能可以避免损失的实际发生。在具体案件的审理中，储户与银行在该时间段有无积极采取应对措施，有无尽到合同义务等情况亦会对损失责任的最终认定有所影响。

具体到本案中，涉案银行卡通过“VISA”卡消费方式被盗刷，在授权刷卡消

费与实际扣款成功之间存在48小时的时间差。热某特在涉案银行卡被盗刷的当天上午即向银行申请挂失该卡并要求止付涉案交易，热某特作为储户已尽到自身的注意义务。而建行执信路支行作为专业的金融机构及服务提供方，在接到热某特的挂失及止付申请后，并未采取有效止付措施防止热某特损失实际发生。此外，建行执信路支行作为“VISA”卡的合作方，亦未及时联系“VISA”卡公司核实涉案银行卡的交易情况。热某特损失的实际发生与建行执信路支行的不作为有着直接关系，这也是法院判决建行执信路支行对热某特的损失承担全部责任的重要原因之一。

编写人：广东省广州市越秀区人民法院　谢梦莹

3

商业银行身份识别及安全保障义务的责任认定

——赵某章诉中国建设银行股份有限公司北京八角北里支行银行卡案

【案件基本信息】

1. 裁判书字号

北京市石景山区人民法院（2017）京0107民初12073号民事判决书

2. 案由：银行卡纠纷

3. 当事人

原告：赵某章

被告：中国建设银行股份有限公司北京八角北里支行（以下简称建行八角支行）

【基本案情】

2016年9月29日，赵某章在建行八角支行申办了尾号为8606的建行储蓄卡。

2016年10月14日至10月20日，尾号为8606的涉案银行卡与深圳市财付通科技有限公司（即通常所指微信，以下简称财付通）发生多笔消费交易。

2016年10月31日，北京市石景山看守所向赵某章出具的看守所在押人员私人物品存据显示，物品名称中含有尾号为8606的涉案银行卡、OPPO牌手机等。

2016年11月11日至11月15日，涉案银行卡与财付通公司再次发生38笔消费交易，合计金额49959.04元。

2016年11月22日、24日，建行八角支行四次向赵某章在银行预留的手机号码发送短信，内容均为：您尾号8606的账户，已开通支付宝（中国）网络技术有限公司（以下简称支付宝）快捷支付，开通后交易扣款将由商户发起，请妥善保管短信验证码等重要信息［建设银行］。

2016年11月22日至11月26日，涉案银行卡与支付宝发生38笔消费交易，分别为：2016年11月22日18笔、2016年11月23日9笔、2016年11月24日8笔、2016年11月26日3笔，合计金额30480.02元。

2016年12月6日，北京市公安局石景山分局作出行政处罚决定书，对赵某章行政拘留14日（2016年12月6日至2016年12月20日）。2016年12月20日，赵某章被解除拘留。

2016年12月24日，赵某章向北京市公安局石景山分局报案称银行卡被盗刷。后北京市公安局石景山分局作出立案决定，但至本案结案时未作出处理结果。

2017年4月，赵某章提起本案诉讼，称其2016年10月31日至2016年12月20日被羁押于北京市石景山看守所，涉案银行卡在2016年11月11日至11月26日通过财付通、支付宝方式发生的前述76笔消费（财付通、支付宝各发生38笔）共计80439.06元，并非其本人行为，系银行卡被盗刷，要求建行八角支行承担责任。

【案件焦点】

建行八角支行对赵某章的存款损失是否存在过错，是否应当承担相应的赔偿责任。

【法院裁判要旨】

北京市石景山区人民法院经审理认为：赵某章在建行八角支行处开立了储蓄账户，双方据此建立了合同关系，该合同关系系双方当事人的真实意思表示，不违反法律、行政法规的强制性规定，应属合法有效。争议款项全部系通过微信（财付通）、支付宝关联涉案银行卡完成资金转账，不同于伪卡交易，不涉及自助设备（ATM）、移动消费终端（POS机）等固定机具，使用中建行八角支行是否存在违反服务协议划转涉案资金的行为。

涉案款项中与微信（财付通）发生的交易部分，赵某章在诉讼过程中认可其有自行开通微信支付功能并进行了2万余元转账操作的行为，虽然赵某章陈述转账后即注销了微信（财付通）支付功能，但未就此提供证据证明，且与法院的调查取证结果并不相符。故法院认定在开通此项服务时，建行八角支行已向赵某章尽到了交易风险说明的义务，且交易流程合规，赵某章应按照建行八角支行的提示谨慎使用该项服务。开通微信支付功能后，由赵某章成功转账支付的行为可知，微信转账支付的密码、验证信息及支付流程赵某章知悉并掌握，争议款项的顺利支付完成亦以输入正确的密码、验证信息等为前提，而赵某章负有妥善保管相关信息的义务。在网络交易情形下，赵某章通过微信实现支付功能时，无须提供银行卡实体卡，也无须建行八角支行的物理介质进行支付，与赵某章当时是否持有微信所绑定的涉案银行卡无关，即赵某章是否被限制人身自由、涉案银行卡是否被有关机关扣押，与赵某章的微信是否发生支付交易不具有必然联系。根据赵某章提供的现有证据，不能证明建行八角支行在赵某章开通微信支付时及后期通过微信消费时操作流程中存在过错，或建行八角支行有其他损害赵某章资金交易安全的行为。故对于赵某章要求建行八角支行赔偿通过微信消费的款项损失49959.04元并支付利息的请求，法院不予支持。

涉案款项中通过支付宝交易的部分，赵某章对涉案银行卡开通支付宝功能及通过支付宝发生的38笔消费不予认可。根据建行八角支行提供的现有证据，尾号为8606的涉案银行卡在与支付宝建立业务关联时，建行八角支行仅向持卡人预留的手机号码发送了内容为“您尾号8606的账户，已开通支付宝（中国）网络技术有限公司快捷支付，开通后交易扣款将由商户发起，请妥善保管短信验证码等重要信息［建设银行］”的信息，没有发送验证信息进行验证。因此，法院认定建行八角支行在涉案银行卡与第三方（支付宝）建立业务关联过程中有不合规之处，存在过错。故对赵某章要求建行八角支行赔偿2016年11月22日至2016年11月26日以支付宝消费方式产生的存款损失26980元（已扣除支付宝赔付的3500.02元）并支付利息的请求，法院予以支持。因此，法院对建行八角支行所持该项抗辩意见，不予采信。

依照《中华人民共和国合同法》第八条、第一百零七条，《中华人民共和国商业银行法》第六条，《中华人民共和国民事诉讼法》第六十四条第一款之规定，判决如下：

一、中国建设银行股份有限公司北京八角北里支行于本判决生效之日起十日内返还赵某章26980元并支付利息（自2017年1月1日起至实际付清之日止，按中国人民银行活期存款利率计算）；

二、驳回赵某章其他诉讼请求。

【法官后语】

线上交易盗刷在审判实践中一直存在较多难点。随着网络经济的发展，诸多支付平台迅速崛起，为电子商务的发展注入了加速剂，但也带来了诸多的法律风险。例如，持卡人将银行卡绑定在第三方支付平台上，若款项在不知情的情况下被转走，责任究竟由谁承担。

实践中，持卡人在将银行卡与第三方平台进行绑定时，需要通过输入银行卡号、手机号、银行发送的动态验证码等步骤完成操作。根据《中国银监会、中国人民银行关于加强商业银行与第三方支付机构合作业务管理的通知》的有关规定，客户银行账户在与第三方支付机构首次建立业务关联时，应经双重认证。[①] 要求对不具备双（多）因素认证条件的客户，其任何账户不得与第三方支付机构建立业务关联。因此，第三方平台支付功能开通时，发卡行对用户身份识别义务的履行情况对持卡人账户资金交易安全及账户损失的责任划分与界定起着尤为重要的作用。

本案中，持卡人在商业银行办理了借记卡，诉争款项均系通过第三方支付平台财付通、支付宝转出，即使用第三方平台的账户及密码进行款项的支付。争议焦点在于商业银行对持卡人账户内的资金损失是否存在过错，是否应当承担相应的赔偿责任。对此，应重点审查商业银行在第三方支付平台的开通及资金转移和支付环节是否完全尽到身份识别义务和安全保障义务，即审查持卡人初次将借记卡绑定在第三方支付平台时，商业银行是否对客户预留的多项信息的一致性等进行核验，确保

① 《中国银监会、中国人民银行关于加强商业银行与第三方支付机构合作业务管理的通知》第三条规定，客户银行账户在与第三方支付机构首次建立业务关联时，应经双重认证，即客户银行账户在通过第三方支付机构认证同时，还需通过商业银行的客户身份鉴别，账户所在银行应通过物理网点、电子渠道或其他有效方式直接验证客户身份，明确双方权利与义务。

客户身份真实可靠。在之后的交易中则无须再次核验，只需按指令付款。本案涉及的财付通支付平台，持卡人自认开通并通过财付通进行交易，说明系持卡人本人将银行卡与第三方平台绑定，商业银行已经履行了客户身份核验义务。第三方平台的账号及密码由持卡人自行保管，在此后的消费中商业银行只需进行账户资金变动的提醒，故对于通过财付通账号损失的金额，商业银行无须承担责任。但在涉案银行卡与支付宝平台建立业务关联时，商业银行仅发送了一条功能开通成功的通知，没有进行身份的核验，在未能确保客户身份真实可靠的情况下，进行了银行卡与第三方平台支付宝的绑定，故法院认定商业银行在银行卡与支付宝平台关联过程中有不合规之处，存在过错，应该对持卡人账户内的资金损失承担赔偿责任。

另外，在法院审理的多数案件中，能够就银行卡被盗刷这一事实予以佐证的，是赵某章的报警记录，但报警记录并不能作为认定盗刷事实的确定依据。除赵某章的报警记录外，还需结合持卡人当时的行为状态、所处地理位置、线上操作的 IP 地址、异常的交易记录等综合考量。具体到本案中，法院结合赵某章的报警记录，对赵某章当时所处位置及行动自由程度予以综合考量。

编写人：北京市石景山区人民法院　孙玥　史立新

4

网络盗刷案件中，持卡人未尽合理注意义务应承担部分资金损失

——李某诉招商银行股份有限公司、招商银行股份有限公司北京朝外大街支行借记卡案

【案件基本信息】

1. 裁判书字号

北京市朝阳区人民法院朝民（商）初字第 55939 号民事判决书

2. 案由：借记卡纠纷

3. 当事人

原告：李某

被告：招商银行股份有限公司（以下简称招行）、招商银行股份有限公司北京朝外大街支行（以下简称朝外大街支行）

【基本案情】

李某向朝外大街支行申请开立借记卡一张，并申请开通了该卡的网上个人银行（大众版）/手机银行服务。网上个人银行（大众版）/手机银行签约服务条款载明：客户申请开通后凭账号、密码、手机号码和手机短信动态验证码进行转账汇款交易时，客户对交易指令及由此产生的结果承担一切经济和法律上的责任。

2015年7月25日，李某收到95555发送的短信一条，内容为“您的银行卡积分已满可兑换1288元现金礼包，请及时登录wap. cmbcix. cc进行兑换，逾期积分清零。[招商银行]”。李某点击了短信上显示的链接网址，在弹出的网站上输入了银行卡卡号等相关信息，并点击获取验证码。李某点击三次，均未收到验证码，遂拨打招行客服电话询问，招行客服回复称银行目前没有这个积分兑换活动。李某称招行客服未作钱款存在风险的提示，李某本人在通话后亦未对账户实施防范措施。

2015年7月25日15:34:18至2015年7月26日11:19:05，李某的招行储蓄卡发生21笔支出，总计支出金额为121091元。其间，招行系统向李某预留手机号发送短信17条，内容为支付验证码和账户资金交易情况。上述短信中，没有对冒充招行客服电话发送虚假信息予以风险提示的短信内容。李某称可能因为被伪基站干扰，当天未收到银行发送的上述短信。

2015年7月26日晚上，李某给朋友转账时发现被盗刷，进行口头挂失并到附近的东湖派出所报案。当晚23:24:26，李某按照警方要求将被盗刷银行卡在ATM机上进行存取操作，以证明持有银行卡。公安机关于次日出具受案回执。招行将通过“银联无卡自助消费CUNP”方式转出的11笔共计4992元追回并返还给李某，剩余盗刷款项朝外大街支行表示需要通过公安机关追回。

庭审中，招行称本案中的盗刷卡是因为李某点击了伪基站发送的钓鱼网站，该网站（wap. cmbcix. cc）不是招行官方网站域名，李某在钓鱼网站上输入了自己的上述信息后，由犯罪嫌疑人拦截了银行发送的验证码后在网络平台上进行转账。

【案件焦点】

1. 李某是否必须等待公安机关侦破案件后向犯罪人求偿；2. 涉案交易是否为李某授权交易；3. 朝外大街支行、招行是否需承担违约赔偿责任。

【法院裁判要旨】

北京市朝阳区人民法院经审理认为：本案非授权交易的行为人涉嫌犯罪，而犯罪嫌疑人并非本案诉讼的参与人，犯罪事实与本案事实并非同一事实和同一法律关系；李某基于借记卡合同关系主张招行、朝外大街支行赔偿损失，可根据民事诉讼的证明责任分配和证明标准完成事实的认定，无须以刑事案件的处理结果为依据。故李某无须等待公安机关侦破案件后再向犯罪人求偿。

本案是犯罪分子利用技术手段，假冒招行短信，骗得李某的银行卡号、密码等信息，并窃取了银行系统发送的手机验证码。按照一般民事案件的高度可能性的证明标准，可以认定涉案交易并非李某的授权交易。招行、朝外大街支行主张签约服务条款约定凡凭密码进行的交易均视为李某本人交易，该条款属于格式免责条款，加重了李某的责任、排除了李某主要权利，招行、朝外大街支行不能以该条款之约定主张免责。

银行保障持卡人资金安全的义务涵盖有形场所的物理安全控制，运营设施、业务处理系统和相关数据存储的安全性，网络通信系统的安全性。银行应当在办理网上支付业务中尽到审慎审核义务，对风险的存在以及防范尽到告知义务；发现钓鱼网站应当及时告知持卡人，并及时采取合理措施防范风险。现无证据证明，朝外大街支行就钓鱼网站相关风险向李某进行了提醒告知或者积极采取防范措施，故本案中朝外大街支行未尽到安全保障义务，应当对李某的损失承担赔偿责任。

李某作为持卡人在保管银行卡信息及审查交易页面真实方面未尽到足够的注意义务。李某点开的钓鱼网站与招行官方网站域名存在显著差异，其未经辨别即行点开。即使在发觉异常、得知没有积分兑换活动后仍未采取积极防范措施保护资金安全，导致损失进一步扩大。李某作为完全行为能力人，对自己的借记卡卡号、密码等信息未尽到合理的保管义务，应在其违约范围内承担部分责任。

综上，依照《中华人民共和国商业银行法》第六条，《中华人民共和国合同法》第八条、第四十条、第六十条、第一百二十条、第一百二十一条，《中华人民共和国民事诉讼法》第六十四条第一款之规定，判决如下：

一、被告招行、朝外大街支行于本判决生效之日起十日内赔偿原告李某损失

58049.5元；

二、驳回原告李某的其他诉讼请求。

【法官后语】

随着电子支付的普及，网络盗刷的责任分担成为审判工作中的重点和难点。银行不能借助实体介质判断交易的真伪，但把交易验证码泄露的风险全部分配给储户，加重了储户的责任，应为无效条款。但在犯罪手段高超的现代社会，如果把损失风险都分配给银行，而不考虑不特定个人对自己的资金、信息安全进行主动保护的必要性，则持卡人没有了主动保护权利的积极性，对银行显失公平。法院判决具有社会示范效果，引导持卡人作为金融消费者对自己的信息安全尽到谨慎注意义务，也是裁判文书应追求的示范效果之一。

因此，本案的审判思路如下：在持卡人完成初步举证责任证明交易为非本人授权交易后，首先审查银行是否尽到足够的安全保障与风险提示义务，如果义务履行有瑕疵，银行应当承担相应责任；其次审查持卡人是否尽到合理注意义务及损失减损义务，如果持卡人未尽到此等义务，则持卡人也应承担相应责任。

第一，银行是否尽到安全保障义务和风险提示义务。安全保障义务的重点在于提供安全的交易环境，这个环境不局限于物理营业场所的安全，还包括网络信息传递途径的安全。银行的客服电话是提供服务的重要途径和载体，银行应当采取积极有效的安全措施避免客服电话被犯罪分子冒用。本案中，银行没有提供安全的网络通信系统，应对损失的发生承担部分责任。对于风险提示义务，银行采用官方客服电话号码联系持卡人、通知交易验证码等相关信息，应明知持卡人会基于对官方客服电话的信赖为一定行为；例如，在电话挂失的时候，银行客服会要求持卡人提供个人信息。因此，银行至少应该做到三点：一是对电子支付模式较传统支付模式而言可能产生的风险进行着重提示；二是在钓鱼网站频现的背景下，主动以短信形式告知持卡人相关风险；三是在持卡人产生初步怀疑并电话询问的时候，银行应提醒持卡人及时采取挂失银行卡、冻结账户等防范措施。本案中银行风险提示义务履行不完全，应当对持卡人的损失承担相应赔偿责任。

第二，审查持卡人是否尽到合理注意义务和损失减损义务。关于合理注意义务，李某应谨慎保管个人身份信息、账户密码、交易验证码，并且注意交易环境的安全性。在钓鱼网站域名与招商银行域名明显不同的情况下，持卡人由于疏忽大意未加注意，仍在不安全的网站随意输入个人信息，应当认为是没有尽到合理注意义务，应对盗刷产生的损失承担部分责任。关于损失减损，《中华人民共和国合同法》规定：当事人一方违约后，对方应当采取适当措施防止损失的扩大。在招行已告知银行目前没有积分兑换活动的前提下，李某仍未对账户采取防护措施（如及时挂失银行卡或冻结账户），从而导致盗刷金额的增加，故应对损失的扩大承担责任。

综上，双方各自违反了部分义务，法院酌定双方各自对损失承担50%的责任。此类案件中，法院应对持卡人和银行的义务分别进行审查，对持卡人和银行的行为分别进行规制，从而达致公平原则和社会示范效果的统一。

编写人：北京市朝阳区人民法院　刘奇琦　陈曦

（二）信用卡纠纷

5

发卡机构按照与持卡人的约定以网站公告通知信用卡收费项目等的变更对双方具有约束力

——中国银行股份有限公司宜兴支行诉胡某飞信用卡案

【案件基本信息】

1. 裁判书字号

江苏省无锡市宜兴市人民法院（2017）苏0282民初8771号民事判决书

2. 案由：信用卡纠纷

3. 当事人

原告：中国银行股份有限公司宜兴支行（以下简称中国银行）

被告：胡某飞

【基本案情】

2010年2月25日，胡某飞向中国银行申领信用卡一张，根据中国银行提供的中国银行信用卡领用合约记载：申请人在到期还款日前偿还信用卡账户内全部欠款的，无须支付透支利息；在到期还款日前未全数偿还全部欠款的，按本合约及中国银行规定支付透支利息及相关费用，利息由交易记账日起以实际欠款金额及实际欠款天数正常计息；申请人在到期还款日之前未能偿还最低还款额的，除支付透支利息外，还应按最低还款额未还款部分的5%支付滞纳金；信用卡透支按月计收复利，日利率为万分之五；申请人未按时还款，中国银行有权通过司法途径等方式向申请人催收欠款，申请人应赔偿中国银行因催收而产生的相关损失（包括但不限于律师费、公告费等）。中国银行有权根据法律规定和监管规定及业务发展实际对本合约及中国银行股份有限公司信用卡章程、使用手册或使用指南、收费项目、收费标准、利率、产品服务等进行修改、变化和调整，并将提前公告通知申请人，上述修改、变化和调整后的条款对双方均有约束力。若申请人有异议，有权选择办理信用卡销户手续，申请人未办理信用卡销户手续的，视为同意接受上述修改、变化和调整。双方同意，本合约所称的公告均指中国银行通过其营业网点、客服电话、官方网站（http://www.boc.cn）等对外发布公告。

2016年9月27日，中国银行在其网站发布《关于对部分信用卡服务项目进行调整的公告》，调整信用卡服务收费中的滞纳金名称为还款违约金，收费标准不变，并自2017年1月1日起执行。胡某飞在使用前述信用卡过程中未按约还款。根据中国银行提供的欠款明细单反映，截至2017年9月14日，胡某飞共拖欠中国银行本金39916.9元、逾期利息7248.66元、滞纳金和还款违约金7832.03元。后胡某飞于2017年11月21日归还本金500元。

中国银行据此主张胡某飞归还欠款本息、违约金、滞纳金54997.59元并承担律师费等。

【案件焦点】

中国银行按照与胡某飞的约定以网站公告通知信用卡收费项目等的变更对胡某飞是否发生法律效力。

【法院裁判要旨】

江苏省无锡市宜兴市人民法院经审理认为：胡某飞向中国银行申领信用卡，应严格按照信用卡领用合约的约定内容使用信用卡。纠纷的引起是胡某飞未及时归还透支款本息所致，责任在胡某飞。胡某飞所欠信用卡透支本息应予归还，并应按约支付逾期还款复利及滞纳金、违约金等。因胡某飞已于2017年11月21日归还欠款本金500元，故该款应在中国银行现主张的欠款本金中革除。同时，根据合约约定，中国银行为追索上述债务支出的律师代理费应由胡某飞承担。

江苏省无锡市宜兴市人民法院依照《中华人民共和国合同法》第六十条、第一百零七条、第二百零五条、第二百零六条、第二百零七条，《中华人民共和国民事诉讼法》第一百四十四条之规定，作出如下判决：

一、胡某飞于本判决发生法律效力之日起十日内归还中国银行欠款本金39416.9元及截至2017年9月14日的利息、违约金、滞纳金合计15080.69元以及以本金39916.9元为基数自2017年9月15日起至2017年11月21日止、以本金39416.9元为基数自2017年11月22日起至实际付款之日止均按每日万分之五计算的利息；

二、胡某飞于本判决发生法律效力之日起十日内赔偿中国银行因本案需支出的律师费损失4859元；

三、驳回中国银行的其他诉讼请求。

【法官后语】

近年来，随着信用卡在民商事交易中的广泛使用，因信用卡透支交易等引发的信用卡纠纷案件大幅增加，特别是持卡人透支后未按期还款，发卡机构通常要求持卡人支付复利、滞纳金等相关费用。持卡人对于收费名目、收费标准等常与发卡机构发生争议。发卡机构通常主张，根据中国人民银行于1999年发布的《银行卡业务管理办法》第二十二条规定："发卡银行对贷记卡持卡人未偿还最低还款额和超信用额度用卡的行为，应当分别按最低还款额未还部分、超过信用额度部分的5%收取滞纳金和超限费。"针对持卡人普遍反映信用卡欠款越滚越多和发卡行收费标准不透明等情况，中国人民银行于2016年4月15日发布《关于信用卡业务有关事项的通知》，并自2017年1月1日起实施。中国人民银行在该通知中要求各发卡机构取消信用卡滞纳金，对于持卡人违约逾期未还款行为，发卡机构应与持卡人通过协议约定是否收取违约金，以及相关收取方式和标准。在中国人民银行发出前述通知后，国内多家商业银行在本行的官网发布了信用卡收费的调整公告，以违约金替代滞纳金，且绝大多数银行都将违约金收费标准设定为最低还款额未还部分的5%，与此前滞纳金收费标准一致。

《中华人民共和国合同法》第七十七条第一款规定，“当事人协商一致，可以变更合同”。而信用卡业务容易受到国家金融政策的影响，中国人民银行发布前述通知的目的在于完善信用卡业务市场化机制，提高信用卡服务水平，保障持卡人合法权益，促进信用卡市场健康发展。由于信用卡持卡人众多，在金融政策调整的情况下，各发卡机构若与每一位持卡人对是否收取违约金以及违约金的收取方式和标准进行约定，将耗费大量的交易时间和交易成本。但如果双方当事人明确约定信用卡收费标准的名称和变更等以官方网站公告为准，则可最大限度地利用网络的高效性优点，有利于提高效率，促进交易。本案中，发卡机构中国银行与持卡人胡某飞在信用卡领用合约中约定信用卡收费名称和标准发生变更以官方网站公告通知的为准，该约定即属于双方当事人协商一致对合同所作的变更，该约定不违反法律和行政法规的强制性规定，应认定为合法有效。中国银行依约在相应网站公告相关内容后，对持卡人即具有法律约束力。

编写人：江苏省无锡市宜兴市人民法院　钱晋　董大友

6

信用卡分期付款手续费应从借款金额中扣除

——中国工商银行股份有限公司镇江中山支行诉周某信用卡案

【案件基本信息】

1. 裁判书字号

江苏省镇江市中级人民法院（2018）苏11民终2065号民事判决书

2. 案由：信用卡纠纷

3. 当事人

原告（上诉人）：中国工商银行股份有限公司镇江中山支行（以下简称工行中山支行）

被告（被上诉人）：周某

【基本案情】

2014年4月21日，周某向工行中山支行申领使用牡丹信用卡，双方就信用卡的申领、使用、对账及还款等事项达成一致意见。另信用卡收费标准载明，分期付款手续费按不低于同期贷款利率收取。同日，双方签订《中国工商银行信用卡购车专项分期付款合同》一份，约定工行中山支行通过购车专项分期付款业务以透支方式支付，透支金额为19万元；周某向工行中山支行支付分期付款手续费21280元，且一经支付，除合同另有约定的情形外，工行中山支行均不退还；如周某没有按本合同约定及时足额存入还款资金，工行中山支行有权按照规定向周某收取透支利息、复利、滞纳金、超限费等。合同还对其他权利和义务事项作了约定。

工行中山支行于同日提供分期付款须知一份，载明“必须及时存入分期付款手续费，然后在消费POS机上直接刷卡做分期”“到我行网点办理消费转分期业务时必须缴纳分期付款手续费，分期业务费采取一次性收取方式”“每月应缴纳的分期金额可提前缴纳，但不能后补，后补将会产生利息等费用”等内容。周某在该须知上签字确认。周某于同日承诺愿以全部收入和财产承担在工行所办理的该信用卡发生的全部透支款项、息、费一切责任。

上述合同签订后，工行中山支行经审核向周某发放信用卡一张。2014年5月8日，工行中山支行就周某购买的奥迪汽车办理了抵押登记。5月9日，周某在该信用卡账户上存入分期手续费21280元。5月10日，工行中山支行向周某发放19万元信用透支款。该款分36期归还，首期归还5305元，其余每期归还5277元。2016年9月，周某逾期归还透支款。截至2017年10月1日，该账户记载周某欠款本金42999元、利息（含复利）6392.26元、滞纳金1345.07元、违约金4500元。

另查明，2017年1月1日实施的《中国人民银行关于信用卡业务有关事项的通知》规定“取消信用卡滞纳金，对于持卡人违约逾期未还款的行为，发卡机构应与持卡人通过协议约定是否收取违约金，以及相关收取方式和标准”。在此规定实施后，工行中山支行将周某所欠滞纳金更名为违约金计收，但收费方式、标准均保持不变。

【案件焦点】

1. 分期付款手续费应如何定性；2. 信用卡逾期未还款违约金是否应予支付。

【法院裁判要旨】

江苏省镇江市京口区人民法院经审理认为：本案双方签订的《中国工商银行信用卡购车专项分期付款合同》合法有效，双方均应依约全面履行义务。周某为担保涉案信用卡债务履行，以所有汽车提供抵押担保并登记在册，工行中山支行作为抵押权人对抵押物的折价或拍卖、变卖所得价款享有优先受偿权。工行中山支行在发放19万元借款前要求周某预先在该信用卡账户一次性存入分期付款手续费21280元并扣收，但是办理相关手续是工行中山支行的当然职责，结合其不低于同期贷款利率收费规定来看，该扣收行为致使周某实际获得借款数额少于约定数额，与预先在借款本金中扣除利息并无本质差异，故依法应在借款本金中予以扣减，周某欠款本金应认定为21719元。同理，其欠款利息（含复利）根据实际借款本金按比例酌情认定为5625.19元。根据《中国人民银行关于信用卡业务有关事项的通知》规定，信用卡滞纳金于2017年1月1日起予以取消，现无证据证明工行中山支行已与周某达成新的收费协议，故2017年1月1日前产生的滞纳金可予支持，此后产生的违约金4500元不予支持。

江苏省镇江市京口区人民法院依照《中华人民共和国合同法》第六条、第四十条、第六十条、第一百九十六条、第二百条、第二百零五条、第二百零六条、第二百零七条，《中华人民共和国物权法》第一百七十三条、第一百七十六条、第一百七十九条，《中华人民共和国民事诉讼法》第六十四条、第一百四十四条之规定，作出如下判决：

一、周某于判决发生法律效力之日起十日内向工行中山支行支付借款本金21719元，截至2017年10月1日利息（含复利）5625.19元，滞纳金1345.07元，此后利息（含复利）按约计算至实际清偿之日止；

二、如周某到期未履行本判决确定的上述给付义务，工行中山支行有权对周某提供抵押物奥迪汽车折价或者拍卖、变卖所得价款优先受偿；

三、驳回工行中山支行其他诉讼请求。

工行中山支行不服一审判决，提起上诉。

江苏省镇江市中级人民法院经审理认为：工行中山支行在向周某支付19万元之前收取的分期付款手续费21280元，实质为提前收取周某占用资金期间的利息，应从借款金额中扣除。理由如下：1. 本案属于信用卡纠纷，持卡人有权依据发卡银行的授权在信用额度内予以透支，持卡人在约定的期间内归还透支款的，发卡银行不得收取透支期间的利息，持卡人未依约还款的，发卡银行有权依照约定主张相应的违约责任。本案周某支付的分期付款手续费并非因违约而应承担的违约责任，工行中山支行主张该费用缺乏法律上的依据。2. 工行中山支行收取的21280元分期付款手续费属于费用类收费，周某申领信用卡，并使用信用卡进行透支，工行中山支行可以根据其实际支出的费用向周某主张给付，但其在本案中并未能提供实际发生分期付款手续费的证据，应当承担举证不能的不利后果。3.《商业银行服务价格管理办法》第十二条第一款规定，实行市场调节价的商业银行服务价格，应当由商业银行总行制定和调整。分支机构不得自行制定和调整服务价格。工行中山支行认为其收取分期付款手续费系依据其总行发布的相关收费标准，但未能提供相关证据。综合上述分析，工行中山支行实际出借本金应为168720元。工行中山支行根据中国人民银行的规定取消信用卡滞纳金，并要求周某承担违约金4500元，该违约金应属新增加的合同义务，应当由本案双方协商一致予以确认。工行中山支行未能提供周某对此予以承诺的证据，其单方面对信用卡章程的修改以及对违约金事项的公告均不能认定周某已经认可新增加的违约金条款，因此，其要求周某承担违约金4500元缺乏依据，不予支持。

江苏省镇江市中级人民法院依照《中华人民共和国民事诉讼法》第一百七十条第一款第一项之规定，判决如下：

驳回上诉，维持原判。

【法官后语】

一、信用卡分期付款手续费的认定

根据《商业银行服务价格管理办法》的相关规定，商业银行服务价格实行政府指导价、政府定价和市场调节价，其中，实行市场调节价的商业银行服务价格，由商业银行总行制定和调整，分支机构不得自行制定和调整服务价格。《商业银行服务政府指导价政府定价目录》并未将信用卡分期付款手续费列入其中，可见，信用卡分期付款手续费应属于市场调节价的范畴。持卡人依据发卡银行的授权在信用额度内予以透支，并在约定的期间内归还透支款的，发卡银行不得收取透支期间的利息；持卡人未依约还款的，发卡银行有权依照约定主张相应的违约责任。对于持卡人使用信用卡进行分期付款的，由于银行开展信用卡分期业务前期在人力、系统、设备等方面的资金投入，其往往会向持卡人收取一定的手续费作为补偿，以此获得一定的收益，即收取分期付款手续费的主要目的在于补偿银行为分期付款业务所进行的投入。但是，在商业银行分支机构未提供其总行制定的有效的信用卡分期付款手续费规定、实际发生分期付款手续费的证据时，对其信用卡分期付款手续费的主张应不予支持。

二、本案21280元费用的性质界定

在发放透支款前，发卡银行以不低于贷款利率的标准收取信用卡分期付款手续费，实质上是以分期付款业务手续费的名义提前收取银行贷款利息，属于变相地从借款本金中扣除利息的行为，该资金应从银行出借的金额中扣除。本案中，2014年5月10日，工行中山支行向周某发放19万元信用透支款，但于同年5月9日即已向周某收取分期付款手续费21280元。工行中山支行主张分期付款手续费按不低于同期银行贷款利率计算，其实质是提前收取周某占用资金期间的利息，致使周某实际获得的借款数额少于约定数额，该笔款项应从出借金额19万元中扣除。

编写人：江苏省镇江市中级人民法院　戴晓东　王伟

7

信用卡借款利息及违约金的审查

——中国工商银行股份有限公司云浮分行诉黄某、陈某清信用卡案

【案件基本信息】

1. 裁判书字号

广东省云浮市中级人民法院（2017）粤53民初111号民事判决书

2. 案由：信用卡纠纷

3. 当事人

原告：中国工商银行股份有限公司云浮分行（以下简称工行云浮分行）

被告：黄某、陈某清

【基本案情】

2011 年 4 月 7 日，黄某向工行云浮分行申领牡丹信用卡一张，并填写了由工行云浮分行发出的申请表。黄某填写的申请表内含《牡丹信用卡业务收费表》《牡丹信用卡领用合约（个人卡）》《自动还款业务协议书（个人卡）》《中国工商银行牡丹信用卡章程》《信用卡收费标准》等内容，其中《牡丹信用卡领用合约（个人卡）》第 3 部分牡丹贷记卡条款第（1）款规定："信用额度取现及转账的不享受免息、还款期待遇，并应按每日万分之五支付所用款项从银行记账日起至还款日止的透支利息。"第（2）款规定："持卡人未能在到期还款日（含）前偿还最低还款额的，视为逾期，除按上述计息方法支付透支利息外，还应按最低还款额未还部分的 5% 支付滞纳金。"第（4）款规定："发卡行对持卡人不符合免息条件的交易款项、费用等从银行记账日开始计算透支利息，有权按月计收复利并从甲方账户中扣收，透支利率按照中国人民银行的有关规定执行。"2011 年 4 月 15 日，黄某经批准领取了牡丹信用卡一张，信用额度为 10 万元。

2013 年 9 月 4 日，黄某与工行云浮分行签订《银行卡透支保证担保合同》一份，约定黄某及其妻子陈某清作为连带共同保证人对黄某的透支承担连带保证责任，黄某在持卡人和保证人栏签名，并代陈某清在保证人栏签名。2013 年 9 月 12 日，根据黄某的申请，工行云浮分行将其信用卡的信用额度调至人民币 50 万元。

黄某领取工行云浮分行发放的信用卡后，从 2011 年 5 月 7 日开始使用，截至 2017 年 6 月 16 日，黄某尚欠该信用卡透支款本金 157673.72 元、利息 15558.54 元、滞纳金 2500.00 元，共 175732.26 元。工行云浮分行认为黄某未能按时还款，遂提起本案诉讼。

【案件焦点】

工行云浮分行主张的信用卡利息、违约金应在什么范围内受保护。

【法院裁判要旨】

广东省云浮市中级人民法院经审理认为：黄某向工行云浮分行领取信用卡后，存在透支款项的事实清楚，黄某应依法承担还款付息的义务。工行云浮分行起诉主张的款项，包括透支的本金、利息和违约金。其中违约金部分，工行云浮分行要求按未还利息 5% 计算，实际是《牡丹信用卡领用合约（个人卡）》第 3 部分牡丹贷记卡条款第（2）款规定的滞纳金。《中国人民银行关于信用卡业务有关事项的通知》（银发〔2016〕111号）第三条规定：“取消信用卡滞纳金，对于持卡人违约逾期未还款的行为，发卡机构应与持卡人通过协议约定是否收取违约金，以及相关收取方式和标准……”根据上述规定，工行云浮分行要求黄某支付滞纳金，违反上述法律规定，不予支持。《中国人民银行关于信用卡业务有关事项的通知》（银发〔2016〕111号）第一条规定：“对信用卡透支利率实行上限和下限管理，透支利率上限为日利率万分之五，透支利率下限为日利率万分之五的0.7倍。信用卡透支的计结息方式，以及对信用卡溢缴款是否计付利息及其利率标准，由发卡机构自主确定。”工行云浮分行要求黄某按日万分之五计付欠款利息，该利率在上述规定范围内，予以支持。双方当事人同意的《牡丹信用卡领用合约（个人卡）》第3部分第（4）款规定，对透支款项的利息，贷款人有权按月计收复利，故工行云浮分行起诉要求黄某对所欠的借款利息按月计收复利，具有合同依据，予以支持。

工行云浮分行提交的保证合同，并非由陈某清签订，而是由黄某代签，该合同对陈某清没有约束力，陈某清对于黄某所欠工行云浮分行的款项，不承担保证责任。虽然，本案信用卡透支款项属于黄某与陈某清夫妻关系存续期间产生的债务，但工行云浮分行未能提供足够证据证明该款用于黄某与陈某清之间的夫妻共同生活或者共同生产经营，陈某清对上述债务不承担连带清偿责任。

广东省云浮市中级人民法院依照《中华人民共和国合同法》第一百零七条、第一百九十六条、第二百零七条，《最高人民法院关于审理涉及夫妻债务纠纷案件适用法律有关问题的解释》第三条，《中华人民共和国民事诉讼法》第六十四条第一款、第一百四十四条的规定，判决如下：

一、黄某应于本判决发生法律效力之日起十日内偿还透支款本金157673.72元、利息15558.54元（暂计至2017年6月16日，从2017年6月17日起至透支本息还清之日止按日万分之五计算，并按月计收复息）；

二、驳回工行云浮分行的其他诉讼请求。

【法官后语】

从司法实践看，对于信用卡纠纷，双方当事人的争议常常围绕利息和持卡人的违约责任展开。发卡银行主张的利息一般是依合同规定的利率计算的利息，而对于违约责任表现为计收滞纳金、超限费、违约金等。在2016年前，国家对于信用卡利息及违约产生的滞纳金、超限费、违约金没有明确的限制性规范，导致各发卡银行对于计收利息和违约责任的主张，显现出巨大的差别。纠纷发生后，人民法院在审理此类案件时往往只能依照《中华人民共和国合同法》及相关民法原则，审查发卡银行主张因持卡人违约产生的各项费用是否有合同依据和法律依据，是否违反公平原则。据此，由于缺乏统一的标准，使司法对此类案件处理有较大的差异。2017年1月1日施行的《中国人民银行关于信用卡业务有关事项的通知》对这些问题作了较详细的规定。《中国人民银行关于信用卡业务有关事项的通知》第一条规定："对信用卡透支利率实行上限和下限管理，透支利率上限为日利率万分之五，透支利率下限为日利率万分之五的0.7倍……"第三条规定："取消信用卡滞纳金，对于持卡人违约逾期未还款的行为，发卡机构应与持卡人通过协议约定是否收取违约金，以及相关收取方式和标准。发卡机构向持卡人提供超过授信额度用卡服务的，不得收取超限费。发卡机构对向持卡人收取的违约金和年费、取现手续费、货币兑换费等服务费用不得计收利息。"从上述规定反映，信用卡的透支利率有明确的上下限的限制，发卡银行可以要求持卡人支付违约金，但对于其主张的滞纳金、超限费是不予支持的。上述规定，一方面，为司法实践对此类案件审理提供了处理的标准；另一方面，也为金融部门核发信用卡，确立合同条款时提供了依据，可以从源头上减少此类纠纷的发生。

本案中，对于持卡人黄某所欠利息，工行云浮分行主张按日利率万分之五计算，该利率在《中国人民银行关于信用卡业务有关事项的通知》规定的范围内，应予以支持。工行云浮分行要求的违约金，虽然在诉讼请求的表述上为违约金，但实际上是合同规定的滞纳金，不予支持。根据中国人民银行的上述规定，当事人可以协议确定违约金，在持卡人违约的情况下，发卡行可以主张违约金。工行云浮分行并未与黄某约定违约金，其以违约金的名义主张滞纳金，显然是没有合同依据的，不应支持。

编写人：广东省云浮市中级人民法院　李艳徽

8

银行卡盗刷案件中过错原则的适用

——李某宁诉中信银行股份有限公司信用卡中心北京分中心银行卡案

【案件基本信息】

1. 裁判书字号

北京市第三中级人民法院（2018）京03民终14851号民事判决书

2. 案由：银行卡纠纷

3. 当事人

原告（上诉人）：李某宁

被告（上诉人）：中信银行股份有限公司信用卡中心北京分中心（以下简称中信银行信用卡中心）

【基本案情】

2010年年初，李某宁在中信银行信用卡中心处办理了涉案信用卡，但并未激活使用。后，2011年9月15日，李某宁外出回家后发现放置在家中的手机进水、手机SIM卡损坏，均不能使用。李某宁于2011年9月17日修好手机并补办了SIM卡，并于2011年9月19日收到短信提示，称李某宁在中信银行信用卡中心处办理的信用卡被激活并被刷卡消费2万元。李某宁与中信银行信用卡中心客服联系得知，其信用卡于2011年9月16日被激活使用。李某宁才意识到其手机中SIM卡、涉案信用卡均被他人盗取，李某宁立即向公安机关报案并将涉案银行卡挂失。李某宁向中信银行信用卡中心反映情况并提交了受案回执等材料后中信银行信用卡中心表示不需要其还款。但中信银行信用卡中心于2013年突然要求李某宁偿还盗刷的本金2万元，李某宁并未偿还。其后，中信银行信用卡中心无正当理由将李某宁列为不良征信人员，给李某宁造成了损失，同时中信银行信用卡中心一直采用谩骂、恐吓等非法手段向李某宁及亲属催款，导致李某宁精神长期高度紧张，精神造成伤害。故李某宁诉至法院。

经询，中信银行信用卡中心称涉案信用卡激活需要掌握申请信用卡时的预留手机、信用卡和身份证，涉案卡片的激活方式是根据中信银行信用卡中心官网公示的方式，消费也是根据实体卡片通过密码和签名双重验证方式进行，中信银行信用卡中心在涉案信用卡激活和交易的各个环节均尽到了严格的验证义务和安全保障义务。

【案件焦点】

银行卡盗刷案件中，持卡人主张的“盗刷”损失的分担原则。

【法院裁判要旨】

北京市朝阳区人民法院经审理认为：李某宁在涉案信用卡及银行预留手机号码SIM卡丢失的情况下未能及时发现避免损失的发生，李某宁未尽到妥善保管信用卡账户安全的义务；而中信银行信用卡中心于涉案信用卡激活、设置密码、使用消费过程中验证了李某宁的手机号、银行卡号、身份证号、信用卡卡片、密码及签名等信息，现无证据表明中信银行信用卡中心在办理上述业务中未尽到安全审核义务，亦无证据表明系中信银行信用卡中心泄露了李某宁的上述信息，中信银行信用卡中心就此不存在违约行为，故法院对李某宁要求中信银行信用卡中心自行承担信用卡被盗刷本金损失的诉讼请求不予支持。

关于利息、滞纳金及挂失手续费等损失，李某宁丢失信用卡并进行了挂失，依据领用合约的约定，应当支付60元挂失手续费；关于利息及滞纳金，第一，中信银行信用卡中心并未及时对异议进行核实处理并将处理结果告知李某宁，且中信银行信用卡中心并未及时向李某宁提起诉讼主张权利，导致产生的利息、滞纳金超过实际发生的本金数额；第二，涉案交易发生于2011年，而李某宁在中信银行信用卡中心持续向其发出催收短信后仍未与中信银行信用卡中心就涉案交易进行沟通处理，其就损失扩大的部分亦存在过错，故法院对李某宁主张由中信银行信用卡中心承担的利息、滞纳金的数额根据双方的过错原则予以分担。

关于不良征信记录及损失，中信银行信用卡中心因李某宁信用卡欠款的行为，将其个人信用数据报送中国人民银行征信中心，中信银行信用卡中心并无过错，但考虑到涉案交易的刑事案件尚无处理结果，且中信银行信用卡中心未将异议处理结果及时告知李某宁导致李某宁丧失主动还款避免损失扩大的机会，故待李某宁向中信银行信用卡中心弥补了涉案交易所产生的损失后，中信银行信用卡中心应及时协助李某宁将不良记录进行消除。关于李某宁主张的因不良征信记录导致的无法贷款产生的高额利息损失，与本案诉争事实缺乏关联性，且李某宁并未提交证据证明其损失的实际发生，故法院不予支持。

北京市朝阳区人民法院依照《中华人民共和国合同法》第五条、第六条、第六十条第一款、第一百零七条、第一百一十四条，《中华人民共和国民事诉讼法》第六十四条第一款之规定，判决如下：

一、中信银行信用卡中心免除李某宁偿还中信银行信用卡中心欠款15847.25元的责任；

二、中信银行信用卡中心于收到李某宁偿还的欠款本金、利息、滞纳金、挂失手续费共计26851.68元后30日内协助李某宁撤销其在中国人民银行征信中心李某宁名下信用卡的不良信用记录；

三、驳回李某宁的其他诉讼请求。

李某宁、中信银行信用卡中心不服一审判决，提起上诉。

北京市第三中级人民法院经审理同意一审法院的裁判意见，依照《中华人民共和国民事诉讼法》第一百七十条第一款第一项之规定，判决如下：

驳回上诉，维持原判。

【法官后语】

本案主要系信用卡持卡人未妥善保管信用卡片且泄露个人信息，导致其所有的信用卡被他人开通后进行消费所引发的纠纷。根据查明的事实，信用卡持卡人未尽到妥善保管信用卡账户安全的义务，银行在履行双方合同关系期间亦不存在违约行为，信用卡持卡人应当对其信用卡被“盗刷”的本金损失承担责任。本案审理中的难点为：在信用卡持卡人逾期归还上述盗刷款的情况下，银行要求其按照合同约定支付较高利息及滞纳金是否应当得到支持。

涉案交易发生于2011年，而在2011年至李某宁起诉至法院长达7年的时间内，双方并未就盗刷的利息及滞纳金的支付进行有效的沟通解决。银行在涉案信用卡存在逾期还款的情况下，计收至2014年左右才停止，导致在欠款本金2万元的情况下，利息及滞纳金费用为22698.93元，已经超过欠款本金的数额。笔者认为，在李某宁逾期还款的情况下，中信银行信用卡中心依据信用卡领用合约等约定要求李某宁承担利息及滞纳金等费用虽然符合约定，但对被盗刷的持卡人李某宁来说显失公平。理由为，本案中被“盗刷”的本金2万元在李某宁逾期还款的情况下是中信银行信用卡中心的实际损失，而中信银行信用卡中心所主张的利息及滞纳金高达22698.93元，该部分系因李某宁违约行为所产生的资金融通带来的利息损失，相对于盗刷本金来说是附加损失、扩大损失、可得利益损失。在中信银行信用卡中心不存在过错的情况下，中信银行信用卡中心有权要求李某宁按照合同约定支付逾期还款的利息及滞纳金。但本案中，中信银行信用卡中心在李某宁向其提出异议后并提交了报案材料等证明材料后，并未及时对异议进行核实处理并将处理结果告知李某宁，而且中信银行信用卡中心亦未及时向李某宁提起诉讼主张权利，导致李某宁丧失了及时还款、弥补扩大部分损失的机会，最终利息、滞纳金等扩大部分的损失已经超过盗刷本金的实际损失，因此中信银行信用卡中心就此存在过错。而李某宁亦存在过错，理由是涉案交易发生距李某宁诉至法院已近7年，李某宁在涉案交易发生后的数年间持续收到中信银行信用卡中心向其发出的催收短信但仍未与中信银行信用卡中心就涉案交易进行有效沟通处理，因此李某宁就损失扩大的部分亦存在过错。根据《中华人民共和国合同法》第一百一十四条规定，当事人可以约定一方违约时应当根据违约情况向对方支付一定数额的违约金，也可以约定因违约产生的损失赔偿额的计算方法。约定的违约金过分高于造成的损失的，当事人可以请求人民法院或者仲裁机构予以适当减少。《最高人民法院关于适用〈中华人民共和国合同法〉若干问题的解释（二）》第二十九条第一款规定，当事人主张约定的违约金过高请求予以适当减少的，人民法院应当以实际损失为基础，兼顾合同的履行情况、当事人的过错程度以及预期利益等综合因素，根据公平原则和诚实信用原则予以衡量，并作出裁决。故笔者认为，中信银行信用卡中心要求李某宁支付逾期还款的全部利息、滞纳金等损失，虽有合同约定，但从李某宁的主观过错程度，以及中信银行信用卡中心的实际损失数额来看有失公平。根据相关法律规定，法院对中信银行信用卡中心计收的利息、滞纳金这一部分的款项根据其过错程度予以减免，更符合公平原则。

编写人：北京市朝阳区人民法院　刘茹

9

持卡人不需承担发卡机构单方收取的违约金或滞纳金

——江苏宜兴农村商业银行股份有限公司鲸塘支行诉陈某琳信用卡案

【案件基本信息】

1. 裁判书字号

江苏省无锡市宜兴市人民法院（2017）苏0282民初8786号民事判决书

2. 案由：信用卡纠纷

3. 当事人

原告：江苏宜兴农村商业银行股份有限公司鲸塘支行（以下简称农商行）

被告：陈某琳

【基本案情】

2015年8月27日，陈某琳向农商行申办圆鼎贷记卡一张。根据领卡合约约定，贷记卡申领人每期最低还款额指发卡机构规定的持卡人透支后应该偿还的最低金额，包括累计未还消费本金的10%，所有利息、超过信用额度的透支金额、取现本金和费用以及以前月份最低还款额未还部分的总和；申领人可以选择以最低还款额方式还款，即于当期到期还款日之前将不低于最低还款额的款项偿还给发卡机构，选择最低还款额方式不享受免息还款期待遇，发卡机构对每笔交易按日利率万分之五计收从银行记账日起至还款日止的应付利息，应付利息按月计收复利；申领人如到期还款日前未还清当期最低还款额或延误还款，除按上述计息方法支付应付利息外，还应按最低还款额未还部分的5%支付滞纳金；申领人因发卡机构催收欠款而引致的一切费用由申领人支付。后陈某琳在使用该卡过程中多次透支并逾期还款。根据农商行提供的圆鼎贷记卡消费明细记载，截至2017年7月17日，陈某琳共透支贷记卡欠款24055.42元，其中本金19904.56元，利息1945.71元、违约金2205.15元。

审理中，农商行确认：诉请中的滞纳金2205.15元即消费明细中的违约金，滞纳金的收费依据即前述领卡合约中的条款，违约金没有收费依据，且其也未与陈某琳对违约金按照何种标准收取进行约定。

【案件焦点】

农商行未经陈某琳同意单方将信用卡滞纳金改为违约金，并主张计收该费用，应否支持。

【法院裁判要旨】

江苏省无锡市宜兴市人民法院经审理认为：农商行与陈某琳之间的信用卡合同关系合法有效，应受法律保护。纠纷的引起是陈某琳未及时归还透支款所致，责任在陈某琳。对于滞纳金和违约金，中国人民银行于2016年4月15日发布了《中国人民银行关于信用卡业务有关事项的通知》，通知各国有商业银行、股份制商业银行等取消信用卡滞纳金，对于持卡人违约逾期未还款的行为，发卡机构应与持卡人通过协议约定是否收取违约金，以及相关收取方式和标准。发卡机构还应通过各种渠道充分披露信用卡的收费项目与标准等内容。该通知已自2017年1月1日起施行。根据该通知，商业银行应当自2017年1月1日起停止收取滞纳金，但对于持卡人的违约逾期未还款行为，商业银行应与持卡人通过协议约定是否收取违约金及收取方式和标准。另外，根据《中华人民共和国商业银行法》规定，商业银行可以经营吸收公众存款、从事银行卡业务等，商业银行与客户的业务往来，应当遵循平等、自愿、公平和诚实信用的原则。在本案中，农商行诉请主张的滞纳金实际即为消费明细中的违约金，但农商行作为商业银行未能提供证据证明其根据前述通知与持卡人陈某琳通过协议约定收取违约金及收取标准等，却以已被人民银行通知取消的信用卡滞纳金的名义主张计收违约金，显然有悖于平等、自愿、公平、诚实信用等原则。综上，农商行主张陈某琳归还透支款本金及利息，不违反法律规定和合同约定，应予支持。但农商行主张陈某琳归还滞纳金2205.15元，于法无据，法院不予支持。

江苏省无锡市宜兴市人民法院依照《中华人民共和国合同法》第六十条、第一百零七条、第二百零五条、第二百零六条、第二百零七条，《中华人民共和国民事诉讼法》第一百四十四条之规定，作出如下判决：

一、陈某琳于本判决发生法律效力之日起十日内偿还农商行信用卡欠款本金19904.56元及利息1945.71元；

二、驳回农商行的其他诉讼请求。

【法官后语】

近年来，随着信用卡在民商事交易中的广泛使用，因信用卡透支交易等引发的信用卡纠纷案件大幅增加，特别是持卡人透支后未按期还款，发卡机构通常要求持卡人支付复利、滞纳金等相关费用。持卡人对于收费名目、收费标准等常与发卡机构发生争议。发卡机构通常主张，根据中国人民银行于1999年发布的《银行卡业务管理办法》第二十二条规定："发卡银行对贷记卡持卡人未偿还最低还款额和超信用额度用卡的行为，应当分别按最低还款额未还部分、超过信用额度部分的5%收取滞纳金和超限费。"针对持卡人普遍反映信用卡欠款越滚越多和发卡行收费标准不透明等情况，中国人民银行于2016年4月15日发布《关于信用卡业务有关事项的通知》，并自2017年1月1日实施。中国人民银行在该通知中要求各发卡机构取消信用卡滞纳金，对于持卡人违约逾期未还款行为，发卡机构应与持卡人通过协议约定是否收取违约金，以及相关收取方式和标准。

在中国人民银行发出前述通知后，国内多家发卡机构均通过各种方式调整信用卡的收费项目，以违约金替代滞纳金，且绝大多数发卡机构都将违约金收费标准设定为最低还款额未还部分的5%，与此前滞纳金收费标准一致。本案中，农商行主张陈某琳归还欠款本金、利息及滞纳金，但根据农商行提供的消费明细，该滞纳金发生在2017年1月1日之后。根据中国人民银行于2016年4月15日发出的前述通知，各发卡机构自2017年1月1日起取消收取滞纳金，虽然该通知是行政规章，但对商业银行等各发卡机构具有约束力，人民法院审理信用卡案件时可以参照该规定的内容，因此农商行主张收取2017年1月1日起的滞纳金，人民法院不予支持。如果农商行在本案中主张计收违约金，因农商行未根据规定与持卡人通过协议约定是否收取违约金以及相关收取方式和标准，应当根据合同法的相关规定，认定双方之间并未对违约金的收取形成合意，农商行主张计收相应违约金，人民法院亦不应支持。

编写人：江苏省无锡市宜兴市人民法院　何利萍　钱晋

10

信用卡出借、夫妻共同债务、诉讼时效问题研究

——北京银行股份有限公司信用卡中心诉杜某容信用卡案

【案件基本信息】

1. 裁判书字号

北京市西城区人民法院（2018）京 0102 民初 10392 号民事判决书

2. 案由：信用卡纠纷

3. 当事人

原告：北京银行股份有限公司信用卡中心（以下简称北京银行）

被告：杜某容

【基本案情】

2014 年 7 月，杜某容与北京银行签订《北京银行信用卡（个人卡）领用合约》，约定：杜某容应对其账户下主卡及附属卡发生的所有应付款项负偿还责任；杜某容未能于最后还款日足额偿还全部到期应还款项的，不享受免息待遇，并且所有交易和应付款项改为自记账日起按透支利率计收利息；未能于最后还款日足额偿还全部到期应还款项时，除应支付透支利息外，还应按月支付滞纳金；凡使用密码进行的交易，均视为持卡人本人所为。北京银行经审核后向杜某容发放了信用卡。

杜某容本人办理信用卡，在取得信用卡并开卡后，交由刘某使用，截至本案审理完毕前，杜某容并未就其陈述的失去信用卡控制的事实采取措施。

天津市河西区人民法院出具（2015）西民一初字第 771 号民事判决书，判决杜某容与刘某解除婚姻关系，债务由刘某承担。

杜某容在使用信用卡的过程中，未按照约定按时足额偿还欠款，多次逾期还款，信用卡账户信息显示，该账户最后一次还款发生在 2015 年 3 月 27 日。

北京银行在本案诉讼中提交了杜某容的账户消费明细单，该证据载明，北京银

行作为金融机构，按照信用卡领用合约的约定，每月23日对杜某容涉案信用卡账户进行扣款。

【案件焦点】

1. 持卡人将信用卡交给他人使用，是否可以免除持卡人自身的偿还义务；2. 法院已经判决信用卡债务由他人承担，是否影响银行向持卡人追偿；3. 银行扣收欠款，但未实际扣收成功，是否产生诉讼时效中断的效果。

【法院裁判要旨】

北京市西城区人民法院经审理认为：北京银行与杜某容之间形成信用卡合同关系，系双方当事人的真实意思表示。二者签订的《北京银行乐驾卡申请表》及后附的合约内容不违反我国现行法律、行政法规的强制性规定，应属有效民事合同，北京银行与杜某容作为合同的当事人，应当自觉履行合同义务。

杜某容本人办理信用卡，在取得信用卡并开卡后，交由刘某使用，截至本案审理完毕前，杜某容并未就其陈述的失去信用卡控制的事实采取措施。另，虽然杜某容庭审中提交判决书，证明涉案银行卡项下欠款已在二人离婚纠纷案件中，经法院判决由刘某承担，但法院认为，该判决书认定涉案信用卡项下债务由刘某向杜某容偿还，并不能据此认定刘某系本案信用卡纠纷项下北京银行债权的清偿义务人。据此，对杜某容关于“本案信用卡欠款债务应由刘某承担，不应由杜某容承担”的抗辩意见不予采信。

根据《最高人民法院关于审理民事案件适用诉讼时效制度若干问题的规定》第十条第一款第三项规定，金融机构依照约定从对方当事人账户中扣收欠款本息的，产生诉讼时效中断的效力。上述规定中所谓“扣收欠款本息”，究其语义，是指作为债权人的金融机构，实施了扣收欠款的行为，而不是指发生了扣收欠款入账的实际效果。如果将前述规定中的“扣收欠款本息”，解释为“实际扣款成功”，并不符合交易实际，且对于债权人而言未免过于苛刻。杜某容的账户消费明细单载明北京银行每月23日对杜某容涉案信用卡账户进行扣款，虽然最后一次成功扣收金钱的时间是2015年3月27日，但北京银行每月均实施了扣收行为，可以发生诉讼时效中断的效果。此外，该账户系杜某容本人名下账户，杜某容明知且有条件查明北京银行继续扣收本息的要求和数额，而不应当仅因为账户内没有存入资金，没有发生资金在账户之间扣转的事实，即认为北京银行的债权超过诉讼时效期间。据此，北京银行在本案中请求法院保护的债权并未超过诉讼时效期间。

北京市西城区人民法院根据《中华人民共和国合同法》第六十条第一款、第一百零七条，《中华人民共和国民事诉讼法》第六十四条第一款，《最高人民法院关于审理民事案件适用诉讼时效制度若干问题的规定》第十条之规定，作出如下判决：

被告杜某容于本判决生效之日起十日内偿还原告北京银行截至 2018 年 2 月 23 日的信用卡欠款共计 45258.82 元，并按《北京银行信用卡（个人卡）领用合约》的约定支付自 2018 年 2 月 24 日起至实际清偿之日止的利息、违约金。

【法官后语】

本案涉及信用卡纠纷常见争议焦点如下：第一，持卡人将信用卡交给他人使用，是否可以免除持卡人自身的偿还义务；第二，法院已经判决信用卡债务由他人承担，是否影响银行向持卡人追偿；第三，银行扣收欠款，但未实际扣收成功，是否产生诉讼时效中断的效果。

一、将信用卡交给他人使用，不能免除持卡人自身的偿还义务

信用卡领用合约约定：持卡人应对其账户下主卡及附属卡发生的所有应付款项负偿还责任；凡使用密码进行的交易，均视为持卡人本人所为。根据该约定，凡是通过合同约定（意味着持卡人和银行达成合意）的身份验证方式（密码、U 盾等）在信用卡项下发生的欠款，都属于持卡人应当向银行承担的债务，而不论实际消费主体是否为持卡人。将信用卡交给他人使用与“盗刷”的关系如下：如持卡人缺乏防范意识，将密码或短信验证码此类身份验证信息告知他人，导致产生欠款与上述将信用卡交给他人使用并无区别，持卡人仍应承担偿还责任；如银行因为自身系统漏洞等原因未妥善履行安全保障义务导致信用卡项下产生欠款，则银行对持卡人产生侵权或违约责任自另当别论。综上，将信用卡交给他人使用，告知其正确的身份验证方式，持卡人不能免除对该信用卡项下欠款的还款义务。

至于持卡人是否可以向实际用卡人主张使用期间产生的信用卡债务（假如另案诉讼），则需要审查持卡人与实际用卡人之间是否存在有效的合意要件（如书面协议、借条等）以及具体的合同内容，如用卡人以该信用卡项下的欠款为本金向持卡

人借款。如无上述类似合意，则二者之间的关系有可能被视为赠予。

二、法院已经判决信用卡债务由他人承担，银行仍有权向持卡人主张

《最高人民法院关于适用〈中华人民共和国婚姻法〉若干问题的解释（二）》第二十五条规定："当事人的离婚协议或者人民法院的判决书、裁定书、调解书已经对夫妻财产分割问题作出处理的，债权人仍有权就夫妻共同债务向男女双方主张权利。一方就共同债务承担连带清偿责任后，基于离婚协议或者人民法院的法律文书向另一方主张追偿的，人民法院应当支持。"据此，杜某容为信用卡合约法律关系的债务人，但法院已经判决该信用卡债务由刘某承担，则银行有权向杜某容和刘某任何一方主张信用卡欠款的债权。

本案中，北京银行拒绝追加刘某作为本案的清偿义务人，而选择向杜某容一方主张，于法不悖。杜某容向北京银行清偿信用卡债务后，可以基于该（2015）西民一初字第771号民事判决书向刘某进行追偿。

三、银行对持卡人账户进行扣收，但未实际扣款成功，仍产生诉讼时效中断的效果

根据《最高人民法院关于审理民事案件适用诉讼时效制度若干问题的规定》第十条第一款第三项规定，"当事人一方为金融机构，依照法律规定或者当事人约定从对方当事人账户中扣收欠款本息的"，产生诉讼时效中断的效力。诉讼时效的制度目的是督促权利人及时行使权利，防止"非所有人占有他人财产或权利人不行使权利的事实状态持续经过长久的期间后即形成相对确定的社会秩序"，至于在催告的过程中权利人的债权是否得到了实现则在所不问。因此，将"扣收欠款本息"解释为"实际扣款成功"，并不符合诉讼时效的制度目的，亦不符合交易实际。因此，虽然本案中最后一次成功扣款的时间是2015年3月27日，但银行在之后的每月23日均实施了扣收行为，本案起诉并未超过诉讼时效期间。

编写人：北京市西城区人民法院　王佳宁

11

共同还款承诺不因离婚而失效

——中国农业银行股份有限公司重庆南川支行诉龚某、陈某刚信用卡案

【案件基本信息】

1. 裁判文书号

重庆市第三中级人民法院（2018）渝03民终1161号民事判决书

2. 案由：信用卡纠纷

3. 当事人

原告（被上诉人）：中国农业银行股份有限公司重庆南川支行（以下简称农行南川支行）

被告（上诉人）：龚某

被告：陈某刚

【基本案情】

陈某刚与龚某原系夫妻。2012年8月29日，陈某刚向农行南川支行申领信用卡，签署了《中国农业银行金穗贷记卡申请表》。同日，龚某向银行出具了《共同还款责任确认书》，确认书载明："我同意（借款人）陈某刚（与本人系夫妻关系）在贵行申请金穗贷记卡，额度为20万元，我们愿用家庭收入作为还款来源，若借款人到期未履行还款义务，我们愿意接受贵行处置自有或共有权属的财产，用以支付处置财产所产生的费用和归还贷款本息，直至贷款本息还清为止。同时承诺如借款人不能按合同约定如期归还贷款，我愿与借款人共同承担贷款偿还责任及相关的法律责任并放弃'先物后人'的法律申辩权。"确认书借款人处有陈某刚的签字捺印，共同还款人处有龚某的签字捺印。2015年6月2日，陈某刚与龚某办理了离婚手续，双方未将离婚事实告知农行南川支行。离婚后，陈某刚继续持有并使用该信用卡，从2016年6月起未按期还款及支付利息。

【案件焦点】

龚某是否应对陈某刚在农行南川支行的信用卡欠款、利息、违约金等承担共同还款责任。

【法院裁判要旨】

重庆市南川区人民法院经审理认为：陈某刚、龚某与农行南川支行之间的信用卡合同关系真实、合法、有效，应受法律保护。陈某刚未按约定按时偿还信用卡欠款，应当承担偿还责任。龚某承诺愿与陈某刚共同承担还款责任，应视为该信用卡贷款的共同还款人。故对农行南川支行要求龚某对上述款项承担共同还款责任的请求，予以支持。

重庆市南川区人民法院依照《中华人民共和国合同法》第一百零七条、第二百零六条、第二百零七条之规定，作出如下判决：

一、陈某刚、龚某在判决生效后立即偿还农行南川支行信用卡欠款本金99445.21元，支付截至2018年3月3日的利息37976.5元、逾期还款违约金3637.96元，并从2018年3月4日起以未还欠款本金为基数按每日万分之五计付利息，并对最低还款额未偿还部分支付5%违约金至清偿时止；

二、陈某刚在判决生效后立即偿还农行南川支行消费手续费446.74元；

三、驳回农行南川支行的其他诉讼请求。

龚某不服一审判决，提起上诉。

重庆市第三中级人民法院经审理认为：虽然陈某刚的信用卡欠款全部抑或部分产生于陈某刚与龚某离婚之后，但是农行南川支行并不知晓其已经离婚，陈某刚与龚某在本案诉讼前也未主动向农行南川支行披露该事实，农行南川支行基于合同以及之前陈某刚与龚某的资产、信用情况，无法对无从知晓的新情况作出重新评估，并对陈某刚所持信用卡的额度等作出及时调整，陈某刚在此期间因使用信用卡产生的欠款，无论系婚姻存续期间，还是离婚之后，均应由龚某与陈某刚共同偿还。龚某在共同承担偿还信用卡欠款责任后，可以依法向陈某刚主张权利。农行南川支行经本案纠纷后，也应及时对持卡人陈某刚的资产、信用作出重新评估，对其信用卡使用、额度等情况作出调整。

重庆市第三中级人民法院依照《中华人民共和国民事诉讼法》第一百七十条第一款第一项之规定，做出如下判决：

驳回上诉，维持原判。

【法官后语】

本案中龚某以陈某刚妻子的身份出具《共同还款责任确认书》，承诺书中也明确表示以夫妻共同财产作为偿还信用卡债务来源，整个《共同还款责任确认书》与龚某和陈某刚的婚姻关系有着千丝万缕的联系，很容易让人联想到婚姻关系解除，《共同还款责任确认书》亦随之无效，龚某无须承担责任。但笔者认为龚某应当承担责任，理由有二。

1. 虽然《共同还款责任确认书》与二人婚姻关系联系紧密，但《共同还款责任确认书》并未将婚姻关系解除作为承诺失效的条件，同时龚某也表示愿将个人财产作为还款来源。故《共同还款责任确认书》虽是基于婚姻关系产生，但并不依附于婚姻关系，其效力并不因婚姻关系的解除而无效。故龚某仍需对陈某刚离婚后产生的信用卡债务承担共同还款责任。

2. 信用卡是银行提供的，根据客户的信用度、财力给予一定的信用额度，客户可在信用额度内先消费后还款的信贷服务。信用卡这一特殊信贷服务模式，决定了其必须以客户的最大诚信为基石。本案中，信用卡虽是陈某刚以个人名义申请办理，但银行却是基于陈某刚的信用度、财力状况以及龚某共同还款承诺而给予20万元授信额度的，即龚某出具的承诺书是银行同意向陈某刚发放信用卡并提供信贷服务的重要依据。离婚后，龚某作为共同还款人未对该信用卡进行处理，也未将离婚事实及时告知发卡行，导致陈某刚能继续持有并在原有授信额度内继续使用该信用卡。银行因合理信赖二人的信用度、财产状况未发生变化而继续提供信贷服务，其信赖利益应当得到保护，由此产生的债务龚某应承担共同还款责任。

编写人：重庆市第三中级人民法院　邬昌杰

二、储蓄存款合同纠纷

12

举证责任分配不因为一方当事人对司法鉴定意见不认可又不申请重新鉴定而改变

——孙某诉中国邮政储蓄银行股份有限公司吉首市人民北路营业所储蓄存款合同案

【案件基本信息】

1. 裁判书字号

湖南省湘西土家族苗族自治州中级人民法院（2018）湘31民终905号民事判决书

2. 案由：储蓄存款合同纠纷

3. 当事人

原告（被上诉人）：孙某

被告（上诉人）：中国邮政储蓄银行股份有限公司吉首市人民北路营业所（以下简称邮储银行营业所）

【基本案情】

2016年6月15日，申请人以孙某名义在邮储银行营业所申请开户时，提供的是有效期为2010年3月1日至2020年3月1日的孙某身份证原件。邮储银行营业所柜员将该身份证件用经过公安部门监制的身份证识别仪核实真伪后复印存档，同时进入中国人民银行建立的联网核查公民身份信息系统核查身份信息，系统显示公民身份证号与孙某一致。该系统显示的照片为孙某在本案诉讼中持有的有效期为2014年7月7日至2024年7月7日的身份证上的照片。邮储银行营业所为申请人开通了开户人为孙某的银行卡、普通UK及短信通知等业务。

2017年7月13日，孙某向邮政储蓄银行湘西州分行发函要求纠正涉案的个人账户，同年7月15日向银监会湘西监管分局发函要求纠正涉案的个人账户。

孙某以其常年居住生活在四川地区，从未在湖南地区银行机构办理任何银行账户，也未授权他人代为开户，该银行卡及普通UK系他人冒用原告名义开设，签名也系伪造等为由，诉至法院。

根据原告申请，法院于2018年5月2日委托湘西州龙腾司法鉴定中心进行司法鉴定。龙腾司法鉴定中心在对孙某签名文本进行现场取样时，只派出两名其他工作人员，没有按规定派司法鉴定人参加。现场取样工作在法院工作人员监督下进行，在场的两名法官后在提取的样本上签名见证。湘西州龙腾司法鉴定中心后出具司法鉴定意见，认定2016年6月15日孙某未到邮储银行营业所办理开户业务。邮储银行营业所对该司法鉴定意见质证称，孙某的取样样本最后一横是故意向上提的，而原始笔迹是向下斜的，该提取样本不符合提取规范，程序严重违法，提取样本人处都是空白的，没有鉴定人签名，该证据不应该采信。

2018年6月26日，邮储银行营业所书面申请法院依法向吉首市公安局刑事情报指挥中心调取孙某2016年6月15日前后从成都或深圳等地前往湘西州搭乘交通工具信息、在湘西州使用身份证以及在湘西州金融机构发生业务的情况。法院对该申请没有作出明确答复。

【案件焦点】

能否认定2016年6月15日，以孙某名义在邮储银行营业所申请开户的就是孙某本人。

【法院裁判要旨】

湖南省湘西土家族苗族自治州吉首市人民法院经审理认为：移送给湘西州龙腾司法鉴定中心司法鉴定的样本的真实性是经过双方当事人质证认可的，现场取样的样本提取人处虽然没有司法鉴定人的签名，但现场提取的样本是该司法鉴定中心工作人员在法院的监督下，进行书写的实验样本，且有在场两名法官的签名，提取的样本是真实的，该鉴定不存在程序严重违法。在庭审过程中鉴定人出庭接受了询问，邮储银行营业所未申请重新鉴定。邮储银行营业所既不提供2016年6月15日办理开户手续的影像资料，又无法提供推翻湘西州龙腾司法鉴定中心司法鉴定结果的相关证据，应承担不利后果。对湘西州龙腾司法鉴定中心司法鉴定出具的司法鉴定意见，应该采信。邮储银行营业所为孙某开通的银行卡及普通UK，经司法笔迹鉴定客户签字处“孙某”签名非本人书写，孙某作为协议相对人没有意思表示，即上述银行卡及普通UK不是孙某申请办理的，因此邮储银行营业所的开启设立行为无效。邮储银行营业所作为金融机构，对申请开办银行卡等相关业务的身份负有审查义务，但在本案没有尽到“人、证一致性”审核，致使他人成功冒用孙某有效期为2010年3月1日至2020年3月1日的身份证在邮储银行营业所办理银行卡及普通UK，邮储银行营业所存在过错。孙某维权产生的车旅费、住宿费、伙食费等费用38854.89元，邮储银行营业所应当予以赔偿。孙某要求邮储银行营业所赔礼道歉的诉讼请求，不予支持。

综上，依照《中华人民共和国民法通则》第五十四条、第五十五条第一款第二项、第五十八条第一款第五项、第五十八条第二款，《中华人民共和国侵权责任法》第六条、第十五条第一款第六项之规定，判决如下：

一、被告邮储银行营业所为原告孙某开户设立银行卡及普通UK的行为无效；

二、被告邮储银行营业所赔偿原告孙某车旅费、住宿费、伙食费、鉴定费、垫付的鉴定人员出庭各项经济损失38854.89元定于本判决生效后十五日履行；

三、驳回原告孙某的其他诉讼请求。

邮储银行营业所不服一审判决，提起上诉。

湖南省湘西土家族苗族自治州中级人民法院经审理认为：1. 孙某所举证据不能充分证明其主张的2016年6月15日其一直在成都市的事实以及2014年5月其二代身份证遗失的事实。2. 本案现场取样工作不符合《司法鉴定程序通则》第二十四条第二项规定的明确要求，程序违法。同时，在不能完全排除开户申请人在申请开户时故意改变日常签名习惯之可能的情形下，对湘西州龙腾司法鉴定中心《司法鉴定意见书》，应不予采信。3. 2016年6月15日，以孙某名义在邮储银行营业所申请开户时，申请人提供的是有效期为2010年3月1日至2020年3月1日的孙某身份证原件。该身份证当时尚在有效期内。在中国人民银行建立的联网核查公民身份信息系统显示的公民身份证号与孙某一致，且显示的照片为孙某在本案诉讼中持有的有效期为2014年7月7日至2024年7月7日的身份证上的照片。不存在因照片拍摄时间久远与本人差距大，从而使得他人认错人的明显可能。孙某的相貌特征比较明显，邮储银行营业所柜员及支行长均经过专业的业务培训，且两人共同对开户申请人与身份证进行过比对，确认开户申请人为身份证本人后，才给申请人开设银行账户及普通UK。一审法院认定邮储银行营业所没有尽到“人、证一致性”审核义务，致使他人成功冒用孙某有效期为2010年3月1日至2020年3月1日的身份证在邮储银行营业所处办理银行卡及普通UK，存在过错的理由不能成立。邮储银行营业所主张2016年6月15日以孙某名义在该营业所申请开户的就是孙某本人的事实，有相应证据佐证，理由能够成立，予以认定。4. 孙某来吉首市与邮储银行营业所协商本案纠纷，产生了部分旅差费用，应予认定。但也存在旅差费用票据20064.89元部分与本案无关，并存在虚报，且严重超过受诉法院所在地标准的情况。5. 孙某没有举证证明有人通过本案银行卡账号发生过资金往来。

法院进一步认为：当事人依法应该承担的举证责任，不应因对方当事人否认该当事人提交证据的效力而改变。本案中，孙某提出诉讼请求所依据的基本事实是其主张的邮储银行营业所2016年6月15日为其办理的银行卡及普通UK系他人冒用孙某名义开设，签名也系伪造。对孙某主张的该基本事实，如前所述，应不予认定。2016年6月15日，根据孙某申请，邮储银行营业所为孙某办理开户等业务，程序合法合规，合法有效。因为对所依据的案件事实不能举证证明，孙某的诉讼请求应不予支持。依据《中华人民共和国民事诉讼法》第六十四条第一款、第一百七十条第一款第二项以及《最高人民法院关于适用〈中华人民共和国民事诉讼法〉的解释》第九十条之规定，判决如下：

一、撤销湖南省吉首市人民法院（2017）湘3101民初1468号民事判决；

二、驳回被上诉人孙某的诉讼请求。

【法官后语】

对于类似案件争议事实的认定，以下四个方面必须明确或坚持。

一、坚持鉴定意见的证据属性，破除对鉴定意见的迷信

鉴定意见只是法定诉讼证据的一种。从本质上讲，鉴定意见只是专家证人意

见，虽然一般来说专业性、科学性较强，但有的主观性也较强。将鉴定意见一概称为科学证据而赋予其特殊证据资格和特殊证明力，是对鉴定工作的误解。《中华人民共和国民事诉讼法》及相关司法解释均没有赋予鉴定意见对于法院先决的证明力和强制约束力。对于鉴定意见是否采纳、采信，法院必须以对待其他类诉讼证据的态度和标准，谨慎审查。法官在自己专业知识不足以审查确认其客观性和科学性时，应该依法借助专家证人，充分听取双方当事人的质证意见。对鉴定意见，在没有合理依据情形下不应该轻易否定，但也不能仅因为是鉴定意见就轻易采纳、采信。

二、举证责任分配不因为一方当事人对鉴定意见不认可又不申请重新鉴定而改变

民事举证责任分配，实质是指结果意义上的举证责任承担。《中华人民共和国民事诉讼法》证据部分，第一条是规定证据种类，第二条（总第六十四条）第一款就是规定民事举证责任分配的最基本原则"谁主张谁举证"。《最高人民法院关于民事诉讼证据的若干规定》第一条①及《最高人民法院关于适用〈中华人民共和国民事诉讼法〉的解释》证据部分第一条（总第九十条），均开宗明义地明确规定民事举证责任分配基本规则，其后才规定某些特定情形下民事举证责任分配具体规则。据通说，具体案件中，结果意义上举证责任承担一旦确定后，不因诉讼中当事人举证、质证情况而发生变化。因此，将举证责任分配视为在民事诉讼证据规则中首要规则并处于核心地位，实不为过。法官要在某类案件或者某些特定情形下改变已有的民事举证责任分配规则，必须有明确的法律、行政法规或者司法解释作依据，否则应视为违法。

鉴定意见往往耗时较长、耗费较大，法院对于重新启动鉴定持慎重态度，是合理的。《最高人民法院关于民事诉讼证据的若干规定》第二十七条②规定："当事人对人民法院委托的鉴定部门作出的鉴定结论有异议申请重新鉴定，提出证据证明存在下列情形之一的，人民法院应予准许：（一）鉴定机构或者鉴定人员不具备相关

---

① 编者注：本条参照2019年12月25日发布的《最高人民法院关于民事诉讼证据的若干规定》第一条。

② 编者注：本条参照2019年12月25日发布的《最高人民法院关于民事诉讼证据的若干规定》第四十条。

的鉴定资格的；（二）鉴定程序严重违法的；（三）鉴定结论明显依据不足的；（四）经过质证认定不能作为证据使用的其他情形。对有缺陷的鉴定结论，可以通过补充鉴定、重新质证或者补充质证等方法解决的，不予重新鉴定。”第二十八条①规定：“一方当事人自行委托有关部门作出的鉴定结论，另一方当事人有证据足以反驳并申请重新鉴定的，人民法院应予准许。”对第二十七条第一款和第二款规定，应该联系起来看；对第二十七条和第二十八条规定，也应该联系起来看。通过文义解释和整体解释，应该认为，这两条规定只涉及在当事人对鉴定意见有异议，申请重新鉴定时，法院应予准许的条件，以及应尽可能通过补充鉴定、重新质证或者补充质证等方法解决有缺陷的鉴定意见问题。那些据此认为凡是某方当事人对鉴定意见不认可，就必须对此争议事实重新申请鉴定，否则法院将直接采信该鉴定意见，或者因对鉴定意见不认可，应转而承担结果意义上举证责任等看法，显然是对这两条规定的错误理解。

《中华人民共和国民事诉讼法》于2012年修订时，实际上明确否定了《最高人民法院关于民事诉讼证据的若干规定》的一些规定。现行《最高人民法院关于适用〈中华人民共和国民事诉讼法〉的解释》证据部分，根据新修订的民事诉讼法规定，在吸纳了《最高人民法院关于民事诉讼证据的若干规定》大部分条款内容情况下，没有将第二十七条和第二十八条规定纳入其中，应该认为，既是为了消除分歧、避免误解，也是对第二十七条和第二十八条规定部分的修正。

总之，本案一审法院所表述的因邮储银行营业所“未申请重新鉴定”及“无法提供推翻湘西州龙腾司法鉴定中心司法鉴定结果的相关证据”，就应该采信该鉴定意见的裁判理由，既没有法律、法规或司法解释依据，也从根本上违背了成为通说的证据法原理。

三、审查证据时应不轻易否定专业人士的职业判断

对这个观点的科学性和合理性，相信大多数包括法官在内的司法工作者不会公开否定。不轻易否定鉴定意见的证明力，首先在于它是专业人士的职业判断结果。

银行对申请开户人，必须审查人、证是否一致并留存相关资料。中国人民银

---

① 编者注：本条参照2019年12月25日发布的《最高人民法院关于民事诉讼证据的若干规定》第四十一条。

行、中国银监会等联合颁布的《金融机构客户身份识别和客户身份资料及交易记录保存管理办法》对此有明确规定。金融机构必然对其相关业务人员在人、证是否一致的识别、判断方面进行专业培训，相关业务人员在执业过程中对这方面也积累了比较丰富甚至是非常丰富的经验。在人、证是否一致的识别、判断方面，应该认为，金融机构大多数业务人员，已经达到专业人士的职业判断水准。本案中，邮储银行营业所当值柜员还邀请了时任支行长姜某对开户申请人进行比对，那么，就更应该认为其认定结果达到了专业人士的职业判断水准，具有相当高的准确性。

本案中，一审法院认定邮储银行营业所没有尽到“人、证一致性”审核义务，致使他人成功冒用孙某的身份证办理银行卡及普通UK，没有充分、明确地表述其理由，实际上就是轻易否定专业人士的职业判断。二审法院否定了一审法院这方面的判断，在裁判理由部分所述做到了有理有据，应该能够成立。

四、对笔迹鉴定司法审查需注意事项

在没有合理依据情形下不应该轻易否定鉴定意见的证据效力，还因为有关规章制度对司法鉴定的程序方面，提出了周密、科学的专业性要求，以从程序上保障鉴定意见的可采性。笔迹鉴定更多的是依据鉴定人经验，对法定程序要求更是必须坚持。

现场取样工作是有专业要求的，非专业人士不能代替。《司法鉴定程序通则》第二十四条规定，现场提取鉴定材料应当由不少于二名司法鉴定机构的工作人员进行，其中至少一名应为该鉴定事项的司法鉴定人。一审法院工作人员监督现场取样工作，在场的两名法官后在提取的样本上签名见证，本也是《司法鉴定程序通则》第二十四条规定的明确要求，不能代替该鉴定事项的司法鉴定人亲自参加现场取样。本案现场取样工作，应该认为明显不符合《司法鉴定程序通则》第二十四条规定的明确要求，程序严重违法。根据《最高人民法院关于民事诉讼证据的若干规定》第二十七条规定，本案鉴定意见应因为“鉴定程序严重违法”而不予直接采信。

对笔迹鉴定的审查，还应该充分考虑书写人故意作伪的可能性。本案中，孙某的某些行为明显有悖常理。那么，就更不能排除孙某在书写时故意作伪的可能性。

编写人：湖南省湘西土家族苗族自治州中级人民法院　邱贤周　胡基厚　张李艳

三、金融借款合同纠纷

（一）金融借款合同担保纠纷

13

有追索权保理所涉法律关系本质上属于金融借款合同纠纷

——中国银行股份有限公司通辽分行诉王某等金融借款合同案

【案件基本信息】

1. 裁判书字号

内蒙古自治区通辽市科尔沁区人民法院（2017）内 0502 民初 3143 号民事判决书

2. 案由：金融借款合同纠纷

3. 当事人

原告：中国银行股份有限公司通辽分行（以下简称中国银行通辽分行）

被告：王某、内蒙古诚达（集团）房地产开发有限公司（以下简称诚达公司）、王某礼、荣某清

【基本案情】

2017 年 3 月 17 日，王某以按揭贷款方式在中国银行通辽分行处贷款 500000.00 元，用于购买坐落于科尔沁区龙庭国际小区 A 区×号楼×单元××号房屋，为此中

国银行通辽分行与王某签订了《个人一手住房贷款合同》，约定，中国银行通辽分行认为可能影响王某或担保人的经济状况或履约能力的事件，包括但不限于涉入重大诉讼或仲裁案件、承担重大负债等，中国银行通辽分行可解除合同。中国银行通辽分行与王某签订贷款合同后为王某发放了贷款500000.00元。截至2017年6月27日，王某逾期拖欠贷款本金3533.51元，利息2026.23元，罚息14.77元，偿还剩余贷款本金494317.95元，合计499892.46元。诚达公司作为担保人于2017年3月1日在《个人一手住房贷款合同》中签字加盖公章承担保证责任，荣某清及王某礼作为保证人于2017年3月3日与中国银行通辽分行签订了《个人贷款保证合同》。2017年2月28日中国银行通辽分行与王某及诚达公司签订《房屋回购协议书》一份。王某于2017年4月19日涉嫌犯罪被批准逮捕。

【案件焦点】

中国银行通辽分行与诚达公司签订了保证协议后又签订了保理合同，是否属于变更保证协议，解除保证法律关系。

【法院裁判要旨】

内蒙古自治区通辽市科尔沁区人民法院经审理认为：中国银行通辽分行与王某签订的《个人一手住房贷款合同》系合同双方当事人真实的意思表示。合同签订后，中国银行通辽分行已按合同约定向王某发放了借款，王某因涉嫌犯罪被逮捕，发生了贷款合同中出现的可解除合同的事由。王某礼、荣某清作为王某贷款时的保证人应当承担连带保证责任。诚达公司于2017年2月28日与中国银行通辽分行及王某签订了《房屋回购协议书》，后于2017年3月1日在《个人一手住房贷款合同》中作为保证人签字加盖公章，视为承担了保证责任。从时间上看，签订房屋回购协议在先，而保证合同在后，另，《房屋回购协议书》中的第3项规定，“中国银行通辽分行同意在诚达公司偿清借款人王某所欠借款合同全部债务后，将其债权转让给公司”，所以，只有诚达公司清偿王某所欠贷款后才可得到债权。依照《中华人民共和国民法通则》第五条、第一百零六条第一款，《中华人民共和国合同法》第八条、第四十四条、第六十条、第二百零五条、第二百零六条、第二百零七条，《中华人民共和国担保法》第六条、第十六条、第十八条、第二十一条，《中华人民共和国民事诉讼法》第六十四条、第一百四十四条之规定，判决如下：

一、解除中国银行通辽分行与王某签订的《个人一手住房贷款合同》;

二、王某偿还中国银行通辽分行逾期拖欠贷款本金3533.51元，利息2026.23元，罚息14.77元，偿还剩余贷款本金494317.95元，合计499892.46元。于本判决发生法律效力后立即履行;

三、判令王某支付给中国银行通辽分行律师费5000.00元;

四、被告诚达公司、王某礼、荣某清对上述第二项、第三项承担连带保证责任。

【法官后语】

本案在审理过程中，涉及保理合同。保理合同是债权人与保理商之间签订的约定将现在或将来的基于债权人与债务人订阅的销售商品、提供服务、出租资产等基础合同所产生的应收账款债权转让给保理商，由保理商向债权人提供融资、销售分户账管理、应收账款催收、资信调查与评估、信用风险控制及坏账担保等至少一项服务的合同。本案中涉及的法律问题有以下几点:

一、如何确定案由

相对于传统合同类案件而言，保理合同案件属于新的案件类型，《中华人民共和国合同法》并未就保理合同作出明确规定，其属于无名合同。司法实践中，此类案件案由的确定并不统一，主要有借款合同（包括金融借款合同）借款担保合同、债权转让合同、金融衍生品种交易纠纷、委托代理合同纠纷等。有的裁判意见认为，保理合同是系列合同的组合，在法律上应属无名合同，其案由应定为合同纠纷。有的观点认为，保理合同有自身独特性，此类案件案由可以直接确定为“保理合同纠纷”。本案审判员认为，有追索权保理所涉法律关系包含金融借贷法律关系和债权转让与担保从法律关系，故其本质上属于金融借款合同纠纷。另外，保理法律关系的实质是应收账款债权转让，涉及三方主体和两个合同，这与单纯的借款合同有明显区别。实务中存在着部分保理商与交易相对人虚构基础合同、以保理之名行借贷之实。对此，应查明事实，从是否存在基础合同、保理商是否明知虚构基础合同、双方当事人之间实际的权利义务关系等方面审查和确定合同性质。如果确实是名为保理、实为借贷的，仍应当按照借款合同确定案由并据此确定当事人之间的权利义务。

二、区分有追索权保理与无追索权保理

按照保理商在债务人破产、无理拖欠或无法偿付应收账款时，是否可以向债权人反转让应收账款、要求债权人回购应收账款或归还融资，可将保理区分为有追索权保理和无追索权保理。有追索权保理又称回购型保理，无论应收账款因何种原因不能收回，保理商都有权向债权人追索已付融资款项并拒付尚未收回的差额款项，或者要求债权人回购应收账款。无追索权保理又称买断型保理，保理商放弃追索权是相对的，可以根据合同进行约定。银行在与债权人和债务人签订保理合同时约定的基本是有追索权保理，以保障自身的利益。

本案金融借款合同纠纷中，涉及保理合同中的相对方为诚达公司、中国银行通辽分行以及王某，三方签订了保证协议后又签订了保理合同，合同中明确约定将房屋500000.00元转让给诚达公司，诚达公司融资偿还贷款给中国银行通辽分行。但是《房屋回购协议书》中的第3项规定，“中国银行通辽分行同意在诚达公司偿清借款人王某所欠借款合同全部债务后，将其债权转让给公司”，所以，只有诚达公司清偿王某所欠贷款后才可得到实现保理合同的债权，免除金融借款合同中的保证责任。

编写人：内蒙古自治区通辽市科尔沁区人民法院　关清

14

债权人在保证人重整结束后主张债权时的权利限制

——中国邮政储蓄银行股份有限公司常州市分行诉许某晶、常州市金丰置业有限公司金融借款合同案

【案件基本信息】

1. 裁判书字号

江苏省常州市钟楼区人民法院（2018）苏0404民初1797号民事判决书

2. 案由：金融借款合同纠纷

3. 当事人

原告：中国邮政储蓄银行股份有限公司常州市分行（以下简称邮储常州市分行）

被告：许某晶、常州市金丰置业有限公司（以下简称金丰置业公司）

【基本案情】

2015年6月2日，许某晶（借款人）、金丰置业公司（保证人）与邮储常州市分行（贷款人）签订《个人购房/购车借款及担保合同》一份，约定许某晶向贷款人借款84万元，用于购买房屋，贷款期限为360个月；借款人以按月等额本金还款方式偿还贷款本息。金丰置业公司向贷款人提供阶段性连带责任保证，至房屋正式抵押登记手续时免除保证责任。借款人连续三个月或累计六次未按时足额偿还贷款本息等违约情形发生时，贷款人有权宣布贷款提前到期，要求借款人提前清偿全部或部分贷款本息及相关费用，并有权要求保证人承担保证责任。

另查明，2015年7月31日，常州某建设开发有限公司以金丰置业公司不能清偿到期债务，具备重整能力为由向常州市新北区人民法院申请重整，法院经审查于2015年8月14日依法裁定金丰置业公司进行重整；于2016年7月15日裁定批准金丰置业公司重整计划；终止金丰置业公司重整程序；后于2017年7月14日裁定重整计划执行完毕。另重整计划中对普通债权的清偿方案为：对债权中5万元（含5万元）以下部分100%现金受偿，超过5万元的部分，即一次性以5%的比例现金受偿。

截至2015年8月14日金丰置业公司被依法裁定进行重整时，许某晶贷款尚未产生逾期利息，但在金丰置业公司重整期间，许某晶贷款发生逾期（截至2017年8月24日，贷款已逾期七次），《个人购房/购车借款及担保合同》中所载房屋至今亦未办理抵押登记手续。邮储常州市分行明知金丰置业公司破产事实，未进行债权申报，亦未要求金丰置业公司承担担保责任。

【案件焦点】

债权人在保证人破产重整期间怠于申报债权，重整计划执行完毕后，保证人是否还应承担保证责任。

【法院裁判要旨】

江苏省常州市钟楼区人民法院经审理认为：邮储常州市分行与许某晶、金丰置业公司签订的《个人购房/购车借款及担保合同》系各方当事人真实意思表示，且符合法律规定，依法成立。邮储常州市分行按约向许某晶发放了贷款，许某晶未按约履行还款义务，构成违约。因此，邮储常州市分行有权向许某晶主张偿还欠款本息及实现债权而支出的费用。

另，金丰置业公司为许某晶贷款所形成的债务提供阶段性连带责任保证，但因案涉房屋正式抵押登记手续至今未办理，故金丰置业公司的保证责任不能免除；因金丰置业公司于2015年8月14日进行重整至2017年7月14日重整计划执行完毕，在该期间邮储常州市分行怠于进行债权申报，根据《中华人民共和国企业破产法》第九十二条第一款、第二款规定："经人民法院裁定批准的重整计划，对债务人和全体债权人均有约束力。债权人未依照本法规定申报债权的，在重整计划执行期间不得行使权利；在重整计划执行完毕后，可以按照重整计划规定的同类债权的清偿条件行使权利。"故根据重整计划，本案中邮储常州市分行所主张的债权系普通债权，金丰置业公司所应承担的担保责任范围应根据被告许某晶的欠款金额进行确定。另根据《中华人民共和国企业破产法》第四十六条第二款规定："附利息的债权自破产申请受理时起停止计息。"因截至2015年8月14日金丰置业公司被依法裁定进行重整时，尚未产生逾期利息，因此，金丰置业公司仅对许某晶现尚欠本金部分按照重整计划清偿条件向邮储常州市分行承担担保责任。基于此，金丰置业公司承担担保责任范围应为85766.672元。金丰置业公司承担担保责任后，有权向债务人许某晶追偿。

江苏省常州市钟楼区人民法院依照《中华人民共和国合同法》第四十四条、第六十条第一款、第二百零五条、第二百零六条、第二百零七条，《中华人民共和国担保法》第十八条、第二十一条、第三十一条及《中华人民共和国企业破产法》第四十六条第二款、第九十二条之规定，作出如下判决：

一、许某晶于本判决生效之日起十日内归还邮储常州市分行贷款本金765333.44元，利息、罚息26654.03元（暂算至2018年11月15日），合计791987.47元。自2018年11月16日起至全部本息还清之日止的利息、罚息按合同约定利率继续计算；

二、许某晶于本判决生效之日起十日内支付邮储常州市分行为实现债权而支出的律师代理费53000元；

三、金丰置业公司对上述第一项所列债务中本金部分在85766.672元范围内向邮储常州市分行承担连带清偿责任。金丰置业公司承担保证责任后，有权向许某晶追偿；

四、驳回邮储常州市分行其他诉讼请求。

【法官后语】

破产重整制度是我国企业破产法建立的一项新制度，旨在使经营发生严重困难的企业通过法定的强制破产保护，在重整期间免受保全和执行措施，与债权人就债务问题进行协商，豁免或延期支付部分债务，从而获得重生机会。而重整计划是为维持债务人的继续营业，谋求债务人的再生并清理债权债务关系为内容的协议。根据《中华人民共和国企业破产法》第九十二条第一款规定："经人民法院裁定批准的重整计划，对债务人和全体债权人均有约束力。"重整计划经过法院批准之后，即会产生法律文件所具有的一系列法律效果，比如对债权人、债务人等各利害关系人的约束力，对其他司法程序的拘束力等。

债权申报是破产制度中的重要程序，依照《中华人民共和国企业破产法》第九十二条第二款的规定，债权人未按规定申报债权的，不得依《中华人民共和国企业破产法》规定的程序行使权利。此规定是因为债权人的很多权利，比如表决权等，都是按照依法申报并确认的债权额来行使的，如果未依法申报的债权人参加破产程序，势必会造成程序上的混乱。对于未申报的债权人，由于重整计划没有对其债权作出规定和安排，如果允许其在重整计划批准后行使权利，则会造成重整计划因为出现新的债权而无法按计划行使，也会造成对其他依法申报债权的债权人利益的损害，从而造成清偿不公的现象。因此，为了避免这一情况的出现，未依照规定申报债权的债权人不得在重整计划执行期间行使权利。

本案中，金丰置业公司作为保证人在破产受理时，虽然案涉主债务尚未到期，根据《中华人民共和国企业破产法》第四十六条及《最高人民法院关于适用〈中华人民共和国企业破产法〉若干问题的规定（三）》第四条的规定，保证债权在保证人破产受理时视为到期，邮储常州市分行可向管理人及时进行债权申报，主张权利。然而，邮储常州市分行作为债权人，怠于债权申报，而是在重整计划执行完毕后另行起诉，基于金丰置业公司为权利完整的法人主体，要求其承担全部保证责任，势必会造成对其他依法申报债权的债权人利益的损害，从而造成清偿不公的现象。因此，邮储常州市分行亦必须受到重整计划的约束，金丰置业公司只需按照重整计划清偿方案向邮储常州市分行承担担保责任。另，保证人之清偿责任系基于担保之义务，保证人在向债权人进行破产分配后，有向债务人行使追偿的权利，追偿所得还要列入破产财产进行分配。

编写人：江苏省常州市钟楼区人民法院　胡传朋

15

人民法院是否应主动审查保证期间

——惠来县农村信用合作联社诉广州天特食品有限公司等金融借款合同案

【案件基本信息】

1. 裁判书字号

广东省揭阳市惠来县人民法院（2018）粤5224民初139号民事判决书

2. 案由：金融借款合同纠纷

3. 当事人

原告：惠来县农村信用合作联社（以下简称惠来农信社）

被告：广州天特食品有限公司（以下简称天特食品公司）、李某云、官某花、普宁市时力贸易有限公司、李某平

【基本案情】

2014年10月6日，天特食品公司向惠来农信社营业部申请贷款。2014年10月9日，作为贷款人的惠来农信社营业部与作为借款人的天特食品公司签订《借款合同》，天特食品公司法人代表李某云、股东官某花向惠来农信社营业部出具《承诺书》，表示为保证公司的贷款3300万元能够按期归还本息，公司所有股东作出如下承诺：公司法定代表人、股东及双方配偶的夫妻共同财产愿为公司贷款提供连带责任保证；当偿债能力不足时，由公司所有股东筹资弥补缺口。同日，普宁市时力贸

易有限公司向惠来农信社营业部出具《股东会决议书》和《保证担保贷款担保者承诺书》。2014 年 10 月 9 日，惠来农信社与借款人天特食品公司、李某平签订《保证借款合同》，合同第五条约定，保证人对借款的债务承担连带保证责任，保证期间自借款之日起至借款到期日后二年，保证范围包括贷款本金、利息、违约金、损害赔偿金和贷款人实现债权的费用。

2015 年 4 月 4 日，惠来农信社营业部与天特食品公司、李某平签订《展期还款协议书》，天特食品公司归还本金 130 万元。2017 年 7 月 12 日，惠来农信社营业部向李某平发出《逾期贷款催收通知书》，要求其敦促天特食品公司清偿欠款，该《逾期贷款催收通知书》还载明李某平愿意对天特食品公司在 2014 年 10 月 9 日至 2015 年 9 月 29 日向惠来农信社的所有借款承担连带保证责任，李某平于同日予以签名确认。但之后，天特食品公司对本金 3170 万元及利息没有归还。

【案件焦点】

李某云依法是否应承担保证责任。

【法院裁判要旨】

广东省揭阳市惠来县人民法院经审理认为：惠来农信社与天特食品公司签订的《借款合同》系双方的真实意思表示，合法有效，债权债务明确。天特食品公司的法人代表及股东向惠来农信社出具《承诺书》，可视为第三人以书面形式向债权人出具担保书，惠来农信社接受且未提出异议，保证合同成立。因此，官某花应承担连带保证责任。关于李某云在庭审中的答辩意见，《承诺书》中仅载明“当偿债能力不足时，由公司所有股东筹资弥补缺口”，根据《最高人民法院关于适用〈中华人民共和国担保法〉若干问题的解释》第三十二条之规定，应视为约定不明，保证期间为主债务履行期届满之日起二年，李某云的理由成立，予以采纳。

广东省揭阳市惠来县人民法院依照《中华人民共和国民法通则》《中华人民共和国合同法》《中华人民共和国担保法》《最高人民法院关于适用〈中华人民共和国担保法〉若干问题的解释》《中华人民共和国民事诉讼法》《最高人民法院关于适用〈中华人民共和国民事诉讼法〉的解释》之相关规定，作出判决如下：

一、被告天特食品公司应于本判决发生法律效力之日起十日内归还原告惠来农信社借款本金 3170 万元及逾期利息（从 2014 年 10 月 9 日至 2015 年 4 月 4 日按约定月利率8.8667‰计，以本金3300万元为计算基数；从2015年4月5日至2015年9月29日按约定月利率9.1396‰计，从2015年9月30日起至债务清偿之日止的逾期利息按在合同确定的贷款月利率8.8667‰的水平上上浮30%计，均以本金3170万元为计算基数）；

二、被告天特食品公司应于本判决发生法律效力之日起十日内归还原告惠来农信社律师费5万元；

三、被告官某花、普宁市时力贸易有限公司、李某平对上述第一项、第二项确定的债务承担连带保证清偿责任；

四、驳回原告惠来农信社的其他诉讼请求。

【法官后语】

本案审理的要点在于对保证责任及保证期间的认定。《最高人民法院关于适用〈中华人民共和国担保法〉若干问题的解释》第二十二条第一款规定：第三人单方以书面形式向债权人出具担保书，债权人接受且未提出异议的，保证合同成立。具体到本案中，在时任天特食品公司的法人代表李某云、股东官某花出具的《承诺书》上，他们承诺愿以公司法定代表人、股东及双方配偶的夫妻共同财产为公司贷款提供连带责任保证，可视为第三人以书面形式向债权人出具担保书，惠来农信社接受且未提出异议，故保证合同成立。然而，李某云在庭审中辩称惠来农信社没有在约定的保证期间内要求其承担保证责任，其依法应免除保证责任。本案中，《承诺书》载明“当偿债能力不足时，由公司所有股东筹资弥补缺口”，根据《最高人民法院关于适用〈中华人民共和国担保法〉若干问题的解释》第三十二条之规定，应视为约定不明，保证期间为主债务履行期届满之日起二年。经审查，至惠来农信社起诉之日，显然已超过约定的保证期间，因此，被告李某云的抗辩理由成立，应予以采纳。

值得注意的是，保证期间属于除斥期间，不同于诉讼时效，但保证期间有其自身的特殊性，是一种新的权利存续期间。因此，笔者认为，当债权人不积极行使权利超出保证期间，保证人提出抗辩的，保证人免除保证责任；如到庭未提出抗辩或无正当理由不到庭的，应视为保证人放弃抗辩的权利，法院不主动审查保证期间，保证人不应免除保证责任。

编写人：广东省揭阳市惠来县人民法院　蔡永贤

16

借款人构成犯罪，借款合同、保证合同并不当然无效

———石门县交通建设投资有限公司诉廖某胜等追偿权案

【案件基本信息】

1. 裁判书字号

湖南省常德市石门县人民法院（2018）湘0726民初34号民事判决书

2. 案由：追偿权纠纷

3. 当事人

原告：石门县交通建设投资有限公司（以下简称交投公司）

被告：廖某胜、彭某微、孙某均、张某娟、石门沪农商村镇银行股份有限公司（以下简称沪农商银行）、湖南省醴陵市通达建设工程有限公司（以下简称通达公司）

【基本案情】

廖某胜系石门县太柳公路工程建设项目部总负责人，通达公司授权委托其代表该公司全权处理该项目建设与回购期间和该项目有关的所有事项，委托期限至该项目回购款结算清楚且与该项目有关的所有遗留事项处理完毕之日止。因该项目缺乏资金，廖某胜遂向沪农商银行申请贷款，因太柳工程项目部不具备法人资格，不能作为贷款主体，该项目分段承包人亦不同意以自身名义帮廖某胜贷款，廖某胜便与孙某均合谋后，由孙某均以太柳公路分段承包人的身份向沪农商银行贷款。2015年8月14日，孙某均、张某娟向沪农商银行贷款500万元，该贷款由财鑫公司、廖某胜、彭某微提供担保，交投公司为财鑫公司提供反担保。2017年8月4日，石门县人民法院（2017）湘0726刑初81号刑事判决书认定：廖某胜、孙某均因虚构事实，以欺骗手段取得银行贷款，具有严重情节，其行为已构成骗取贷款罪，该判决现已生效。因孙某均、张某娟未按期偿还借款本息，沪农商银行提前收回贷款，

财鑫公司按约向沪农商银行承担了保证责任。财鑫公司承担保证责任后，向孙某均、张某娟、廖某胜、彭某微、交投公司追偿，经法院判决［(2017) 湘0702民初1504号］并执行，扣划了交投公司名下存款593万元。交投公司因追偿未果，故诉至法院。

【案件焦点】

廖某胜、孙某均借款行为构成犯罪，案涉借款合同、保证合同的效力应如何认定。

【法院裁判要旨】

湖南省常德市石门县人民法院经审理认为：合同效力的认定应依据《中华人民共和国合同法》第五十二条的规定进行认定，符合该规定合同无效情形之一的，才能认定合同无效。第五十二条明确规定："有下列情形之一的，合同无效：(一) 一方以欺诈、胁迫的手段订立合同，损害国家利益；(二) 恶意串通，损害国家、集体或者第三人利益；(三) 以合法形式掩盖非法目的；(四) 损害社会公共利益；(五) 违反法律、行政法规的强制性规定。"且参照《最高人民法院关于审理民间借贷案件适用法律若干问题的规定》第十三条之规定，借款人的借贷行为涉嫌犯罪或者已经生效的判决认定构成犯罪，民间借贷合同并不当然无效。案涉借款合同虽系金融借款合同，亦可以此作为参考。本案中，廖某胜、孙某均虚构事实骗取银行贷款，构成贷款诈骗罪，已为刑事判决所确认，但刑事判决本身否定评价的对象是采取虚假手段取得银行贷款的行为，而在此过程中订立的借款合同的效力并非刑事判决的评价对象。案涉借款合同的内容本身并不违反法律、行政法规的强制性规定，故此种情形不属于合同无效的情形。本案贷款人沪农商银行并未参与廖某胜等人的犯罪行为，系受欺诈的一方，廖某胜等人的欺诈行为损害的是合同相对方即沪农商银行的利益，根据《中华人民共和国合同法》第五十四条第二款之规定，"一方以欺诈、胁迫的手段或者乘人之危，使对方在违背真实意思的情况下订立的合同，受损害方有权请求人民法院或者仲裁机构变更或者撤销"。本案的受损害方沪农商银行并未主张合同撤销或变更，故案涉借款合同仍处于有效状态，相关从合同即保证合同的效力亦不因廖某胜、孙某均等人构成犯罪而受到影响。因此，本案借款合同、保证合同均为有效，交投公司承担反担保责任后，有权在承担反担保责任的范围内向债务人孙某均、张某娟追偿。廖某胜以欺骗手段取得案涉贷款，在共同犯罪中系主犯，系案涉贷款的实际用款人，且廖某胜、彭某微自愿对孙某均、张某娟所负债务承担共同偿还责任，故孙某均、张某娟、廖某胜、彭某微应当对案涉交投公司代偿款承担共同清偿责任。据此，湖南省常德市石门县人民法院判决支持了交投公司的前两项损失请求。但沪农商银行作为贷款人在本案中并无过错，并履行了贷款人的合理审查义务，交投公司要求沪农商银行承担补充责任没有事实和法律依据，故对交投公司的该项诉讼请求不予支持。湖南省常德市石门县人民法院依照《中华人民共和国民法总则》第一百六十二条，《中华人民共和国担保法》第四条、第三十一条，《中华人民共和国合同法》第九十九条，《中华人民共和国民事诉讼法》第六十四条之规定，判决：

一、被告廖某胜、彭某微、孙某均、张某娟于本判决生效后五日内向原告交投公司返还代偿款5930826.7元，并自2018年1月2日起按中国人民银行同期贷款基准利率支付利息至债务清偿之日止；

二、被告通达公司在原告交投公司欠付其石门县太柳公路工程项目工程款范围内对前述代偿款5930826.7元承担连带清偿责任；

三、驳回原告交投公司其他诉讼请求。

【法官后语】

本案是一起典型的因借款人构成犯罪，导致相关借款合同、保证合同效力产生争议的案件，审理此类案件的焦点在于对合同效力的认定。在审判实践中，合同的效力问题是所有涉合同纠纷案件的关键，是审理此类案件的首要考虑因素，对案件当事人如何主张权利以及其主张能否得到支持有重要影响。因此，无论当事人对合同效力是否提出异议，承办法官均应当首先对合同的效力作出认定。现阶段人们的法律意识逐步提高，各式合同多种多样，对合同效力的认定本就不易，而当合同当事人的行为涉嫌犯罪或者已经被生效判决认定构成犯罪时，更给合同效力的认定增加了难度。

《中华人民共和国合同法》第五十二条虽然规定了合同无效的五种情形，但对个案合同效力进行认定时，就需要对该五种情形一一进行剖析。具体到本案中，本案借款人虽有欺诈行为，但并未损害国家利益。我们认为《中华人民共和国合同法》第五十二条规定的国家利益一般理解为国家经济利益、政治利益和安全利益，并不包括国有企业、国有控股公司、国有参股公司的利益。再者，关于违反法律、行政法规的强制性规定，此处的法律、行政法规的强制性规定应当是命令性或禁止性规范，本案合同双方在签订合同时其内容及体现的法律关系并未违反法律强制规定与效力规范。廖某胜等在订立合同时的违法行为侵犯的是合同相对方即沪农商银行的意思表示真实或自由，不能因此绝对否定合同的效力，而应当根据《中华人民共和国合同法》第五十四条赋予合同相对方撤销合同的选择权。单就涉嫌或构成诈骗犯罪的借款合同而言，此类合同中存在着有所牵连但截然不同的两个行为，即诈骗行为和合同行为，其中诈骗行为是单方行为，合同行为是双方行为。廖某胜等虽构成犯罪，但生效刑事判决本身否定评价的对象是廖某胜等采取虚假手段取得银行贷款的诈骗行为，合同效力的认定所要评价的是该合同行为是否是双方当事人真实意思表示一致的结果，是否应赋予该行为以私法上的效力。因此，在合同一方涉嫌犯罪或构成犯罪时，该合同并非当然无效，其效力的认定仍应当根据《中华人民共和国合同法》第五十二条之规定来进行具体分析，并不当然认定合同无效。

编写人：湖南省常德市石门县人民法院　向军

17

新的一般法与旧的特别法冲突时，法律适用问题

——衡阳农村商业银行股份有限公司诉衡阳市鸿丰港务有限公司等金融借款合同案

【案件基本信息】

1. 裁判书字号

湖南省衡阳市中级人民法院（2018）湘04民终2209号民事判决书

2. 案由：金融借款合同纠纷

3. 当事人

原告（上诉人）：衡阳农村商业银行股份有限公司（以下简称衡阳农商行）

被告（被上诉人）：衡阳市鸿丰港务有限公司（以下简称鸿丰港务公司）、肖某会、邓某、刘某华、陶某秀

【基本案情】

2015 年 5 月 19 日，原衡阳市石鼓区农村信用合作联社（以下简称农村信用社）与鸿丰港务公司签订流动资金借款合同，约定向鸿丰港务公司提供借款 2000000 元，借款期限为 24 个月，借款利率为月利率 0.7333%，按月结息，逾期罚息利率在原借款利率基础上加收 30%。同日，鸿丰港务公司出具借据，农村信用社向其放款 2000000 元。肖某会、刘某华、邓某与农村信用社签订保证合同，为上述借款提供连带担保。陶某秀与农村信用社签订抵押合同，以其所有的位于衡阳市原城北区（现为石鼓区）和平北路×栋×层的商业门面为上述借款作抵押。借款后，鸿丰港务公司一直按期还息，2016 年 7 月起未再还息，2017 年 5 月 19 日借款到期，鸿丰港务公司未结清本息，农村信用社诉至法院。另，2016 年 8 月 9 日，中国银监会湖南监管局下文成立衡阳农商行，继承农村信用社的主体资格及权利义务。

【案件焦点】

同一债权既有保证又有物的担保时，债权人实现债权的方式。

【法院裁判要旨】

湖南省衡阳市石鼓区人民法院经审理认为：本案鸿丰港务公司向衡阳农商行借款事实清楚，鸿丰港务公司应按约定及时还本付息。鸿丰港务公司逾期还款，应按约定承担违约责任。由于本案存在不同形式的担保，根据《中华人民共和国担保法》的规定，同一债权既有保证又有物的担保的，保证人对物的担保以外的债权承担保证责任，故肖某会、刘某华、邓某只在抵押物清偿之后的债权范围内承担连带担保责任。

湖南省衡阳市石鼓区人民法院依照《中华人民共和国担保法》第二十八条之规定，判决：

被告肖某会、刘某华、邓某只在抵押物清偿之后的债权范围内承担连带担保责任。

衡阳农商行不服一审判决，提起上诉。

湖南省衡阳市中级人民法院经审理认为：本案存在不同形式的担保，对此《中华人民共和国物权法》第一百七十六条与《中华人民共和国担保法》第二十八条均有规定且内容相冲突，《中华人民共和国立法法》第九十二条规定："同一机关制定的法律、行政法规、地方性法规、自治条例和单行条例、规章，特别规定与一般规定不一致的，适用特别规定；新的规定与旧的规定不一致的，适用新的规定。"根据该规定中的后法优于前法的法律冲突适用原则，以及《中华人民共和国物权法》第一百七十八条"担保法与本法的规定不一致的，适用本法"的规定，本案应适用后于《中华人民共和国担保法》制定的《中华人民共和国物权法》。一审法院适用《中华人民共和国担保法》系法律适用错误，法院予以纠正。根据《中华人民共和国物权法》第一百七十六条规定，被担保的债权既有物的担保又有人的担保，债权人应当按照约定实现债权。抵押权人衡阳农商行与抵押人陶某秀于《抵押合同》第九条第三款约定，抵押权人有权选择任一或部分或全部担保方式实现债权。故上诉人衡阳农商行请求保证人与抵押人对案涉借款承担连带偿还责任，符合《中华人民共和国物权法》的规定，具有事实和法律依据，法院予以支持。

湖南省衡阳市中级人民法院依照《中华人民共和国立法法》第九十二条，《中华人民共和国物权法》第一百七十六条、一百七十八条之规定，判决：

保证人与抵押人对案涉借款承担连带偿还责任。

【法官后语】

本案中，鸿丰港务公司向衡阳农商行借款的事实清楚，没有争议。争议焦点在于肖某会、邓某、刘某华为该笔借款作保证，陶某秀以其所有的房屋为该笔借款作抵押。出现了同一债权上既有保证又有物的担保，债权人应以何种方式实现其债权的问题。对此，《中华人民共和国担保法》第二十八条与《中华人民共和国物权法》第一百七十六条均作出规定，但相互冲突。那么是适用《中华人民共和国担保法》第二十八条还是《中华人民共和国物权法》第一百七十六条？对此，《中华人民共和国立法法》第九十二条规定："同一机关制定的法律、行政法规、地方性法规、自治条例和单行条例、规章，特别规定与一般规定不一致的，适用特别规定；新的规定与旧的规定不一致的，适用新的规定。”但问题在于《中华人民共和国担保法》相较于《中华人民共和国物权法》来说是特别法，但《中华人民共和国物权法》后于《中华人民共和国担保法》颁布，相较于《中华人民共和国担保法》来说是新法。并不能简单的认定是按照特别法优于一般法的规则适用，还是按照新法优于旧法的规则适用。如果按照《中华人民共和国立法法》第九十四条第一款，“法律之间对同一事项的新的一般规定与旧的特别规定不一致，不能确定如何适用时，由全国人民代表大会常务委员会裁决”之规定，本案似乎应该提请全国人民代表大会常务委员会作出裁决。

事实上，《中华人民共和国担保法》颁布于1995年，对于这种情况，只是笼统的规定：“同一债权既有保证又有物的担保的，保证人对物的担保以外的债权承担保证责任。”而颁布于2007年的《中华人民共和国物权法》，则做了比较详细的规定：“被担保的债权既有物的担保又有人的担保的，债务人不履行到期债务或者发生当事人约定的实现担保物权的情形，债权人应当按照约定实现债权；没有约定或者约定不明确，债务人自己提供物的担保的，债权人应当先就该物的担保实现债权；第三人提供物的担保的，债权人可以就物的担保实现债权，也可以要求保证人承担保证责任。提供担保的第三人承担担保责任后，有权向债务人追偿。”可以说，物权法是更为成熟的法律，物权法在立法的时候，也考虑到这种情况，在第一百七十八条规定了“担保法与本法的规定不一致的，适用本法”。所以，本案无须再提请全国人民代表大会常务委员会作出裁决，直接适用《中华人民共和国物权法》第一百七十六条之规定即可。从合理性上来说，也是适用《中华人民共和国物权法》更为妥当，毕竟《中华人民共和国担保法》颁布的时候，我国市场经济发展不成熟，有关债务担保之规定受客观条件限制相关规定不详细甚至不合理。

编写人：湖南省衡阳市石鼓区人民法院　雷雨尘

18

保证期间主张权利产生保证期间作用完结、保证诉讼时效开始计算的法律后果

——北京农村商业银行股份有限公司汤河口支行诉北京飞箭钢锉有限责任公司、北京宝鸿实业总公司返还金融借款合同案

【案件基本信息】

1. 裁判书字号

北京市怀柔区人民法院（2018）京0116民初3430号民事判决书

2. 案由：金融借款合同纠纷

3. 当事人

原告：北京农村商业银行股份有限公司汤河口支行（以下简称汤河口支行）

被告：北京飞箭钢锉有限责任公司（以下简称飞箭公司）、北京宝鸿实业总公司（以下简称宝鸿公司）

【基本案情】

2009年11月2日，飞箭公司与汤河口支行签订了《借款合同》一份，内容如下：借款用途为用于偿还贷款人所欠贷款本金；借款金额为370000元，借款期限自2009年11月2日至2010年11月2日；借款利率（月利率）4.425‰（年利率5.31%），按季结息，付息日为每季末月20日，最后一次付息日为借款到期日；合同期内遇中国人民银行调整相应的贷款基准利率，借款期限在1年以内（含1年）的，执行原借款利率不变，借款期限在1年以上的，于次年1月1日起，根据新的规定重新确定相应档次的基准利率；飞箭公司未按本合同及其附件的约定归还借款本息，或者出现本合同第十八条约定的借款提前到期的情形，均视为借款逾期，汤河口支行从借款逾期之日起按逾期天数，对于其偿还的借款本金，在本合同第五

条、第七条约定的实际执行利率基础上加收30%的逾期罚息，逾期罚息率计算公式为：逾期罚息率=本合同第五条、第七条约定的实际执行利率×（1+30%）；飞箭公司未按本合同约定清偿的借款利息，汤河口支行按本合同第十九条规定的逾期罚息率计收复利；因飞箭公司违约致使汤河口支行采取诉讼方式实现债权的，飞箭公司应承担汤河口支行为此支付的诉讼费、保全费、公告费、评估费、鉴定费、拍卖费、差旅费、律师费及其他实现债权的费用……飞箭公司法定代表人杨某英、汤河口支行负责人崔某全在合同上签字，并加盖了飞箭公司和汤河口支行的公章。

同日，汤河口支行与飞箭公司签订了《抵押合同》，内容如下：抵押权人汤河口支行，抵押人飞箭公司；为确保汤河口支行与飞箭公司签订的借款合同项下的还款义务得到切实履行，飞箭公司愿意提供抵押担保；飞箭公司未在本合同约定的抵押财产上设定其他抵押，本合同生效后，汤河口支行为第一顺序的抵押权人；抵押担保范围为主合同项下的全部债权，包括主合同项下的授信额度、借款、承兑金额、其他形式的债权及其利息、复利、罚息、手续费、违约金、损害赔偿金和所有其他应付费用；飞箭公司所担保的主合同项下的债务履行期限为2009年11月2日至2010年11月2日；用于抵押的财产价值为738208元……飞箭公司法定代表人杨某英、汤河口支行负责人崔某全在合同上签字，并加盖了飞箭公司和汤河口支行的公章。双方在北京市工商行政管理局怀柔分局进行了抵押物的动产抵押登记，抵押物为机器设备21台，价值73.82万元，被担保债权为37万元。

同日，汤河口支行与宝鸿公司签订《保证合同》，内容如下：债权人汤河口支行，保证人宝鸿公司；为确保汤河口支行与飞箭公司签订的合同项下的还款义务得到切实履行，宝鸿公司愿意向汤河口支行提供保证担保；宝鸿公司保证担保的范围为主合同项下的全部债权，包括主合同项下的授信额度、借款、承兑金额、其他形式的债权及其利息、复利、罚息、手续费、违约金、损害赔偿金和所有其他应付费用；宝鸿公司所担保的主合同项下的债务履行期限为2009年11月2日至2010年11月2日；宝鸿公司为主合同项下的债务履行提供全程保证担保，至主合同项下债权获得全额清偿时自动解除。保证期间为自主合同约定的债务履行期届满之次日起两年；主合同项下债权设定了多个担保时，汤河口支行在不放弃其他担保的前提下，有权首先要求宝鸿公司承担保证责任，宝鸿公司不得提出抗辩……宝鸿公司的委托代理人方某、汤河口支行负责人崔某全在合同上签字，并加盖了宝鸿公司和汤河口支行的公章。

2009年11月6日，汤河口支行签发了贷款发放通知单，发放金额处显示370000元，贷款期限自2009年11月6日至2010年11月2日，贷款用途借新还旧，执行利率（月息）4.425‰。对应的借款借据上有飞箭公司的公章及其法定代表人杨某英的签字并加盖了姓名章。

此后，飞箭公司8次还本付息，分别为：2009年12月21日，还本金2000元；2010年3月22日，还本金2000元；2010年6月22日，还本金2000元；2010年9月21日，还本金2000元；2010年9月21日，还利息4939.78元；2010年12月23日，还本金24000元；2011年3月24日，还本金23000元；2011年6月29日，还本金23000元。

2011年6月30日、2013年1月8日、2013年10月31日、2015年1月21日、2016年9月26日，汤河口支行均分别向债务人、抵押人、担保人发出债权催收通知书，债务人、抵押人、担保人均在通知书上签字确认。

截至汤河口支行起诉时，飞箭公司尚欠汤河口支行借款本金292000元，截至2017年12月20日，按照双方签订的合同的约定，共产生利息、罚息、复利共计187244.88元。汤河口支行未就抵押物行使抵押权，宝鸿公司亦未承担保证责任。

【案件焦点】

1. 宝鸿公司的保证期间是否已过，宝鸿公司是否还需承担保证责任；2. 借款合同中关于汤河口支行有权选择先就抵押物受偿还是要求宝鸿公司承担保证责任的条款是否有效。

【法院裁判要旨】

北京市怀柔区人民法院经审理认为：本案中借款合同、抵押合同与保证合同，是各方当事人真实意思的表示，不违反法律、行政法规的强制性规定，应属合法有效。虽然借款的类型属于借新还旧，飞箭公司辩称自己未实际使用借款，但是根据合同的相对性原理，飞箭公司在对合同内容明知的情况下，依然在合同及汤河口支行签发的贷款发放通知单上加盖公章并法定代表人签字及加盖姓名章，应认为其自愿承担合同项下的各项义务。尽管合同约定的借款期限截至2010年11月2日，但借款人汤河口支行通过签发催款通知书延续了诉讼时效，汤河口支行对主债务人的债权和抵押人的抵押权未过诉讼时效。

首先，保证期间是债权人向债务人或保证人主张权利的期间，在本案保证人承担连带责任保证的情况下，债权人于保证期间向保证人主张权利即会产生保证期间的作用完结、诉讼时效开始计算的法律后果，而汤河口支行几乎每年一次的债权催收也保证了诉讼时效的延续，因此，保证人宝鸿公司仍要承担连带保证责任。其次，根据《中华人民共和国物权法》第一百七十六条及第一百七十八条的规定，被担保的债权既有物的担保又有人的担保的，债务人不履行到期债务或者发生当事人约定的实现担保物权的情形，债权人应当按照约定实现债权。虽然借款合同系汤河口支行出具的格式合同，但汤河口支行对该条款作了字体加黑，这在保证合同中非常明显，汤河口支行尽到了提示义务，宝鸿公司不应该注意不到。在此情形下，宝鸿公司依然在保证合同上加盖公章并委托代理人签字加盖姓名章，应承担合同约定的各项义务，对主债务承担连带保证责任。本条约定并不违反法律的强制性规定，应为合法有效。

综上，依照《中华人民共和国合同法》第二百零六条、第二百零七条，《中华人民共和国物权法》第一百七十六条、第一百七十八条及第一百七十九条，判决如下：

一、飞箭公司于本判决生效后十日内偿还汤河口支行借款本金 292000 元；

二、飞箭公司于本判决生效后十日内偿还汤河口支行截至 2017 年 12 月 20 日的利息、罚息、复利 187244.88 元；

三、飞箭公司于本判决生效后十日内偿还汤河口支行自 2017 年 12 月 21 日起至实际付清之日止，按照合同约定计算的罚息、复利；

四、飞箭公司与汤河口支行签订的《抵押合同》真实有效，汤河口支行对抵押物有优先受偿权；

五、宝鸿公司对前三款债务承担连带清偿责任，宝鸿公司承担连带清偿责任后，有权向飞箭公司追偿。

【法官后语】

《中华人民共和国物权法》第一百七十六条规定：“被担保的债权既有物的担保又有人的担保的，债务人不履行到期债务或者发生当事人约定的实现担保物权的情形，债权人应当按照约定实现债权；没有约定或者约定不明确，债务人自己提供物的担保的……债权人可以就物的担保实现债权，也可以要求保证人承担保证责任。提供担保的第三人承担担保责任后，有权向债务人追偿。”该条第一句话的理论根据在于，物的担保和人的担保各有利弊，物的担保并不一定比人的担保更有利于债权人实现债权，在物的担保和人的担保并存的情况下，债权人究竟应当按照何种顺序实现债权，因无关公益，宜彰显私法自治精神，由债权人与保证人、物上担保人自由约定。该规范具有任意法属性。约定旨在确定或者限制人的担保与物的担保并存时债权人的选择权，只要约定达到这一程度，即应认定当事人之间就债权人实现其债权有了明确约定。

保证期间与诉讼时效的区别与联系，是一个十分复杂而又重要的问题。也是实践中经常发生混淆的问题。正确理解两者的概念，掌握两者的区别与联系，对于准确地理解和适用担保法中的规定具有重要意义。保证期间制度是要求债权人主张权利的期间，债权人主张权利的对象及方式依保证方式确定，保证期间的效力为：一般保证情况下，如果债权人在保证责任期间内没有对债务人提起诉讼或者申请仲裁，在连带保证情况下，如果债权人没有在保证期间向保证人主张权利（包括起诉），则保证人免除保证责任。按照当事人所约定时间的长短，保证期间可分为：定期的、不定期的、过短的和直至债务完全清偿的。前三种在法律规定中均容易找到对应的处理方式，最后一种应视为主债务履行期届满之日起两年。关于保证期间与诉讼时效的衔接，首先要确定保证期间的起算点：一般为主债务履行期届满之日。一般保证责任的保证合同诉讼时效起算点自保证期间内对债权人对债务人提起诉讼或者申请仲裁、债务人的判决生效之日起算。连带保证责任保证合同诉讼时效的起算点自债权人要求保证人承担保证责任的书面通知送达之日的次日起。关于中止、中断的问题：主债务诉讼时效中止，保证债务的诉讼时效也应当同时中止；一般保证责任中，主债务诉讼时效中断，保证合同的诉讼时效还没有开始起算，还谈不到中断问题；连带保证责任中，主债务的诉讼时效中断，并不必然导致保证债务诉讼时效的中断。

编写人：北京市怀柔区人民法院　孙竞

19

联户联保最高额借款责任限额应以户为单位

——山东莱芜农村商业银行股份有限公司诉崔某国等金融借款合同案

【案件基本信息】

1. 裁判书字号

山东省莱芜市钢城区人民法院（2018）鲁1203民初89号民事判决书

2. 案由：金融借款合同纠纷

3. 当事人

原告：山东莱芜农村商业银行股份有限公司（以下简称农商行）

被告：崔某国、赵某花、崔某军、齐某菊、崔某春、崔某、刘某花、崔某水、赵某兰

【基本案情】

崔某国、崔某军、崔某春、崔某、崔某水五户自愿组成联保小组，于2011年6月28日与莱芜市农村信用合作联社辛庄信用社（以下简称辛庄信用社）签订个人最高额联合保证借款合同，双方约定对联保小组各成员自2011年6月28日至2013年6月27日在辛庄信用社发生的借款业务所形成的债务最高余额450000元提供最高额担保，其中崔某国的授信额度为90000元，崔某军的授信额度为50000元，崔某春的授信额度为50000元，崔某的授信额度为30000元，崔某水的授信额度为80000元。在合同约定的期限和授信额度内，联保小组各成员可循环申请使用信贷资金。借款的放款、支付、还款、金额、期限、利率、利息计算等具体事项以相关业务档案、凭证记载为准。借款定期结息，联保小组成员未按合同约定期限归还借款本金的，贷款人对逾期借款在借款利率基础上上浮50%计收罚息。在借款人不按期归还借款本息时，小组其他成员自愿履行保证责任，保证期间为自合同约定的授信期限届满之日起二年。同日，赵某花、齐某菊、刘某花、赵某兰分别作为崔某

国、崔某军、崔某、崔某水的配偶签署联户联保配偶同意书，同意以家庭共同财产为联户联保各成员所办理的借款提供连带责任保证。2011年7月6日，辛庄信用社向崔某国发放贷款90000元，贷转存凭证记载到期日为2012年7月5日，利率9.99083‰。该笔借款到期后，崔某国分九次返还借款合计5810.01元。2014年6月5日，辛庄信用社就该笔借款向崔某春进行催收。

依据上述合同，崔某水、崔某、崔某军、崔某春亦在各自的授信额度内办理了借款，且借款本息均未结清。莱芜市农村信用合作联社现已改制为山东莱芜农村商业银行股份有限公司，农商行对其余四户的借款同时起诉，案号分别为（2018）鲁1203民初90号、（2018）鲁1203民初91号、（2018）鲁1203民初92号、（2018）鲁1203民初93号。

【案件焦点】

联户联保小组各家庭成员对逾期借款如何承担责任。

【法院裁判要旨】

山东省莱芜市钢城区人民法院经审理认为：涉案个人最高额联合保证借款合同系当事人自愿达成的协议，且不违反法律规定，合法有效，合同双方当事人应当按照约定履行自己的义务。辛庄信用社作为贷款方已按约定足额发放借款，崔某国亦应按合同约定还本付息。因该笔借款系联户联保借款，在最高额限度内承担责任时应以户为单位。辛庄信用社在保证期限内要求崔某春承担担保责任，崔某春的保证责任已发生。根据《中华人民共和国担保法》第十二条的规定，债权人在保证期间向保证人之一主张权利的效力及于其他连带责任保证人，故崔某军、齐某菊、崔某、刘某花、崔某水、赵某兰的保证责任亦已发生。辛庄信用社在诉前改制，农商行有权作为适格原告提起诉讼。

山东省莱芜市钢城区人民法院依照《中华人民共和国合同法》第二百零五条、第二百零六条、第二百零七条，《中华人民共和国担保法》第十二条、第十四条、第十八条、第三十一条，《中华人民共和国民事诉讼法》第一百四十四条之规定，判决如下：

一、崔某国、赵某花于本判决生效之日起十日内在包括（2018）鲁1203民初90号、（2018）鲁1203民初91号、（2018）鲁1203民初92号、（2018）鲁1203民初93号民事判决书主文确定的偿还责任或连带清偿责任及已经偿还的借款本息数额在内不超过450000元的限额内向农商行返还借款84189.99元，并支付利息10790.10元及逾期利息、复利（按月利率14.986245‰，自2012年7月6日起计算至实际给付之日止）；

二、崔某军与齐某菊、崔某春、崔某与刘某花、崔某水与赵某兰对上述款项及（2018）鲁1203民初90号、（2018）鲁1203民初91号、（2018）鲁1203民初92号、（2018）鲁1203民初93号民事判决书主文确定的偿还责任或连带清偿责任及已经偿还的借款本息数额各自在不超过450000元的限额内承担连带清偿责任，且承担保证责任后有权在承担责任范围内向崔某国、赵某花追偿；

三、驳回农商行的其他诉讼请求。

【法官后语】

联户联保贷款是指金融机构对联户联保小组成员发放、联保小组成员相互承担连带保证责任的贷款。最高额联户联保贷款是指农户自愿成立联保小组后，向金融机构申请办理在合同规定的额度和有效期限内可循环使用的联保贷款，联保下组成人员相互承担连带保证责任。

因联保各户主及其配偶，当然，有时可能还有成年子女均签字确认，签字各人均承担连带责任这是没有争议的。但是，对于是各户还是每户各成员在最高额限度内承担责任的问题，笔者认为，因联户联保贷款所组成的联保小组以户为单位，故在最高额限度内承担责任时亦应以户为单位，而不能让每户的每个人均在最高额限度内承担责任，否则，将变相加重联户联保小组家庭成员的还款责任，背离联户联保贷款业务的初衷。特别是，不得否认，我国农村地区缺乏信用的土壤。有些农户在获得金融机构的贷款后，由于缺少信用意识，故意拖欠和不审慎使用贷款的情况普遍存在。如果经济实力较强的诚信农户遇到“老赖”联户，一个家庭承担最高额双倍甚至更多倍的连带责任，这是极不公平的。法院是公平正义的最后防线，裁判结果不能成为不诚信的指向标。

编写人：山东省济南市钢城区人民法院　苏友芹

20

预抵押登记的法律效力

——中国建设银行股份有限公司寿宁支行诉王某花、龚某海金融借款合同案

【案件基本信息】

1. 裁判书字号

福建省宁德市寿宁县人民法院（2018）闽0924民初1051号民事判决书

2. 案由：金融借款合同纠纷

3. 当事人

原告：中国建设银行股份有限公司寿宁支行（以下简称建行寿宁支行）

被告：王某花、龚某海

【基本案情】

2002年9月29日，王某花与龚某海在寿宁县民政局办理结婚登记。2015年3月31日，王某花向建行寿宁支行申请个人住房借款500000元。同日，龚某海出具共同还款承诺书。2015年4月8日，王某花、龚某海与建行寿宁支行签订个人住房借款合同，合同约定：由建行寿宁支行向王某花、龚某海提供个人住房借款500000元，期限240个月，即2015年4月3日起至2035年4月3日止；贷款利率为基准利率上浮5%，逾期罚息利率为在本合同所执行贷款利率水平上上浮50%；采用等额本金还款方法，在合同签订时的贷款利率水平下，每月归还本金2083.33元，利息逐期结算还清；王某花、龚某海未按合约约定归还贷款本息或支付相关费用，建行寿宁支行有权宣布合同项下贷款立即到期，要求建行寿宁支行立即清偿借款本息及相关费用，并可行使担保权利；王某花、龚某海以所购房产作为抵押财产向建行寿宁支行提供抵押担保，并在贷款人要求的时限内到相应部门办理抵押登记，并将抵押财产的他项权利证书、抵押登记文件正本原件交贷款人持有；抵押担保范围包

括借款本息（包括复利和罚息）、违约金、赔偿金、王某花、龚某海应向建行寿宁支行支付的其他款项、建行寿宁支行为实现债权与抵押权而产生的相关费用。2015 年 4 月 9 日，王某花向建行寿宁支行办理了个人贷款开立贷款账户业务，并确认收款账号。同日，建行寿宁支行向王某花开立的贷款账户发放 500000 元借款。借款后，截至 2018 年 8 月 4 日，王某花、龚某海结欠建行寿宁支行贷款本金 418750.13 元，利息 1496.16 元。2018 年 8 月 10 日，建行寿宁支行诉至法院。2018 年 8 月 23 日，建行寿宁支行向法院申请财产保全，冻结案涉王某花、龚某海房产拍卖分配后剩余款项中的 420126.60 元，并支付案件申请费 2620.63 元。

另查明：2015 年 4 月 8 日，寿宁县房地产管理所向建行寿宁支行出具《关于"阳光水岸"商品房（在建工程）预抵押登记的函》，载明：王某花、龚某海已将所购买的房屋向寿宁县房地产管理所办理预登记手续。2017 年 7 月 21 日，王某花、龚某海对其房产办理了不动产权证。

【案件焦点】

预抵押登记能否优先受偿。

【法院裁判要旨】

福建省宁德市寿宁县人民法院经审理认为：王某花、龚某海向建行寿宁支行借款 500000 元，并签订个人住房借款合同，系当事人真实意思表示，不违反法律规定，合法有效，应受法律保护。王某花、龚某海未按合同约定偿还借款本金及利息，已构成违约，建行寿宁支行有权宣布借款立即到期，要求借款人清偿借款本息及支付其为实现债权支出的相关费用。为此，建行寿宁支行主张王某花、龚某海偿还借款本金 418750.13 元及利息、罚息、支付案件申请费 2620.63 元的诉讼请求，不违反法律规定，可予支持。建行寿宁支行主张对个人住房借款合同项下王某花、龚某海房产行使抵押权，对其拍卖、变卖所得款项，享有优先受偿权，虽王某花、龚某海与建行寿宁支行签订个人住房借款合同时约定将案涉房产抵押给建行寿宁支行，并到寿宁县房地产管理所办理预登记手续，但案涉房产已于 2017 年 7 月 21 日办理了不动产权证，而建行寿宁支行至今未办理正式的抵押登记手续，该房屋的抵押权尚未成立，故建行寿宁支行该项主张，无法律依据，不予支持。

依照《中华人民共和国合同法》第八条、第六十条、第一百零七条、第二百零七条，《中华人民共和国物权法》第一百八十条、第一百八十七条，《中华人民共和国民事诉讼法》第一百四十四条之规定，判决如下：

一、王某花、龚某海应于本判决生效之日起十日内偿还建行寿宁支行借款本金418750.13元及利息、罚息（截至2018年8月4日利息、罚息为1496.16元，此后利息、罚息按合同约定计算至借款还清之日止）；

二、王某花、龚某海应于本判决生效之日起十日内支付建行寿宁支行案件申请费2620.63元；

三、驳回建行寿宁支行的其他诉讼请求。

【法官后语】

司法实践中，预抵押登记能否优先受偿，有两种不同意见。第一种意见认为，预抵押登记之后，抵押权已经设立，银行对办理了预抵押登记的商品房享有优先受偿权。第二种意见认为，预抵押登记并不产生抵押权设立的效果，银行对预抵押登记的商品房不享有优先受偿权。

本案中，承办人认为应当采用第二种意见。根据《中华人民共和国物权法》第二十条的规定，预告登记产生的法律后果为“未经预告登记的权利人同意，处分该不动产的，不发生物权效力”。由此可见，抵押预告登记与抵押权设立登记具有不同的法律性质和法律效力。抵押权预告登记所登记的并非现实的抵押权，而是将来发生抵押权变动的请求权，该请求权具有排他效力。建行寿宁支行作为房屋抵押权预告登记的权利人，在未办理房屋抵押权设立登记之前，其享有的是当抵押登记条件成就或约定期限届满时对该房屋办理抵押权登记的请求权，并可排他性地对抗他人针对该房屋的处分，但并非享有现实抵押权。另外，本案个人住房借款合同项下王某花、龚某海的房产已于2017年7月21日办理了不动产权证，办理他项权证的条件已经具备，但建行寿宁支行至今未办理正式的抵押登记手续，该房屋目前为止并没有办理抵押登记的信息。因此，建行寿宁支行并无基于抵押权享有该房屋的优先受偿权。

编写人：福建省宁德市寿宁县人民法院　吴美云

21

预购商品房仅办理抵押预告登记的，预告登记权利人对该商品房不享有优先受偿权

——中国建设银行股份有限公司信宜支行诉白某沂、信宜市东恒房地产有限公司金融借款合同案

【案件基本信息】

1. 裁判书字号

广东省茂名市信宜市人民法院（2018）粤 0983 民初 216 号民事判决书

2. 案由：金融借款合同纠纷

3. 当事人

原告：中国建设银行股份有限公司信宜支行（以下简称建行信宜支行）

被告：白某沂、信宜市东恒房地产有限公司（以下简称东恒公司）

【基本案情】

2013 年 10 月 10 日，东恒公司与建行信宜支行签订《楼宇抵押贷款合作协议》，约定了建行信宜支行为东恒公司开发的“东恒新城”的购房人提供相关的贷款业务，而东恒公司对建行信宜支行向购房人发放的住房贷款提供不可撤销的连带责任保证等内容。

白某沂向东恒公司购买东恒新城第 × 幢 1705 房，并且白某沂采取按揭贷款的方式向建行信宜支行贷款 350000 元，以支付给东恒公司作为该 1705 房的部分购房款。为此白某沂与建行信宜支行于 2014 年 3 月 27 日签订了《个人住房（商业用房）借款合同》，并且双方在该借款合同中约定了白某沂提供其名下的东恒新城第 × 幢 1705 房为本案该笔贷款提供抵押担保。由于签订上述《个人住房（商业用房）借款合同》时，东恒新城第 × 幢 1705 房尚未办理房地产权证，为此建行信宜支行

与白某沂于2014年4月9日到职能部门为上述东恒新城第×幢1705房办理了预购商品房抵押预告登记手续，并领取了广东省房地产预告登记证明。2014年5月6日，建行信宜支行向白某沂发放贷款350000元，并按约定将该350000元划入白某沂指定的东恒公司在建行信宜支行的账户。此外，因另案黄某诉罗某升、白某沂民间借贷纠纷一案，广东省信宜市人民法院于2017年1月9日根据罗某升的申请对登记在白某沂名下的位于信宜市区粤桂路东恒新城第×幢1705房在40000元价值范围内进行查封。2018年1月24日，广东省信宜市人民法院以被执行人已履行完毕民事判决书确定的义务为由，解除了对上述1705房的查封。据信宜市不动产登记中心于2018年2月9日出具的查询结果显示，上述1705房于2017年11月15日被广东省茂南区人民法院轮候查封、于2018年1月3日被广东省信宜市人民法院轮候查封。涉案的东恒新城第×幢1705房于2017年9月29日取得了不动产权证，权利人为白某沂。建行信宜支行曾于2017年11月1日将相关材料提交给信宜市不动产登记中心，要求为上述1705房办理抵押登记手续。据建行信宜支行称由于该1705房已被查封，所以导致该1705房无法办理抵押登记手续。由于白某沂借款后未能按时还本付息给建行信宜支行致双方产生纠纷，建行信宜支行起诉至法院。

【案件焦点】

1. 白某沂提供其名下东恒新城第×幢1705房为本案该笔贷款提供抵押担保的效力如何；2. 建行信宜支行对处置该1705房的价款是否享有优先受偿权。

【法院裁判要旨】

广东省茂名市信宜市人民法院经审理认为：因建行信宜支行与白某沂签订的《个人住房（商业用房）借款合同》中约定了白某沂提供其名下的东恒新城第×幢1705房为本案该笔贷款提供抵押担保。因此，建行信宜支行与白某沂就上述1705房签订的抵押担保条款是合法有效的。但由于签订该借款合同时该1705房尚未取得产权登记证书，所以对该1705房仅进行了抵押预告登记，而未办理抵押登记手续。根据《中华人民共和国物权法》第二十条规定：“当事人签订买卖房屋或者其他不动产物权的协议，为保障将来实现物权，按照约定可以向登记机构申请预告登记。预告登记后，未经预告登记的权利人同意，处分该不动产的，不发生物权效力。预告登记后，债权消灭或者自能够进行不动产登记之日起三个月内未申请登记的，预告登记失败。”预购商品房抵押预告登记仅是将来发生抵押权变动的请求权，该请求权具有排他效力，即未经预告登记权利人同意而处分该预购商品房的，不产生物权效力，但该抵押预告登记并不等同于抵押登记，因而所产生的法律效果也是不一样的。再根据《中华人民共和国物权法》第一百八十条“债务人或者第三人有权处分的下列财产可以抵押：（一）建筑物和其他土地附着物……”及第一百八十七条“以本法第一百八十条第一款第一项至第三项规定的财产或者第五项规定的正在建造的建筑物抵押的，应当办理抵押登记。抵押权自登记时设立。”至目前为止，在涉案1705房尚未办理抵押登记（即抵押权尚未设立）的情况下，建行信宜支行要求对依法处置涉案的1705房的价款享有优先受偿权于法无据，法院不予支持。

广东省茂名市信宜市人民法院依照《中华人民共和国合同法》第九十三条、第一百九十六条、第二百零五条、第二百零六条、第二百零七条，《中华人民共和国担保法》第十八条、第二十一条，《中华人民共和国物权法》第二十条、第一百八十七条，《中华人民共和国民事诉讼法》第六十四条第一款，《最高人民法院关于适用〈中华人民共和国民事诉讼法〉的解释》第九十条之规定，判决如下：

一、解除原告建行信宜支行与被告白某沂于2014年3月27日签订的《个人住房（商业用房）借款合同》；

二、限被告白某沂在本判决发生法律效力后十五日内偿还尚欠的借款本金300616.73元及利息（计至2017年11月23日止尚欠的利息为6614.27元，此后利息按《个人住房（商业用房）借款合同》中约定的计息标准另计至还清贷款本息之日止）给原告建行信宜支行；

三、被告东恒公司对上述第二项的判决义务承担连带清偿责任；

四、驳回原告建行信宜支行其他诉讼请求。

【法官后语】

近年来，随着房地产市场的大规模发展，预购商品房的销售也在不断攀升。在商品房预售过程中，购房人基本上都采取银行按揭贷款的方式向开发商支付大部分的购房款，并且因为办理银行按揭贷款时，商品房未取得房地产权证的情形较为常见，在此情形下，银行与购房人也只能对商品房办理抵押预告登记，而不能直接办理抵押登记。实践中从办理商品房的抵押预告登记，再到办理商品房的抵押登记需要经历一段较为漫长的时间，在此期间，如果因购房人的原因导致商品房被法院查封，又或者购房人不配合办理抵押登记的，对于抵押预告登记的效力如何，司法实践中存在较大争议。从保护银行债权，更好地维护市场交易安全角度考虑，一种观点认为，如果不是因为预告登记权利人自身原因，导致案涉商品房在取得房地产权证后无法办理抵押登记的，应赋予预告登记权利人对商品房处置价款的优先受偿权，这更有利于保障房地产交易的安全及各方当事人利益。另一种观点则认为，抵押权是法定，只要商品房未办理抵押登记的，债权人就不享有优先受偿权。笔者同意第二种观点，理由为根据《中华人民共和国物权法》第二十条的规定，抵押预告登记的目的是保障将来物权的实现，排斥第三人对房产行使权利，即未经预告登记权利人同意而处分该预购商品房的，不产生物权效力，但该抵押预告登记并不等同于抵押登记。因此，对于已办理抵押预告登记的房产，预告登记权利人要取得该房产的抵押权，还应当在抵押人领取房地产权属证书后，重新办理房地产抵押登记。同时提醒广大的金融机构在发放预购商品房的按揭贷款过程中，若存在只能办理商品房预告抵押登记而未能办理抵押登记情形的，为了降低风险，还应当考虑采取其他的担保方式作为补充。

编写人：广东省茂名市信宜市人民法院　彭秋香

22

银行无法提供其保管的保证文书可作对其不利的推定

——浙江瑞安农村商业银行股份有限公司诉薛某弟等金融借款合同案

【案件基本信息】

1. 裁判书字号

浙江省温州市瑞安市人民法院（2018）浙0381民初12073号民事判决书

2. 案由：金融借款合同纠纷

3. 当事人

原告：浙江瑞安农村商业银行股份有限公司（以下简称瑞安农商行）

被告：吴某火、林某娜、薛某弟、吴某华、林某松

【基本案情】

2016 年 4 月 22 日，吴某火与瑞安农商行签订循环借款合同，约定借款额度为 30 万元，使用期限为 2016 年 4 月 22 日至 2018 年 4 月 21 日，并就利率作了约定。

2017 年 4 月 8 日至 2017 年 4 月 11 日，吴某火依上述循环借款合同陆续向瑞安农商行借款 32 万元（其间同时在借金额最高为 30 万元），约定还款期限均为 2018 年 4 月 21 日，还款期限届满，吴某火未归还本金 30 万元及部分期内利息。

2017 年 4 月 6 日，吴某火向瑞安农商行借款，双方签订借款合同，约定借款 20 万元，并就借款期限、利率等作了约定。同日，瑞安农商行依上述借款合同向吴某火发放贷款 20 万元。后吴某火仅陆续支付部分期内利息。还款期限届满，吴某火未按约归还本金 20 万元及部分期内利息 7308 元。

瑞安农商行基于上述借款向吴某火主张返本付息，并以薛某弟、吴某华出具的担保书、保证承诺函为据，要求其承担保证责任。

另查明，薛某弟于 2015 年曾为吴某火向瑞安农商行的借款提供保证。法院依薛某弟的申请向瑞安农商行调取薛某弟于 2015 年出具的为吴某火提供担保的相关文书，瑞安农商行以相关贷款已经清偿而材料无法找到为由未能提供。

【案件焦点】

薛某弟、吴某华分别署名的担保书、保证承诺函的出具时间及担保意思表示该如何认定。

【法院裁判要旨】

浙江省温州市瑞安市人民法院经审理认为：该担保书、保证承诺函应认定为薛某弟、吴某华于 2015 年所出具且内容为空白。首先，薛某弟已提供证据证明其曾于 2015 年向瑞安农商行出具过担保文书的事实，而瑞安农商行作为金融机构，对当事人向其出具的信贷资料负有一定的保管义务，2015 年距该案的诉讼并不久远，在缺乏正当理由的情况下，瑞安农商行未能提供薛某弟于 2015 年所出具的担保文

书，并不符合常理。依《最高人民法院关于民事诉讼证据的若干规定》第七十五条[①]之规定："有证据证明一方当事人持有证据无正当理由拒不提供，如果对方当事人主张该证据的内容不利于证据持有人，可以推定该主张成立。"应推定薛某弟所主张的事实成立，即担保书系2015年出具。其次，保证承诺函的格式内容能反映出该文书系保证人之配偶所出具，且与保证人担保文书的出具时间应一致或相近，该保证承诺函的出具时间宜认定系2015年出具。最后，该两份文书的填空均系瑞安农商行工作人员所书写且所填部分内容（落款时间）与事实并不相符，可见填空内容并非薛某弟、吴某华的真实意思表示。故瑞安农商行主张薛某弟、吴某华承担保证责任，缺乏事实依据，不予支持。

浙江省温州市瑞安市人民法院依照《最高人民法院关于民事诉讼证据的若干规定》第七十五条，《中华人民共和国民事诉讼法》第六十四条第一款之规定，判决如下：

一、吴某火、林某娜于本判决生效之日起十日内偿还瑞安农商行《个人借款合同》项下借款本金20万元、期内利息7308元、逾期利息（以20万元为基数从2018年4月6日起按月利率9.7875‰计算至实际履行之日止）；

二、吴某火、林某娜于本判决生效之日起十日内偿还瑞安农商行《个人循环借款合同》项下借款本金30万元、期内利息20169.11元、逾期利息（以30万元为基数从2018年4月22日起按月利率14.249998‰计算至实际履行之日止）；

三、吴某火、林某娜逾期不履行还款义务，瑞安农商行有权以登记于吴某火名下坐落于瑞安市上望街道林东村的房产折价或者拍卖、变卖所得价款优先受偿，但包括上述第一项、第二项债务在内，瑞安农商行对《最高额抵押合同》项下所有主债务享有优先受偿的总额以45万元为限；

四、林某松对上述第一项、第二项债务承担连带清偿责任，但包括上述债务在内，林某松对其签署的《担保书》项下所有债务承担连带偿还责任的总额以55万元为限；林某松在承担保证责任后，有权向吴某火、林某娜追偿；

五、驳回瑞安农商行的其他诉讼请求。

---

① 编者注：本条参照2019年12月25日发布的《最高人民法院关于民事诉讼证据的若干规定》第九十五条。

【法官后语】

本案的难点在于当保证人薛某弟、吴某华对保证文书中由银行工作人员所手写的落款时间及内容存有异议，并就该文书系其另行向银行出具提供了初步证据，而银行无法进一步提供证据予以反驳时，确定由谁承担举证不能的后果。笔者认为：

一、持有保证文书一方所填写的内容，尚无法“一锤定音”

双方当事人的陈述一致反映，该担保书、保证承诺函中，除落款签名系薛某弟、吴某华所亲笔书写外，其他内容均由银行的工作人员所书写。虽银行坚称内容均为“落款日期”当日填写，但因该保证文书由银行这一债权人所持有，保证文书上也无法反映出所填写的内容已由保证人确认，故该保证文书中所填写内容的证明力较一般书证而言有所偏低。

二、银行保存有近期的信贷资料具有高度可能性

《中华人民共和国商业银行法》第五十一条规定：“商业银行应当按照国家有关规定保存财务会计报表、业务合同以及其他资料。”该法虽未直接规定银行对合同等信贷资料的保管年限直接进行规定，但已然能确定银行就信贷资料负有一定的保管义务。

本案中薛某弟已证明其于2015年曾向银行出具保证文书，该日期与银行提起诉讼的日期仅相差3年多，以档案保管的期限来看，参照《中国人民银行会计档案保管期限》中关于“会计凭证”的15年保管期限、“对账回单”的5年保管期限，均尚未超过保管期限。在实践当中，银行也多以需要归档为由申请取回在庭审中所出示的合同原件，可见银行对信贷资料有着较为系统、完善的档案保管制度。故在本案中，银行对薛某弟于2015年向其出具的保证文书负有保管义务，该保证文书仍由银行持有具有高度可能性。

三、由银行进一步举证，更有效率，也更加公正

提高诉讼效率和降低诉讼成本是实现司法正义的重要价值目标之一。以诉讼成本而论，在薛某弟已经提供证据证明银行持有之前的保证文书的情况下，银行欲否认薛某弟的该项抗辩所需要的证明成本是极低的，而薛某弟欲证明保证承诺函的真实出具时间所需要的证明成本是极其巨大的，甚至受限于现阶段的鉴定技术。

客观意义上的证明责任并不考虑当事人获取证据的成本高低、获取证据的难易程度及与有关证据的远近距离，不利于实现公平与正义，采用推定的方式对当事人

在行为意义上的证明责任进行适度调整更能彰显司法公正。《最高人民法院关于民事诉讼证据的若干规定》第七十五条也对此进行了明确规定："有证据证明一方当事人持有证据无正当理由拒不提供，如果对方当事人主张该证据的内容不利于证据持有人，可以推定该主张成立。"在本案中，薛某弟提供的证据虽不足以直接证明保证文书系2015年出具，但其已经对银行所持有的保证文书的来源进行了初步证明，与银行所主张的保证文书系2016年所出具，形成了实质性对抗，银行若无法进一步提供证据，即提供薛某弟于2015年向其出具的保证文书予以反驳，或进一步提供证据印证涉案保证文书的出具时间，则应依上述规定，作对其不利的推定，认定薛某弟的抗辩成立，即涉案担保书、保证承诺函与本案并无关联。

编写人：浙江省温州市瑞安市人民法院　林杰　陈也峰

（二）金融借款合同履行纠纷

23

保证人在主债务履行期限届满前死亡的保证责任认定

——浙江瑞安农村商业银行股份有限公司诉陈某双等金融借款合同案

【案件基本信息】

1. 裁判书字号

浙江省温州市瑞安市人民法院（2018）浙0381民初11447号民事判决书

2. 案由：金融借款合同纠纷

3. 当事人

原告：浙江瑞安农村商业银行股份有限公司（以下简称瑞安农商行）

被告：陈某双、王某飞、林某红、陈某冲、郑某莲、陈某怡

【基本案情】

2016 年 2 月 17 日，瑞安农商行按约向陈某双发放贷款 20 万元，借款到期日为 2018 年 2 月 15 日，王某飞与陈某青分别为上述借款本息在最高融资限额 22 万元的范围内提供连带责任保证。保证人陈某青于 2017 年 12 月 30 日死亡，其法定继承人为陈某冲、郑某莲、林某红、陈某怡。借款到期后，陈某双未能按约偿还借款本息，瑞安农商行起诉至法院。

【案件焦点】

保证人在主债务履行期限届满前死亡的，其继承人是否需要在继承遗产的范围内对债权人承担连带保证责任。

【法院裁判要旨】

浙江省温州市瑞安市人民法院经审理认为：在保证法律关系中，保证义务是债权人和保证人通过订立保证合同为保证人设置的民事义务，其内容是保证人将来可能的债务负担。保证责任则是债务人到期未清偿债务，依照约定或法律的规定，保证人所承担的民事责任。当保证义务转化为保证责任后，保证人才需要承担保证之债，故保证人的遗产是否应用来承担保证责任，关键在于保证人死亡之时保证责任是否已经产生，本案中陈某青于 2017 年 12 月 30 日死亡，借款尚未到期，借款人陈某双亦在正常付息过程中，债务是否能够得到清偿并不确定，其保证义务尚未转化为保证责任就因其死亡而消失，故陈某冲、郑某莲、林某红、陈某怡无须在其继承保证人陈某青的遗产范围内承担连带保证责任，故判决如下：

一、被告陈某双于本判决生效之日起十五日内偿还原告瑞安农商行《个人循环借款合同》项下的贷款本金 179849.73 元及逾期利息（截至 2018 年 8 月 1 日止的逾期利息 3565.70 元及以本金 179849.73 元为基数从 2018 年 8 月 2 日起按月利率 13.953124‰计算至实际履行完毕之日止）；

二、被告王某飞对第一项判决确定的债务承担连带保证责任，但包括上述债务在内，被告王某飞对其出具的《保证函》项下的主债务承担保证责任最高额以 22 万元为限；被告王某飞承担保证责任后，有权向被告陈某双追偿；

三、驳回原告瑞安农商行的其他诉讼请求。

【法官后语】

经办人认为保证人在主债务履行期限届满前死亡的，保证义务灭失，其继承人无须在继承遗产的范围内对债权人承担连带保证责任，主要基于以下两点理由考虑：

一、保证义务有别于保证责任

保证义务是债权人和保证人通过订立保证合同为保证人设置的民事义务，该义务内容是保证人将来可能的债务负担，该义务亦有可能基于主债务人的自动履约导致灭失，不会产生必然的债权债务关系。保证义务在保证合同生效时便已产生。而保证责任则是债务人到期未清偿债务，依照约定或法律的规定，由保证人承担的一种民事责任，保证责任是债权人在保证期间内向保证人主张承担保证责任时产生。保证义务是保证责任产生的前提条件，而保证责任是保证义务法律关系显性发生时的责任承担，只有当保证义务转化为保证责任后，保证人才需承担保证之债，该债务才成为债权债务关系明确的确定之债，保证人应当以其自身拥有的财产对主债务承担保证责任，若保证人在该期间内死亡，则其继承人应当在继承遗产的范围内对主债务承担连带保证责任。但若保证人在主债务履行期限届满前死亡，保证义务尚未转化为保证责任，保证人无须承担保证责任，其继承人自然亦无须在继承遗产的范围内对主债务承担连带保证责任。

二、保证合同具有较强的人身依附性

担保合同根据是否提供具体财产担保而区分为人的担保和物的担保。人的担保，即保证合同是基于特定当事人的身份关系，建立在个人信用基础之上订立的，并非单纯的财产性质的合同，也并非一般债权债务关系的合同，而是具有一定人身依附性的合同。在社会法律关系中，债权人更多的是基于保证人的社会地位、身份、人格等因素给予的信赖而与之订立相关的保证合同，其依赖的不仅仅是保证人的代偿能力，很大程度上是基于对保证人人格和身份的依赖，属于信用保证。一旦保证人死亡，保证人特定的人格和身份属性即消失，其依附于人身属性的信用亦随之消失，债务担保的人身基础亦不存在，故而保证义务随保证人的死亡而自然终止。而以物作保的担保合同是以特定财产为主债务提供担保，担保人死亡与否，均不影响担保责任的认定，担保人生前签署的保证合同对其继承人在继承该财产时仍具有约束力。

综上，本案中，保证人陈某青在本案所涉借款履行期限届满前已死亡，其保证义务自然灭失，保证责任并未产生，故其继承人陈某冲、郑某莲、林某红、陈某怡无须在其继承保证人陈某青的遗产范围内承担连带保证责任。

编写人：浙江省温州市瑞安市人民法院　董跃绵

24

如何确定提前收回贷款的日期

——福鼎市农村信用合作联社诉兰某宏等金融借款合同案

【案件基本信息】

1. 裁判书字号

福建省宁德市福鼎市人民法院（2018）闽0982民初819号民事判决书

2. 案由：金融借款合同纠纷

3. 当事人

原告：福鼎市农村信用合作联社

被告：兰某宏、叶某安、沈某霞

【基本案情】

2017年7月14日，福鼎市农村信用合作联社与兰某宏订立了《借款合同》，约定福鼎市农村信用合作联社向兰某宏提供50000元贷款，借款期限自2017年7月14日至2022年7月13日；借款月利率为8.4‰；结息方式为按月结息，结息日为每月的20日；借款采用等额本息还款法还款；若贷款逾期，自逾期之日起按借款执行利率加收50%逾期贷款罚息；借款人欠息，欠息部分按逾期贷款罚息利率计收利息；若借款人在本合同项下任何一笔贷款本金或利息逾期10日（含）以上，贷款人有权宣布贷款提前到期并收回；借款人违约，应承担贷款人为实现债权所支付的一切费用（包括但不限于诉讼费、仲裁费、律师服务费、律师代理费、财产保全费、差旅费、执行费、拍卖费等）。同日，福鼎市农村信用合作联社与叶某安、沈某霞签订《保证合同》，明确叶某安、沈某霞为兰某宏的上述借款承担连带担保责任，被担保的主债权本金金额为50000元，主合同债务履行期限自2017年7月14日起至2022年7月13日止。担保范围包括本合同项下主债权本金、利息、逾期利息、违约金、损害赔偿金、实现债权的一切费用及其他应付费用（包括但不限于诉讼费、仲裁费、财产保全费、律师费、差旅费、执行费、评估费、拍卖费等），同时约定保证期间为本合同债务履行期限届满起二年。如债权人按主合同约定宣布主合同项下债务提前到期，保证期间为债权人确定的债务提前到期之日起二年。2017年7月14日，福鼎市农村信用合作联社按照合同约定向兰某宏发放了50000元借款，并填写借款借据，约定月利率为8.4‰，借款用途为开服装店，还款方式为等额本息。2017年10月起，兰某宏未能按约足额偿还借款利息，之后的本金50000元及利息均未偿还。福鼎市农村信用合作联社经多次催讨未果，于2018年3月13日诉至法院。

【案件焦点】

如何确定提前收回贷款的日期。

【法院裁判要旨】

福建省宁德市福鼎市人民法院经审理认为：福鼎市农村信用合作联社与兰某宏之间的《借款合同》合法有效，事实清楚，证据充分，兰某宏应按约清偿本息履行还款义务。福鼎市农村信用合作联社按合同约定将借款发放给兰某宏，兰某宏未按合同约定按月足额归还借款本息，该行为已构成违约，福鼎市农村信用合作联社有权根据合同约定提前收贷；由于福鼎市农村信用合作联社在起诉前未提前通知兰某宏收回未到期贷款的具体时间，可以福鼎市农村信用合作联社起诉之日确定为提前收回未到期贷款的时间。福鼎市农村信用合作联社起诉时尚未到期的贷款，因福鼎市农村信用合作联社的提前收贷主张而转化为到期贷款。福鼎市农村信用合作联社要求兰某宏归还未到期贷款本金，支付结欠的利息、逾期利息、复息并赔偿支付福鼎市农村信用合作联社为实现债权而支出的律师代理费损失的主张，符合法律规定。叶某安、沈某霞作为保证人，对该笔借款的本金、利息、逾期利息、复息及福鼎市农村信用合作联社为实现债权而支出的律师代理费用承担连带保证责任。福鼎市农村信用合作联社有权在保证期间即自债务履行期限届满起或债务提前到期之日起二年内要求叶某安、沈某霞承担连带保证责任，福鼎市农村信用合作联社的诉讼请求，法院予以支持。

福建省宁德市福鼎市人民法院依照《中华人民共和国民法总则》第一百一十八条、第一百七十六条，《中华人民共和国合同法》第二百零五条、第二百零六条、第二百零七条，《中华人民共和国担保法》第十八条、第二十一条第一款、第三十一条，《最高人民法院关于适用〈中华人民共和国担保法〉若干问题的解释》第四十二条，《中华人民共和国民事诉讼法》第一百四十四条的规定，作出如下判决：

一、被告兰某宏应于本判决生效之日起十日内偿还原告福鼎市农村信用合作联社借款本金50000元，利息2106.92元（截至2018年3月20日）及逾期利息（以借款本金50000元为基数，自2018年3月21日起至借款还清之日止，按月利率12.6‰计算）、复息（以结欠的利息2106.92元为基数，自2018年3月21日起至借款还清之日止，按月利率12.6‰计算）；并赔偿支付原告福鼎市农村信用合作联社支出的律师代理费损失3000元；

二、被告叶某安、沈某霞对上述第一项履行义务承担连带偿还责任；

三、被告叶某安、沈某霞履行第一项还款义务后，有权对被告兰某宏行使追偿权。

【法官后语】

提前收回贷款是在债务人发生影响信贷安全的因素时，金融机构便宣布贷款提前到期，要求债务人提前归还贷款本息的救济方式。在银行借款合同中，借款期限是一个非常重要的商业和法律条款，它不仅仅是借款人承担还款义务的起点，同时也是借款人在履行时限方面有权对抗金融机构的依据。从这个意义上讲，金融机构要求提前收回贷款需要打破借款合同正在履行的当前状况。相应地，金融机构就必须提出符合合同约定或法律规定的特别事由。在借款合同中，这种事由一般被归入违约事件加以规定。在借款合同或诉讼中金融机构要求提前收回贷款所针对的违约事件，基本可以作如下分类：1. 违法陈述和保证。即借款人在借款合同订立之前对与借贷有关的事实所作的陈述和保证不真实，包括借款人在法律、财务、商务等状况方面的说明。2. 不履行还本付息义务。还本付息是借款人在借款合同项下的根本性义务，借款人不按期履行还本付息的行为严重破坏了银行的预期，属于根本性违约。3. 违反合同约定的其他义务。即借款人在借款合同履行期间违反根据合同其应承担还款付息之外的其他合同义务。4. 违反其他合同，影响本合同履行。即借款人未履行与同一银行或其他银行或其他合同相对人之间订立的合同项下债务，可能会影响本合同正常履行的。5. 债务人涉讼，影响本合同债权人利益。6. 借款人经营能力或清偿能力受限。7. 财务状况恶化。8. 股东发生变动。在一些借款合同中，会规定借款人控制股东发生变动时银行的提前收回贷款权利。9. 借款人或担保人涉嫌犯罪（单位或法定代表人）。10. 逃避监管，构成违法事由。11. 担保物贬值且未追加担保。本案中债务人不履行还本付息义务才导致了金融机构提前收回贷款。那么该如何确定金融机构提前收回贷款的时间，在实践中有两种方式，一种是向债务人发出“提前收回贷款通知书”或“督促履行债务函”等书面通知的方式以宣告贷款提前到期，要求债务人提前履行债务。在这种情况下一般债务人收到书面通知之日为提前收回贷款之日。另一种是向法院提起诉讼。以法院收到金融机构的起诉状的时间作为提前收回贷款的时间。本案中的福鼎市农村信用合作联社在起诉前未提前以书面的方式通知兰某宏收回未到期贷款的具体时间，所以在本案中以福鼎市农村信用合作联社起诉之日确定为提前收回未到期贷款的时间。

编写人：福建省宁德市福鼎市人民法院　魏凌霜

25

应收账款质押案件中债务人确认债务后又“反悔”情形的处理

——中信银行股份有限公司济宁分行诉山东雨生塑胶科技有限公司、山东海虹电力器材有限公司金融借款合同案

【案件基本信息】

1. 裁判书字号

山东省济宁市中级人民法院（2017）鲁08民终5230号民事判决书

2. 案由：金融借款合同纠纷

3. 当事人

原告（被上诉人）：中信银行股份有限公司济宁分行（以下简称中信银行济宁分行）

被告（被上诉人）：山东雨生塑胶科技有限公司（以下简称雨生公司）

被告（上诉人）：山东海虹电力器材有限公司（以下简称海虹公司）

【基本案情】

2015年1月15日，中信银行济宁分行与借款人刘某签订《中信银行个人经营借款合同》，合同约定中信银行济宁分行向借款人刘某贷款200万元，贷款期限自2015年1月15日至2016年1月15日，同时对贷款利率、还款方式、违约责任及中信银行济宁分行实现债权的费用承担等做了约定。2015年1月15日，中信银行济宁分行与雨生公司签订《应收账款质押合同》，约定雨生公司将其享有的对海虹公司应收账款（债权）3060042元为中信银行济宁分行上述全部债权及实现债权的费用等提供质押担保，同时签订了《应收账款质押登记协议》，并在中国人民银行征信中心办理了动产权属统一登记。海虹公司向中信银行济宁分行出具《应收账款回款付款通知书》（回执），同意并承诺将《应收账款回款付款通知书》所列账款按时足额付至指定账户，否则，将赔偿由此给中信银行济宁分行造成的损失。上述合同签订后，中信银行济宁分行按合同约定向刘某发放贷款200万元。贷款到期后，借款人刘某未按合同约定偿还借款本息，已构成违约，雨生公司未将质押款项清偿中信银行济宁分行债权、海虹公司也未将质押款项付至中信银行济宁分行指定银行账户。中信银行济宁分行向法院提起诉讼。

【案件焦点】

作为应收账款质押中的债务人，海虹公司在已经盖章确定债务的情况下，能否再以其他理由对抗债权人行使权利。

【法院裁判要旨】

山东省济宁市任城区人民法院经审理认为：中信银行济宁分行与雨生公司之间的质押合同合法有效，且海虹公司也书面承诺将合同中涉及的质押款项按时足额付至中信银行济宁分行指定账户，否则赔偿由此给中信银行济宁分行造成的损失。现海虹公司未按其承诺将款项付至指定账户，已构成违约。另因中信银行济宁分行与刘某的债权债务已经法院生效判决确认，中信银行济宁分行无权亦无实际意义要求海虹公司将全部质押款项支付至合同指定账户，但海虹公司应在质押款项限额内对中信银行济宁分行的损失即本案中信银行济宁分行所主张的借款本金、罚息承担付款责任。依照《中华人民共和国民法通则》第五条、第一百零六条第一款、第一百一十一条，《中华人民共和国合同法》第六十条第一款、第一百零七条，《中华人民共和国物权法》第二百二十八条，《中华人民共和国民事诉讼法》第一百四十四条之规定，判决：

海虹公司于本判决生效之日起十日内偿还中信银行济宁分行借款本金1997239.50元及至2017年6月13日的罚息312226元，以及自2017年6月14日起至借款实际清偿之日止的罚息（按中信银行济宁分行与刘某签订的借款合同约定利率计算）。

海虹公司不服一审判决，提起上诉：

山东省济宁市中级人民法院经审理认为：中信银行济宁分行对雨生公司质押的应收账款依法享有质押权，海虹公司应当向中信银行济宁分行承担付款或者赔偿责任。主要理由如下：第一，中信银行济宁分行于2015年1月15日与雨生公司签订了《应收账款质押合同》及《应收账款质押登记协议》，并向应收账款的债务人海虹公司送达了《应收账款回款付款通知书》，确认了应收账款的金额、付款时间等信息，同时在中国人民银行征信中心办理了动产权属统一登记，质权自登记时设立，中信银行济宁分行依法享有对此应收账款的质权。第二，中信银行济宁分行在办理涉案应收账款质押时，不仅对应收账款的真实性进行了形式审核（如购销合同、发票），同时向应收账款的债务人海虹公司送达了《应收账款回款付款通知书》以实际确认，海虹公司在回执中盖章，同意并承诺将《应收账款付款通知书》所列账款按时足额付至中信银行济宁分行指定账户……如违反上述内容，将赔偿由此给中信银行济宁分行造成的损失。海虹公司的上述承诺不仅是对其与雨生公司之间存在已产生或将产生真实有效的应收账款的确认，亦是对该应收账款不存在权利瑕疵和权利负担的承诺和确认，故海虹公司应当按照相关约定和承诺履行义务，对于其与雨生公司之间因履行购销合同产生的纠纷，可另案诉讼解决，不应以此作为拒不履行付款或赔偿义务的理由。第三，涉案应收账款质押权于2015年1月14日在中国人民银行征信中心办理了出质登记，该登记具备一定公示效力，在登记后至一审立案前两年多的时间内，海虹公司未对该应收账款质押登记向登记机构或中信银行济宁分行提出过异议。同时，海虹公司发现产品出现质量问题，同时向雨生公司送达了《关于中止购销合同的通知函》，但在一审诉讼程序过程中，海虹公司均未出庭或以其他方式提出过抗辩，应当视为自愿放弃相关的举证、质证、抗辩等诉讼权利。综上所述，海虹公司的上诉请求不能成立，但根据相关合同约定和承诺，海虹公司向中信银行济宁分行赔偿损失的范围不应超过应收账款的总额，原审判决对此没有明确限定，应当予以纠正。

综上，依照《中华人民共和国民事诉讼法》第一百七十条第一款第二项之规定，判决如下：

变更山东省济宁市任城区人民法院（2017）鲁0811民初4459号判决为：上诉人海虹公司于本判决生效之日起十日内，在3060042元的范围内向中信银行济宁分行支付损失本金1997239.50元及利息、罚息（按照被上诉人中信银行济宁分行与刘某签订的借款合同约定的利率，暂计算至2017年6月13日为312226元，之后的罚息计算至借款实际清偿之日）。

【法官后语】

应收账款质押是金融融资业务中一种较为常见风险又较高的品种。在审理该类案件时，经常容易出现债务人确认债务后又“反悔”的情形。即应收账款的债务人在银行出具的核对债务真实性（包含数额）的手续上盖章确认，但事后在诉讼中又以产品质量问题、抵扣问题、开具税票问题，或不存在真实交易等理由拒不履行偿还债务的义务。在处理该类问题时，学界和司法实践中存在争议，部分学者或法官认为，应当重新探究应收账款的真实性和真实数额，而不能仅以签字确认的数额作为履行义务的基础。本案中，法院认为债务人海虹公司在《应收账款回款付款通知书》中的盖章承诺付款行为，不仅是对其与交易对手雨生公司之间存在已经产生或将要产生的真实有效的应收账款的确认，亦是对该应收账款不存在权利瑕疵和权利负担的承诺和确认，故海虹公司应当按照相关约定和承诺履行义务，对于其与雨生公司之间因履行购销合同产生的纠纷，可另案诉讼解决。这样既保证了作为债权人的银行，在履行了形式审查义务之后产生的合法信赖利益能够得到有效保护，又为买卖合同双方之间可能存在的交易纠纷保留了诉权，但该诉权的行使却不应在应收账款回收中成为权利的障碍。

编写人：山东省济宁市中级人民法院　董浩

26

银行宣布贷款提前到期的效力认定

——淄博博山农村商业银行股份有限公司诉博山金大贸易有限公司等金融借款合同案

【案件基本信息】

1. 裁判书字号

山东省淄博市博山区人民法院（2017）鲁0304民初3147号

2. 案由：金融借款合同纠纷

3. 当事人

原告：淄博博山农村商业银行股份有限公司（以下简称博山农商行）

被告：博山金大贸易有限公司（以下简称金大公司）、淄博市博山鑫辰建材有限公司（以下简称鑫辰公司）、淄博博山美最时经贸有限公司（以下简称美最时公司）、于某汇、邢某君、李某训、周某华

【基本案情】

2017年3月3日，博山农商行同金大公司签订流动资金借款合同一份，双方约定金大公司向博山农商行借款170万元，借款期限自2017年3月3日至2018年3月2日，借款年利率6.525%，按月结息，每月的20日为结息日。如借款人未按期足额支付本金、利息及其他应付款项的，贷款人有权宣布本合同及其他合同项下未偿还的借款立即到期，立即收回未偿还款项，并有权要求借款人承担违约责任。借款人不按本合同约定偿还到期（含提前到期）应付的借款本金，自逾期之日起，按本合同约定利率加收50%作为罚息利率，计收逾期利息。借款人在借款期限内不能

按期支付的利息，应按本合同约定的借款利率计收复利；借款逾期后仍未支付的利息，按罚息利率计收复利。借款逾期的，按日计收逾期利息、罚息和复利。

同日，博山农商行与鑫辰公司、美最时公司、于某汇、邢某君、李某训、周某华签订保证合同一份，约定为金大公司上述贷款提供连带责任保证担保，担保范围包括主债权本金、利息、罚息、复利、违约金、损害赔偿金以及实现债权的费用（包括但不限于诉讼费、律师费、评估费等）。保证期间为主合同约定的债务人履行债务期限届满之日起两年。保证合同第七条约定，主合同项下债务履行期限届满（包括债权人根据主合同的约定宣布主合同项下债权提前到期），债权人未受清偿的，债权人有权要求保证人履行保证责任。

上述合同签订后，博山农商行于同日发放贷款 170 万元。金大公司自 2017 年 3 月 21 日开始逾期支付利息。2017 年 6 月 15 日，金大公司归还利息 5659.68 元。截至 2017 年 9 月 21 日，金大公司尚有本金 170 万元、利息 57461.65 元（包括借款期内应收未付利息 51709.49 元及复利 5752.16 元）未付。

另查明，博山农商行在起诉前未就本案借款合同项下的未到期贷款宣布提前到期事宜通知金大公司。法院于 2017 年 11 月 23 日将起诉状副本送达给金大公司。

【案件焦点】

银行宣布贷款提前到期对借款人、担保人的法律效力以及利率的计算问题。

【法院裁判要旨】

山东省淄博市博山区人民法院经审理认为：博山农商行与金大公司签订的借款合同，与鑫辰公司、美最时公司、于某汇、邢某君、李某训、周某华签订的保证合同均依法成立，合法有效。金大公司未按照合同约定支付利息，构成违约，博山农商行有权根据约定提前收回贷款。因博山农商行在起诉前未将提前收贷事宜通知借款人，故以起诉状副本送达时间即 2017 年 11 月 23 日确定为未到期贷款的到期日。博山农商行主张的截至 2017 年 9 月 21 日的利息数额，计算正确，法院予以确认。根据双方约定，借款期内的应收未付利息在借款期内按照借款利率计收复利，借款到期后改按罚息利率计算，因此博山农商行主张的自 2017 年 9 月 22 日起至本判决确定的履行期限届满之日止的利息按以下方式计算：1. 借款期内应收未付利息 51709.49 元，自 2017 年 9 月 22 日起至 2017 年 11 月 23 日止按照借款利率计算复利，自 2017 年 11 月 24 日起至本判决确定的履行期限届满之日止的利息，按照罚息利率计算；2. 本金170万元的利息以2017年11月23日到期日为界分时段计算，其中自2017年9月22日起至2017年11月23日止的利息按照借款利率计算（该部分利息同时根据合同约定计收复利并计算至本判决确定的履行期限届满之日止）；自2017年11月24日起至本判决确定的履行期限届满之日止的利息，按照罚息利率计算。

鑫辰公司、美最时公司、于某汇、邢某君、李某训、周某华作为连带责任保证人，依法应当承担连带清偿责任。在承担保证责任后，有权向金大公司追偿。据此，依照《中华人民共和国合同法》第一百九十六条、第二百零五条、第二百零六条、第二百零七条，《中华人民共和国担保法》第十八条、第二十一条、第三十一条，《中华人民共和国民事诉讼法》第一百四十四条之规定，判决如下：

一、被告金大公司自判决生效之日起十日内支付原告博山农商行借款本金170万元、利息57461.65元以及自2017年9月22日起至本判决确定的履行期限届满之日止的利息（按本判决确定的计息方法、利率计算）；

二、被告鑫辰公司、美最时公司、于某汇、邢某君、李某训、周某华对本案判决确定的被告金大公司债务承担连带清偿责任。在承担保证责任后，有权向被告金大公司追偿。

【法官后语】

本案为金融借款合同纠纷，在审理过程中，根据案件的基本事实和证据可以认定博山农商行与金大公司签订的借款合同，与六名担保人签订的保证合同均依法成立，合法有效。金大公司未按照合同约定支付利息，构成违约，博山农商行有权根据合同约定提前收回贷款。

本案审理的主要焦点在于银行宣布贷款提前到期对借款人及担保人产生的法律效力，对此存在两种不同观点。第一种观点认为，在合同履行期内因借款人发生特定违约情形，银行通过行使提前收回贷款的权利，使未到期的债权提前到期，以便终止双方之间的权利义务关系，是行使合同约定的解除权条款，因此应视为解除借款合同。第二种观点认为，提前收回贷款意味着借款人期限利益的丧失，应作为一种独立的违约责任承担方式，银行无须主张解除合同。本案判决采用了第二种意见，因为银行宣布贷款提前到期并非通知借款人提前解除合同，宣布贷款提前到期与解除合同的性质及后果都是不同的。具体理由如下：

一、从两者的概念及性质来看

合同的解除，是指合同成立后，根据法律的规定或在具备解除条件时，因当事人一方或双方的意思表示，提前消灭合同效力的法律行为。合同解除权的性质通说属于形成权（所谓形成权，是指权利人依自己的单方意思表示就可以使民事法律关系发生、变更或消灭的权利）。银行宣布贷款提前到期，是指在借款人发生财务状况严重恶化或违约情况时，银行宣布合同约定的贷款期限于贷款人宣布所确定的到期之日到期，合同的贷款偿还期限即告届满或贷款的偿还期限已提前届至。宣布贷款提前到期实际上是根据合同约定，银行单方面宣布改变贷款合同原约定的还款期限，导致有关债权提前行使或债权提前实现，是银行在借款人违约时或符合合同约定的其他情形时而有权采取的一项救济措施，行使的是还款请求权，而并非形成权。将宣布贷款提前到期视同为解除合同混淆了两者的不同性质。

二、从两者产生的法律后果来看

《中华人民共和国合同法》第九十七条规定："合同解除后，尚未履行的，终止履行；已经履行的，根据履行情况和合同性质，当事人可以要求恢复原状、采取其他补救措施，并有权要求赔偿损失。"可见，解除合同的后果是使双方当事人的权利义务恢复到合同订立前的状态，并否定双方在解除前已履行的合同义务的效果。而对于宣布贷款提前到期来说，后果是于届满之日或偿还期限届至之日，银行有权依据贷款合同的约定要求借款人偿还贷款本金和支付合同约定的利息、罚息、复息和违约金等，而并非恢复到合同签订之前的状态。具体到本案中，如果认为是合同的解除，银行可以要求借款人返还贷款本金和赔偿实际损失，而该实际损失应按占用期内贷款本金的同期贷款利率计算占用期间的利息，这显然不同于银行的诉讼请求。

结合本案实际情况，借款人收到应诉通知书即能够证明借款人知晓银行已经行使提前收回贷款的权利，因此，以银行起诉后，金大公司收到应诉通知书的时间作为借款合同的到期日。到期日确定后，担保人应履行的担保义务也相应提前，因保证期间为主合同约定的债务人履行债务期限届满之日起两年。保证合同第七条约定："主合同项下债务履行期限届满（包括债权人根据主合同的约定宣布主合同项下债权提前到期），债权人未受清偿的，债权人有权要求保证人履行保证责任。"如上面所分析的那样，银行宣布贷款到期相当于依法变更了主债务的履行期限，因此保证期间为贷款提前到期之日起两年。本案中，银行有权要求借款人提前偿还贷款本息，并要求担保人承担保证责任。但是，如果保证担保合同中未约定，银行在设立贷款提前到期的条件时或宣布贷款提前到期时应经担保人书面同意。根据《最高人民法院关于适用〈中华人民共和国担保法〉若干问题的解释》第三十条的规定，若贷款人与借款人设立贷款提前到期的条件未经保证人书面同意，则设立贷款提前到期的条件或宣布贷款提前到期对其无约束力，保证期间为保证合同约定的期间或者法律规定的期间。

对于本案中银行宣布贷款提前到期日后按照何种利率计算利息的问题，笔者认为应按合同约定的逾期罚息利率计算。合同约定的到期日与银行行使提前收回贷款权利形成的到期日在确定借款人债务履行期限的效果上是一致的，在银行提前收回贷款主张成立的情况下，借款人未在银行确定的提前收回贷款日履行义务的法律后果，与合同到期后借款人未履行还款义务的后果也应该是一致的，因此，借款人全部未还贷款即转化成逾期贷款，之后按逾期罚息利率计收利息，如果仍按合同约定的期内利率收取提前到期日至合同到期日之间的利息，则无法体现对借款人违约行为的惩罚性，不能妥善保护银行的合法权益。

编写人：山东省淄博市博山区人民法院　　袁媛

27

金融借款合同中约定的金融机构得“随时”扣划账户存款的权利不适用诉讼时效

——薛某诉渠县农村信用合作联社金融借贷案

【案件基本信息】

1. 裁判书字号

四川省达州市渠县人民法院（2017）川1725民初79号民事裁定书

2. 案由：金融借贷纠纷

3. 当事人

原告：薛某

被告：渠县农村信用合作联社

【基本案情】

1996年5月15日薛某以承包工程需购材料为由向渠县农村信用合作联社申请贷款4万元，借款期限为一年，并提供了抵押担保，双方于1996年5月21日签订了借款合同，其中借款合同第四条明确约定："……借款方到期未清偿贷款本息，从逾期之日起，贷款方按规定加收利息，并有权随时从借款方任何账户直接扣收贷款本息……"后渠县农村信用合作联社向薛某履行了4万元的出借义务。借款到期后薛某未能归还借款，双方于1997年5月13日签订了《延期还款协议书》，约定薛某的借款延期一年，延期至1998年5月30日偿还，并约定延期后借、贷、担保方的权利、义务仍按原签订合同执行。延期还款期限届满后，薛某仍未能按约履行还款义务，直至2016年11月1日薛某向其在渠县农村信用合作联社处开户办理的银行卡转入存款25万元后，渠县农村信用合作联社于2016年11月3日依据借款合同第四条的约定通过核销收回的方式收回借款本金4万元，薛某对渠县农村信用合作联社的扣划行为不予认可，起诉至法院。

【案件焦点】

1. 渠县农村信用合作联社是否有权利扣划薛某在其处开户的账户存款；2. 本案是否使用诉讼时效的规定。

【法院裁判要旨】

四川省达州市渠县人民法院经审理认为：公民和法人的合法权益受法律保护，本案的争议焦点在于是否适用诉讼时效的规定，以及渠县农村信用合作联社扣划薛某存款收回借款的方式是否合法。诉讼时效的法律规范是约束权利方尽快地通过诉讼的途径实现自己的合法权益，消除合法权益长时间处于受侵害的状态，针对的是权利方的合法权益超过法定期限，不能通过使用公权力，以诉讼的方式得到人民法院的保护，值得注意的是，当诉讼时效过后，作为义务人的薛某虽然可以拒绝履行其义务，但作为权利方的渠县农村信用合作联社的权利本身及请求权并没有消灭。

渠县农村信用合作联社所获得的 4 万元，关键并非通过诉讼的方式让薛某归还借款，在渠县农村信用合作联社超过了诉讼时效后，所丧失的是在人民法院诉讼中胜诉的权利，但双方之间的借贷关系并不因为渠县农村信用合作联社超过诉讼时效而消亡，借贷关系仍然成立，因此，不能用诉讼时效的法律规范约束并限制渠县农村信用合作联社按照借款合同约定获得薛某偿还借款的权利，也不能阻止义务人通过合同约定的其他方式履行自己的义务。《中华人民共和国合同法》第八条规定："依法成立的合同，对当事人具有法律约束力。当事人应当按照约定履行自己的义务，不得擅自变更或者解除合同。依法成立的合同，受法律保护。"渠县农村信用合作联社扣划薛某存款的权利源于双方所签订的借款合同中的约定，只有在薛某未偿还到期借款本息的前提条件下，渠县农村信用合作联社才有权随时在薛某任何账户上扣划其存款，其中的"随时"是一个不确定的期限，这种权利的行使是通过借款合同赋予渠县农村信用合作联社的权利，且法律并不禁止义务人履行自己的义务，严格意义上讲，薛某明知自己有借款未归还渠县农村信用合作联社，并与渠县农村信用合作联社签订了贷款合同，合同明确约定渠县农村信用合作联社有扣款的权利。薛某自觉地将存款存入渠县农村信用合作联社处，薛某完全可能预见到将存款存入渠县农村信用合作联社处，就有向渠县农村信用合作联社发出主动还款的意思表示，这符合借款合同约定的一种还款方式，借款合同中的这一条约定并没有加重合同相对方的义务和责任，也不违反法律的禁止性规定，故本案双方所签订的借款合同合法有效，渠县农村信用合作联社扣划薛某存款作为薛某偿还渠县农村信用合作联社之前的借款符合借款合同约定，其扣划方式的本身也是合法的，依法受法律保护。故薛某要求渠县农村信用合作联社退还账户上的扣款的理由不能成立。

综上所述，薛某的诉讼请求不成立，法院不予支持。据此，依据《中华人民共和国合同法》第八条的规定，判决如下：

驳回薛某的诉讼请求。

薛某不服一审判决，提起上诉，后审理过程中提出撤诉，四川省达州市中级人民法院作出准予撤诉的裁定。

【法官后语】

本案的争议焦点在于适用诉讼时效，还是适用合同约定。《中华人民共和国合同法》第八条规定："依法成立的合同，对当事人具有法律约束力。当事人应当按照约定履行自己的义务，不得擅自变更或者解除合同。依法成立的合同，受法律保护。"

具体到本案中，薛某主张渠县农村信用合作联社扣款已超过诉讼时效，而渠县农村信用合作联社主张扣款是依据合同约定。当事人的民事权利在不违反法律禁止性规定的前提下，都可以自行约定，并对当事人双方都有约束力。在薛某强调法律规定的同时，不应忽略了民事权利的约定，法律充分尊重当事人的民事权利的处置，在不违背法律的前提下，应当充分尊重当事人的民事自治原则。故本案在处理这类纠纷合同约定优先于法律规定的适用。

编写人：四川省达州市渠县人民法院　罗实

28

向多笔借款共用还款账户汇款时诉讼时效中断的认定

——交通银行股份有限公司南通分行诉杨某、宫某晖金融借款合同案

【案件基本信息】

1. 裁判书字号

江苏省南通市崇川区人民法院（2017）苏0602民初1280号民事判决书

2. 案由：金融借款合同纠纷

3. 当事人

原告：交通银行股份有限公司南通分行（以下简称交通银行南通分行）

被告：杨某、宫某晖

【基本案情】

2012年8月7日，杨某、宫某晖与交通银行南通分行签订《"e贷通"个人循环贷款合同》《最高额抵押合同》。借款合同约定还款方式为分期付息一次还本，被告未按时足额偿还贷款本金、支付利息，交通银行南通分行有权按逾期贷款的罚

息利率计收利息，并对应付未付利息计收复利，逾期贷款罚息利率为贷款利率上浮50%。

2012年8月10日，交通银行南通分行向杨某发放贷款100万元，借款到期日为2014年2月10日，贷款利率为固定利率，罚息利率为贷款利率上浮50%。贷款发放后，杨某陆续还款，直至2014年4月17日归还本金15430.34元后未再还款。另外，杨某于2012年8月17日向交通银行南通分行借款30万元，2012年11月20日向交通银行南通分行借款100万元，两笔借款与本案借款的放款、还款账户账号相同。

2015年8月25日，杨某向该还款账户汇入20万元用以归还借款。2015年9月22日，交通银行南通分行系统自动对20万元进行扣划，用以归还2012年8月17日、2012年11月20日借款，但未用以归还本案借款。庭审中，交通银行南通分行称扣划还款系系统自动为之，因还款金额不足才未扣划归还到本案借款。杨某于2015年8月25日还款，交通银行南通分行于2015年9月22日扣划，诉讼时效应中断。杨某称存入20万元是为了归还借款，但是不确定归还哪笔借款，也并非经交通银行南通分行催收才还款。

【案件焦点】

1. 案涉借款诉讼时效是否已届满；2. 对案涉借款的罚息能否计收复利。

【法院裁判要旨】

江苏省南通市崇川区人民法院经审理认为：杨某、宫某晖向交通银行南通分行借款，未按约定还款付息，其行为已构成违约，应偿还借款本金和利息，并承担相应的违约责任，支付相应的罚息及复利。关于杨某、宫某晖提出时效抗辩，主张案涉借款诉讼时效已届满。《中华人民共和国民法通则》第一百四十条规定，诉讼时效因提起诉讼、当事人一方提出要求或者同意履行义务而中断。从中断时起，诉讼时效期间重新计算。本案中，杨某于2015年8月25日向还款账户汇款入账20万元用以还款，该还款杨某在庭审中称不确定具体归还何笔借款，由此不能排除其同意履行案涉借款的可能性，且该还款账户涉及三笔借款，杨某在还款时未注明归还何笔借款，可以推定其有归还三笔借款中任一一笔借款的意思表示，故案涉借款的诉讼时效应于2015年8月25日中断，交通银行南通分行于2017年3月2日向法院提起诉讼未超过诉讼时效。

依据双方合同及《中国人民银行人民币利率管理规定》，对于借款到期后的逾期利息应以所欠本金为基数按合同罚息利率计算，对于借款到期后的复利应以合同期内所欠利息为基数按合同罚息利率计算。交通银行南通分行据此要求杨某、宫某晖归还尚未清偿的借款本金、合同期内利息、逾期还款的罚息以及期内利息的复利的诉讼请求，应予以支持，而对于交通银行南通分行主张对罚息计收复利的诉讼请求，不予支持。交通银行南通分行主张对杨某、宫某晖所提供的抵押物享有优先受偿权，依法应予以支持，唯其就抵押房产优先受偿应按抵押登记的优先顺位及债权数额范围为限。

江苏省南通市崇川区人民法院依照《中华人民共和国民法通则》第一百四十条，《中华人民共和国合同法》第四十四条、第六十条第一款、第一百零七条、第一百九十六条、第二百零五条、第二百零六条、第二百零七条，《中华人民共和国物权法》第一百七十九条、第一百九十五条、第二百零三条第一款，《中华人民共和国民事诉讼法》第一百四十四条之规定，判决如下：

一、被告杨某、宫某晖于本判决发生法律效力之日起十日内一次性支付原告交通银行南通分行借款本金 984569.66 元、利息 3758.33 元、罚息 295577.04 元、利息的复利 1127.18 元，合计 1285032.21 元；

二、被告杨某、宫某晖于本判决发生法律效力之日起十日内一次性支付原告交通银行南通分行自 2017 年 1 月 10 日起至实际清偿之日止按照月利率 8.45625‰计算的罚息和复利（其中罚息以本金 984569.66 元为基数，复利以利息 3758.33 元为基数）；

三、对被告杨某、宫某晖应履行的判决义务，原告交通银行南通分行有权就被告杨某、宫某晖提供的抵押物即凤凰莱茵苑×幢×室房屋折价或拍卖、变卖所得价款在抵押登记的优先顺位和债权数额范围内优先受偿；

四、驳回原告交通银行南通分行的其他诉讼请求。

【法官后语】

诉讼时效期间的中断，是指在诉讼时效期间进行中，因法定事由的发生致使已经进行的诉讼时效期间全部归于无效，诉讼时效期间重新计算。根据《中华人民共和国民法通则》第一百四十条、《中华人民共和国民法总则》第一百九十五条规定，诉讼时效期间中断的事由分为三类：权利的依诉行使，即权利人提起诉讼、申请仲裁或与其具有同等效力的其他情形；权利的直接行使，即权利人向义务人提出履行要求；义务的履行，即义务人同意履行义务。

本案主要涉及诉讼时效期间中断问题。借款最后还款日为2014年4月17日，起诉之日为2017年3月2日，根据《中华人民共和国民法通则》规定，已经超过二年诉讼时效。杨某共向交通银行南通分行借款三笔，三笔借款的还款账户为同一账户。2015年8月25日，杨某向该账户汇入20万元用以归还借款。2015年9月22日，交通银行南通分行系统自动对20万元进行扣划，但用以归还另外的两笔借款，而未用以归还本案借款。根据《最高人民法院关于审理民事案件适用诉讼时效制度若干问题的规定》第十条，金融机构扣款属于权利直接行使的情形，可以引发诉讼时效中断的效果。本案中，交通银行南通分行虽然从杨某还款账户中扣款，但扣的却是另外两笔借款，显然不符合权利直接行使的情形。

杨某于2015年8月25日向还款账户汇款入账20万元用以还款，关于该还款，杨某在庭审中称不确定具体归还何笔借款，所以不能排除其同意履行案涉借款的可能性。还款账户涉及三笔借款，杨某在还款时也未注明归还何笔借款，法院由此推定其有归还三笔借款中任一一笔借款的意思表示，符合义务人同意履行义务的情形。故借款的诉讼时效应于2015年8月25日中断，交通银行南通分行于2017年3月2日向法院提起诉讼未超过诉讼时效。

诉讼时效中断制度的设定目的在于阻却时效期间的进行，以使权利人有更长的保护期间，该制度的目的是保护权利人权利的形式。故在适用该制度时，人民法院应作有利于权利人的理解，不应严苛证据充分明确，对诉讼时效的中断宽松认定。

编写人：江苏省南通市崇川区人民法院　张赟

（三）其他金融借款合同纠纷

29

超出日常生活所需的债务是否为夫妻共同债务

——安溪县农村信用社合作联社龙门信用社诉林某超等金融借款合同案

【案件基本信息】

1. 裁判书字号

福建省泉州市安溪县人民法院（2018）闽0524民初2614号民事判决书

2. 案由：金融借款合同纠纷

3. 当事人

原告：安溪县农村信用合作联社龙门信用社（以下简称龙门信用社）

被告：林某超、白某梅、林某灵

【基本案情】

林某超、白某梅于2007年4月6日办理结婚登记。2016年4月21日，龙门信用社与林某超、林某灵签订《保证借款合同》一份，约定：林某超向龙门信用社借款9.9万元，借款期限自2016年4月21日至2017年4月20日，月利率9.606250‰，按季结息。借款人贷款逾期，贷款人自逾期之日起按逾期贷款罚息利率计收利息，即按合同利率加收30%计收利息（遇人民银行利率政策调整，按其规定执行）。贷款展期后逾期，自逾期之日起按展期后的利率加收30%计收利息。林某灵对该笔借款作连带责任保证，保证期间为本合同债务履行期限届满之日起2年；如贷款展期且保证人继续承担连带责任保证，保证期间为展期后债务履行期限届满之日起2年；保证范围包括主债权本金、利息、罚息、违约金、损害赔偿金和贷款人实现债权的一切费用等。合同签订后，龙门信用社依约于2016年4月21日发放给林某超贷款9.9万元。后林某超至今未能偿还该借款本息，林某灵也未履行保证义务。

【案件焦点】

夫妻一方以个人名义举债超出日常生活所需，债权人能够证明该债务属于夫妻双方的共同意思表示的，是否可以为夫妻的共同债务。

【法院裁判要旨】

福建省泉州市安溪县人民法院经审理认为：龙门信用社与林某超、林某灵所签订的《保证借款合同》，系三方的真实意思表示，其内容不违反法律、行政法规的效力性强制性规定，合法有效。林某超作为借款方，林某灵作为借款保证人，因未能按合同约定偿还龙门信用社该借款及利息，已构成违约，故林某超应承担继续偿还龙门信用社借款本金9.9万元及利息、罚息等民事责任。因本案借款发生在林某超与白某梅的婚姻关系存续期间，且白某梅向龙门信用社提供了结婚证及身份证复印件，故应认定该借款为林某超与白某梅的共同意思表示，系属林某超与白某梅的夫妻共同债务，白某梅应承担共同偿还责任。林某灵作为本案借款的保证人，依法应负连带清偿责任。林某灵在履行保证责任后，有权依法向林某超、白某梅进行追偿。林某超、白某梅、林某灵经法院传票传唤，无正当理由拒不到庭参加诉讼，法院依法缺席审理和判决，由此产生的法律后果由其自行承担。

福建省泉州市安溪县人民法院依照《中华人民共和国合同法》第一百零七条、第一百九十六条、第二百零五条、第二百零六条、第二百零七条，《最高人民法院关于审理涉及夫妻债务纠纷案件适用法律有关问题的解释》第三条，《中华人民共和国担保法》第十八条第一款、第二十一条、第三十一条，《最高人民法院关于适用〈中华人民共和国担保法〉若干问题的解释》第四十二条第一款，《中华人民共和国民事诉讼法》第六十四条第一款、第一百四十四条以及《最高人民法院关于适用〈中华人民共和国民事诉讼法〉的解释》第九十条之规定，判决如下：

一、林某超、白某梅应于本判决生效之日起十日内共同偿还龙门信用社借款本金9.9万元及利息（利息按合同约定计算，自2016年4月21日起计至还清款项之日止）；

二、林某灵对上述款项承担连带清偿责任；

三、林某灵承担保证责任后，有权依法向林某超、白某梅追偿。

【法官后语】

夫妻关系存续期间一方对外负债，是否为夫妻共同债务不应仅以婚姻关系存续为依据，还应考察所负债务是否为夫妻双方的共同意思表示。对超出夫妻日常事务代理权的事项，夫妻双方应平等协商，取得一致意见。债权人有证据证明夫妻一方以个人名义举债超出日常生活所需系夫妻双方共同意思表示的，应认定为夫妻的共同债务，由夫妻共同偿还。

一、如何理解家庭日常生活需要之外的夫妻共同债务

按照通常理解，"家庭日常生活需要"是指夫妻双方及其共同生活的未成年子女在日常生活中的必要开支事项，如日常的衣食住行消费、日用品购买、医疗保健、子女教育、老人赡养、文化消费等。审理中，判断负债是否超出"家庭日常生活需要"，可以结合负债金额大小、家庭富裕程度、夫妻关系是否安宁、当地经济水平及交易习惯、借贷双方的熟悉程度、借款名义、资金流向等因素综合予以认定。

随着我国经济社会的发展，城乡居民家庭财产结构、类型、数量、形态以及理财模式等发生了很大变化，人们的生活水平不断提高，生活消费日趋多元，很多夫妻的共同生活支出不再局限于以前传统的家庭日常生活消费开支，还包括大量超出家庭日常生活范围的支出，这些支出系夫妻双方共同消费支配，或者用于形成夫妻共同财产，或者基于夫妻共同利益管理共同财产产生的支出，性质上属于夫妻共同生活的范围。《最高人民法院关于审理涉及夫妻债务纠纷案件适用法律有关问题的解释》第三条"夫妻一方在婚姻关系存续期间以个人名义超出家庭日常生活需要所负的债务，债权人以属于夫妻共同债务为由主张权利的，人民法院不予支持，但债权人能够证明该债务用于夫妻共同生活、共同生产经营或者基于夫妻双方共同意思表示的除外"中所称债权人需要举证证明"用于夫妻共同生活"的债务，就是指上述超出家庭日常生活范围的夫妻共同生活所负债务。本案中，林某超以个人名义向龙门信用社借款9.9万元，数额较大，结合本地的经济水平，可认定为超出了夫妻的日常生活范围。

二、夫妻共同债务纠纷案件中的举证证明责任如何分配

《最高人民法院关于审理涉及夫妻债务纠纷案件适用法律有关问题的解释》前三

个条款虽然分别规定了共同意思所负的夫妻共同债务、家庭日常生活所负的夫妻共同债务、债权人能够证明的夫妻共同债务，但从举证证明责任分配的角度看，可以分为两类：一是家庭日常生活所负的共同债务；二是超出家庭日常生活所负的共同债务。对于前者，原则上推定为夫妻共同债务，债权人无须举证证明，如果举债人的配偶一方反驳认为不属于夫妻共同债务的，则就承担举证证明所负债务并非用于家庭日常生活。对于后者，虽然债务形成于婚姻关系存续期间和夫妻共同财产制下，但一般情况下并不当然认定为夫妻共同债务，债权人主张属于夫妻共同债务的，应当根据《中华人民共和国民事诉讼法》第六十四条的规定承担举证责任，证明该债务属于夫妻共同生活、共同生产经营所负债务，或者所负债务基于夫妻双方共同的意思表示。如果债务人不能证明的，则不能认定为夫妻共同债务。《最高人民法院关于审理涉及夫妻债务纠纷案件适用法律有关问题的解释》第一条规定的共同意思表示所负的夫妻共同债务，与上述债权人需要举证证明所负债务基于夫妻双方共同意思表示，是一脉相承的。本案中，龙门信用社提供的林某超、白某梅的身份证及结婚证，恰恰是债权人用以证明诉争债务系林某超、白某梅夫妻的共同意思表示的有力证据。

编写人：福建省泉州市安溪县人民法院　钟辉煌

30

夫妻一方冒用另一方名义共同向银行借款不应认定为夫妻共同债务

——四川长宁竹海农村商业银行股份有限公司诉雷某生、周某丽金融借款合同案

【案件基本信息】

1. 裁判书字号

四川省宜宾市长宁县人民法院（2018）川1524民初1458号民事判决书

2. 案由：金融借款合同纠纷

3. 当事人

原告：四川长宁竹海农村商业银行股份有限公司（以下简称竹海支行）

被告：雷某生、周某丽

【基本案情】

雷某生、周某丽因业务周转于2015年7月14日向四川长宁竹海农村商业银行股份有限公司的分支机构竹海支行申请借款。经协商一致，竹海支行于2015年7月14日与雷某生、周某丽签订《农户小额信用借款合同》，并于当日向雷某生、周某丽发放贷款50000元，贷款用途为业务周转，贷款执行月利率7‰，期限24个月，到期日为2017年7月13日。但是，雷某生、周某丽自2016年5月21日起拖欠利息，自2017年7月13日起拖欠本金，未履行按时归还本息义务，截至2018年7月9日仍拖欠贷款本金50000元、利息9027.41元，并经多次催收无果。周某丽与雷某生于2014年上半年开始闹离婚，并分居生活，双方于2016年2月25日在四川省宜宾市长宁县民政局登记离婚。

开庭过程中，周某丽对贷款提出异议，称没有在竹海支行处贷过款，竹海支行出示的借款合同上的签字和手印不是自己签的和盖的，后经核实，发放贷款时，周某丽确实未到场，借款申请书和借款合同上的字也非其本人所签。

【案件焦点】

1. 夫妻一方冒用另一方名义共同向银行借款不应认定为夫妻共同债务；2. 夫妻一方在婚姻关系存续期间以个人名义所欠债务超出？算不算夫妻共同债务。

【法院裁判要旨】

四川省宜宾市长宁县人民法院经审理认为：依法成立的合同受法律保护。本案中，雷某生向竹海支行借款的事实客观存在，故雷某生就应按照借款合同约定履行还本付息的义务。因此，对竹海支行要求雷某生偿还贷款本金及利息、罚息的主张，予以支持。虽然贷款发生在雷某生与周某丽的婚姻关系存续期间，但贷款发生时，二人的婚姻已经出现裂痕，且周某丽对贷款毫不知情，竹海支行在诉讼中也没有提供该债务系用于雷某生、周某丽夫妻共同生活、共同生产经营的相关证据，因此，对竹海支行要求周某丽共同承担还款义务的主张，不予支持。

四川省宜宾市长宁县人民法院依照《中华人民共和国合同法》第八条、第二百零五条、第二百零六条、第二百零七条，《最高人民法院关于审理涉及夫妻债务纠纷案件适用法律有关问题的解释》第三条，《中华人民共和国民事诉讼法》第六十四条第一款、第一百四十四条和《最高人民法院关于民事诉讼证据的若干规定》第二条之规定，作出如下判决：

一、雷某生于本判决生效后十日内偿还竹海支行借款本金50000元及利息、罚息（利息、罚息按借款合同约定的计算方法进行计算）。若未按本判决确定的给付之日给付本金，上述利息计算至本金付清之日止；

二、驳回竹海支行的其他诉讼请求。

【法官后语】

随着市场经济的快速发展，特别是私营企业、个体企业的增加，夫妻财产内容发生了极大的变化，夫妻债务问题愈加复杂，夫妻中的一方伪造债务或者与第三人串通伪造虚假债务，或者非法举债的情况屡见不鲜。夫妻关系中没有举债的一方，也就是对“以一方名义所欠债务”毫不知情的一方“被负债”的情况不断出现，非举债配偶一方的合法权益受到了严重侵害。

本案中，竹海支行向法院起诉雷某生、周某丽偿还夫妻共同借款，但在开庭中周某丽表示并没有在竹海支行处贷过款，借款合同上的签字和手印不是自己签的和盖的，自己对借款事实不知情，雷某生借款的时候正是夫妻关系不合之时。竹海支行申请对借款合同上周某丽的手印与签字进行鉴定，在鉴定期间，竹海支行经过再三核实，确定发放贷款时，周某丽未到场，借款申请书和借款合同上的字也非其本人所签，并撤销了鉴定。后竹海支行提出，虽然手印和签字不是周某丽本人所为，但是借款时用的身份证复印件是周某丽本人的，并且雷某生借款时，其与周某丽的婚姻还在存续期间，所以算是夫妻一方个人名义借款也算是夫妻共同借款。

根据《最高人民法院关于审理涉及夫妻债务纠纷案件适用法律有关问题的解释》第三条“夫妻一方在婚姻关系存续期间以个人名义超出家庭日常生活需要所负的债务，债权人以属于夫妻共同债务为由主张权利的，人民法院不予支持，但债权人能够证明该债务用于夫妻共同生活、共同生产经营或者基于夫妻双方共同意思表示的除外”的规定，本案中，可以看出借款并不属于夫妻双方共同意思表示。当夫妻一方以个人名义对外所负的债务，尤其是数额较大的债务，超出了家庭日常生活所需的范畴时，认定该债务是否属于夫妻共同债务的标准，是债权人能否证明债务用于夫妻共同生活或者共同生产经营。而在婚姻关系存续期间以个人名义超出家庭日常生活需要所负的债务，人民法院不予支持。本案中竹海支行没有提供该债务系用于雷某生、周某丽夫妻共同生活、共同生产经营的相关证据，因此，对竹海支行要求周某丽共同承担还款义务的主张，不应得到支持。

编写人：四川省宜宾市长宁县人民法院　周勇

31

继承人未举证证明遗产尚未处理而表示放弃继承的法律效力

——仙游县农村信用合作联社诉李某姐等金融借款合同案

【案件基本信息】

1. 裁判书字号

福建省莆田市仙游县人民法院（2018）闽0322民初447号民事判决书

2. 案由：金融借款合同纠纷

3. 当事人

原告：仙游县农村信用合作联社（以下简称仙游信用社）

被告：李某姐、王甲、王乙、王某如、林某玉、陈某、王丙

【基本案情】

李某姐系王某亮配偶，王甲、王乙系王某亮儿子，王某如系王某亮父亲，林某玉系王某亮母亲。2017年12月19日，王某亮向仙游信用社申请贷款80万元。2017年12月23日，仙游信用社与王某亮签订《最高额借款合同》一份，约定：自2017年12月23日至2020年12月20日，由贷款人在最高贷款本金余额80万元内，

对借款人一次或分次发放贷款。每笔贷款最后到期日不超过2020年12月20日。借款用途范围为购小叶紫檀，贷款月利率为浮动利率，即在基准利率基础上上浮175%（本合同签订时基准利率为3.958333‰，执行利率10.885417‰），还款方式为按月结息，利随本清。贷款逾期，自逾期之日起按逾期贷款罚息利率计收利息，即按合同利率加收50%逾期贷款罚息。贷款展期后逾期，自逾期之日起按展期后的利率加收50%逾期贷款罚息。借款人应当承担贷款人为实现债权所支付的一切费用（包括但不限于诉讼费、律师代理费等）。同日，仙游信用社与陈某、王丙签订《最高额保证合同》一份，约定：保证人自愿为债权人自2017年12月23日至2020年12月20日，与债务人王某亮办理约定的各类业务所形成的债权提供连带责任保证，最高额担保债权本金为80万元。保证期间为本合同债务履行期限届满之日起二年；保证担保的范围包括本合同项下主债权本金、利息、罚息、违约金、损害赔偿金和实现债权的一切费用及其他应付费用等内容（包括但不限于诉讼费、律师代理费等）。2017年12月23日，仙游信用社依约向王某亮发放贷款80万元，于2020年12月20日到期。借款后，王某亮自2018年3月21日起未按约偿还借款本息，陈某、王丙亦未履行担保责任。2018年4月11日，借款人王某亮死亡。仙游信用社向王某亮的继承人李某姐、王某如、林某玉、王甲、王乙以及担保人催讨，因索款无果，仙游信用社于2018年5月28日起诉至法院。

【案件焦点】

1. 涉案借款是否为王某亮与李某姐夫妻共同债务；2. 李某姐、王甲、王乙放弃对王某亮遗产的继承是否符合法律规定；3. 李某姐、王甲、王乙是否应在继承遗产的范围内对尚欠借款及利息承担偿还责任。

【法院裁判要旨】

福建省南阳市仙游县人民法院经审理认为：本案所涉的最高额借款合同及最高额保证合同，系双方当事人的真实意思表示，内容无违反法律、行政法规之强制性规定，均应认定合法有效。合同双方应按照约定的内容，严格履行合同义务。仙游信用社已依约履行了发放贷款的义务，其合法权益应受法律保护，借款人王某亮未按合同约定偿还借款本息，已构成违约，应向仙游信用社提前归还尚欠借款本息并承担逾期付款的违约责任。因王某亮已死亡，李某姐、王某如、林某玉、王甲、王乙作为王某亮的第一顺序法定继承人，李某姐、王甲、王乙虽于庭审时明确表示放弃继承，但其并未提供证据证实遗产尚未处理，故法定继承人李某姐、王某如、林某玉、王甲、王乙均应在继承王某亮遗产实际价值范围内对本案债务承担清偿责任。陈某、王丙为本案借款提供连带责任最高额保证，担保的债权本金最高余额80万元，且债权人在保证期间内向保证人主张权利，故保证人应承担连带偿还责任。涉案借款虽是在王某亮与李某姐婚姻关系存续期间产生的，但李某姐未在借款申请书、最高额借款合同或借款借据上签名，且仙游信用社提供的证据无法证实该债务用于其夫妻共同生活、共同生产经营或者基于夫妻双方共同意思表示，故不能认定为王某亮和李某姐夫妻共同债务，属王某亮以个人名义超出家庭日常生活需要所负的债务。仙游信用社自认用王某亮的保险赔偿金20万元偿还借款本金174102.85元、偿还借款利息至2018年7月20日止，其自认行为没有损害被告的利益，应予确认。仙游信用社变更诉讼请求没有违反法律规定，法院予以准许。仙游信用社诉讼请求中的合理部分，法院依法予以支持，但其主张李某姐应对涉案债务承担共同偿还责任，于法无据，法院不予支持，依法予以驳回。

据此，福建省莆田市仙游县人民法院依照《中华人民共和国合同法》第一百零七条、第一百九十六条、第二百零五条、第二百零六条、第二百零七条，《中华人民共和国担保法》第六条、第十二条、第十八条、第二十一条，《中华人民共和国继承法》第二条、第二十五条、第三十三条，《最高人民法院关于审理涉及夫妻债务纠纷案件适用法律有关问题的解释》第三条，《最高人民法院关于适用〈中华人民共和国担保法〉若干问题的解释》第二十三条以及《中华人民共和国民事诉讼法》第一百四十四条之规定，作出如下判决：

一、李某姐、王某如、林某玉、王甲、王乙应在本判决生效日起十日内在继承王某亮遗产实际价值范围内返还给仙游信用社借款本金625897.15元并支付利息、罚息（利息、罚息计算办法：以借款本金625897.15元为基数自2018年7月21日起按合同约定利率及计息方式计至还清本款之日止）；

二、李某姐、王某如、林某玉、王甲、王乙应在本判决生效日起十日内在继承王某亮遗产实际价值范围内支付给仙游信用社因本案支出的律师代理费2.5万元；

三、陈某、王丙对上述第一项、第二项债务承担连带偿还责任；

四、驳回仙游信用社的其他诉讼请求。

【法官后语】

《中华人民共和国继承法》第二十五条第一款规定，“继承开始后，继承人放弃继承的，应当在遗产处理前，作出放弃继承的表示。没有表示的，视为接受继承”。但实际上，大量的遗产处理往往并不对外公开，何时处理、是否已经处理外人无从得知。本案继承人虽在庭审中明确表示放弃继承，但是其未举证证明被继承人的遗产尚未处理，不排除其已实际接受遗产但对外又宣称放弃继承的情况。基于权利与义务对等原则，认定继承人应在继承遗产的范围内承担偿还责任，以维护债权人的合法权益。由于继承法对继承过程的不完整规定，导致继承过程容易出现不公正、不合理的现象，本案旨在规范继承人行使或放弃继承权利应在规定的期限内。

因而为了公正合理地进行保护各继承人和被继承人的合法权益，我国有必要制定完整的遗产继承程序。比如，规定所有的遗产继承须在规定的时间内通过中立机构（如公证处）进行，以明确遗产处理的时间和遗产的实际价值；超过规定时间没有申报继承或没有通过规定的中立机构私下进行继承的，由继承人和侵占他人遗产的人对权利人承担惩罚性的赔偿责任等。

编写人：福建省莆田市仙游县人民法院　郑晓琳

32

自然人受让金融不良债权后能否向非国有企业债务人主张利息

——侯某旭诉淄博绿海果菜开发总公司等金融借款合同案

【案件基本信息】

1. 裁判书字号

山东省淄博市临淄区人民法院（2018）鲁0305民初1110号民事判决书

2. 案由：金融借款合同纠纷

3. 诉讼双方

原告：侯某旭

被告：淄博绿海果菜开发总公司（以下简称绿海果菜公司）、淄博三元化工有限公司（以下简称三元公司）、淄博市临淄区皇城镇人民政府（以下简称皇城镇政府）

【基本案情】

绿海果菜公司于1995年6月12日与农业银行山东信托投资公司（以下简称农行）签订担保贷款合同一份和担保协议书一份，借款金额10万元，借款期限自1995年6月12日至1995年9月11日，利率为月息千分之10.98，逾期加收罚息，保证人为三元公司。借款到期后，借款人于1996年9月20日偿还借款7320元，余款92680元未按约定归还借款本息，保证人也未按约定履行保证义务。

2000年3月25日农行淄博市临淄区支行将债权转让给中国长城资产管理公司（以下简称长城公司）济南办事处，借款人绿海果菜公司、担保人三元公司均在债权转移确认通知书回执上予以盖章。2002年3月12日、2004年3月1日长城公司在山东法制报上对该债权进行催收公告。长城公司于2005年3月1日，将债权转让给济南德丰联合经贸发展有限公司（以下简称德丰公司），并于2005年3月9日在经济导报上刊登长城公司济南办事处转让债权公告、德丰公司受让债权公告。2006年12月28日、2008年11月1日、2010年10月10日、2012年9月24日、2014年9月1日，德丰公司分别用国内特快专递邮件的形式对绿海果菜公司进行催收。该邮寄单除2006年12月28日由郑某胜签收外，其余邮单均被退回。2006年12月28日、2008年11月1日、2010年10月10日、2012年9月24日、2014年9月1日，德丰公司分别用国内特快专递邮件的形式对三元公司进行催收。邮单均被退回。2007年1月19日、2008年11月22日，德丰公司向三元公司进行公证送达催收函。2008年12月16日、2010年10月26日，长城公司、德丰公司在山东法制报上发布债权转让及催收公告。2012年9月26日、2014年9月4日，德丰公司在山东法制报上发布催收公告。2014年12月3日，德丰公司与侯某旭签订债权转让协议，将该债权转让给侯某旭。2014年12月8日，德丰公司与侯某旭通过邮寄的方式通知绿海果菜公司、三元公司，但邮单均被退回。2014年12月11日，德丰公司和侯某旭在山东法制报上刊登债权转让、受让及催收公告。

另查明，绿海果菜公司系镇办集体企业，根据淄博市计划委员会1994年4月11日的批复设立，注册资本512万元，资金来源为银行借款和地方筹资。隶属临淄区皇城镇经贸委领导。绿海果菜公司因未按规定参加企业年检，于1998年12月1日被吊销营业执照。三元公司也因未按规定参加企业年检，于2004年10月13日被吊销营业执照。临淄区皇城镇经贸委系被告皇城镇政府下属单位。皇城镇政府没有对绿海果菜公司进行清算。

【案件焦点】

本案是否应参照适用《最高人民法院关于审理涉及金融不良债权转让案件工作座谈会纪要》规定于侯某旭受让债权后停止计算利息。

【法院裁判要旨】

山东省淄博市临淄区人民法院经审理认为：侯某旭经合法的债权转让取得债权，债权转让和催收债务对绿海果菜公司、三元公司发生法律效力，且未超过诉讼时效。侯某旭以诉讼方式向皇城镇政府主张权利，主体适格，亦未超过诉讼时效。皇城镇政府不应承担因怠于履行对绿海果菜公司清算义务的连带清偿责任。侯某旭主张的借款本金92680元和自1995年6月12日至2005年3月1日的利息，按照中国人民银行同期贷款利率分段计算，法院予以支持，2005年3月1日后的利息法院不予支持。

山东省淄博市临淄区人民法院依照《中华人民共和国民法通则》第一百三十四条第一款，《中华人民共和国合同法》第六十条、第七十九条、第八十条、第八十一条、第二百零五条、第二百零六条、第二百零七条，《中华人民共和国担保法》第十八条、第二十一条、第三十一条，《最高人民法院关于适用〈中华人民共和国担保法〉若干问题的解释》第三十四条第二款，《最高人民法院关于审理涉及金融资产管理公司收购、管理、处置国有银行不良贷款形成的资产的案件适用法律若干问题的规定》第六条、第十条，《中华人民共和国民事诉讼法》第六十四条、第一百四十四条，《最高人民法院关于审理民事案件适用诉讼时效制度若干问题的规定》第十条第一款第四项之规定，判决如下：

一、绿海果菜公司支付侯某旭借款本金92680元及利息损失76697元（以92680元为基数，自1995年6月12日起至2005年3月1日止按照中国人民银行同期贷款利率分段计算），于本判决生效后十日内付清；

二、三元公司对上述款项承担连带清偿责任，保证人承担保证责任后，有权向债务人追偿；

三、驳回侯某旭的其他诉讼请求。

【法官后语】

对于自然人受让金融不良债权后能否向非国有企业债务人主张利息，笔者认为，应从以下两方面考虑：

第一，确定民事法律行为有效，应当以民事主体具有相应的民事行为能力、意思表示真实和不违反法律、行政法规强制性规定以及不违背公序良俗为条件。《中华人民共和国合同法》第七十九条规定："债权人可以将合同的权利全部或者部分转让给第三人，但有下列情形之一的除外：（一）根据合同性质不得转让；（二）按照当事人约定不得转让；（三）依照法律规定不得转让。"第八十条规定："债权人转让权利的，应当通知债务人。未经通知，该转让对债务人不发生效力。债权人转让权利的通知不得撤销，但经受让人同意的除外。"就本案而言，金融不良债权的转让没有上述法律的禁止性规定情形，据此，债权人依法可以转让，受让人也可以通过受让取得债权及相关权利。侯某旭受让债权合法有效。

第二，《最高人民法院关于审理涉及金融不良债权转让案件工作座谈会纪要》（法发〔2009〕19号，以下简称《海南会议纪要》）第九条"……关于受让人收取利息的问题"规定："受让人向国有企业债务人主张不良债权受让日之后发生的利息的，人民法院不予支持……"第十二条"关于《海南会议纪要》的适用范围"规定："不良债权转让包括金融资产管理公司政策性和商业性不良债权的转让。政策性不良债权是指1999年至2000年华融、长城、东方和信达四家金融资产管理公司在国家统一安排下通过再贷款或者财政担保的商业票据形式支付收购成本从中国银行、中国农业银行、中国建设银行、中国工商银行以及国家开发银行收购的不良债权；商业性不良债权是指2004年至2005年上述四家金融资产管理公司在政府主管部门主导下从交通银行、中国银行、中国建设银行和中国工商银行收购的不良债权。”最高人民法院（2009）民二他字第21号关于《如何理解法发〔2009〕19号若干问题的请示》的答复中载明，涉及非国有企业债务人的金融不良债权转让纠纷案件，亦应参照适用《海南会议纪要》的规定。但是，需要明确的是，《海南会议纪要》是对特定范围内的金融不良债权转让案件确立了特殊的处置规则，对金融不良债权的转让时间及转让主体均有明确限定，应当严格按照其适用范围的规定适用。如果将《海南会议纪要》适用范围以外的一般金融不良债权转让案件一律参照适用《海南会议纪要》精神，既没有明确的法律及司法文件依据，也与依法平等保护各类民事主体财产权益的司法精神相悖。同时，鉴于一般金融不良债权转让中，最初的债权受让人往往是国有资产管理公司，如一律适用《海南会议纪要》止付利息，不仅不利于防止国有资产流失，而且损害合法受让人的利益。本案中，案涉金融不良债权最初转让发生于2000年3月25日，从农行山东省分行转让给长城公司；该债权第二次转让发生于2005年3月1日，由长城公司转让给德丰公司；债权第三次转让发生于2014年12月3日，由德丰公司转让给侯某旭。可见，债权最初的转让时间与转让主体，均与《海南会议纪要》第十二条的规定相符，也即《海南会议纪要》适用范围内的不良债权，因此，应该适用《海南会议纪要》关于自受让日后停止计付利息的规定。《海南会议纪要》第十二条规定的受让人是指非金融资产管理公司法人、自然人。本案中德丰公司作为该规定的受让人，根据《海南会议纪要》第九条规定，其享有对原债务人主张不良债权受让日之前发生的利息，对不良债权受让日之后发生的利息，人民法院不予支持。因此，侯某旭基于受让德丰公司的债权，不应包括2005年3月1日以后的利息。对侯某旭主张2005年3月1日以后的利息法院不予支持。本案中绿海果菜公司、三元公司均为非国有企业债务人，应依法承担金融不良债权转让给受让人德丰公司之前的利息。

编写人：山东省淄博市临淄区人民法院　刘海红　高飞

33

一般金融不良债权转让中，受让人向非国有企业债务人主张不良债权受让日之后发生的利息的，人民法院应予支持

——嘉兴湖岸一号投资合伙企业诉常州钟旅房地产开发有限公司金融不良债权追偿案

【案件基本信息】

1. 裁判书字号

江苏省南京市中级人民法院（2017）苏01民初642号民事判决书

2. 案由：金融不良债权追偿纠纷

3. 当事人

原告：嘉兴湖岸一号投资合伙企业（以下简称嘉兴湖岸合伙企业）

被告：常州钟旅房地产开发有限公司（以下简称常州钟旅公司）

【基本案情】

2013年5月30日，平安银行股份有限公司南京分行（以下简称平安银行南京分行）与常州钟旅公司签订《综合授信额度合同》《最高额抵押担保合同》以及《应收账款最高额质押担保合同》。基于上述综合授信合同以及最高额抵押、质押合同，平安银行南京分行对常州钟旅公司分两次授信。2013年5月30日，平安银行南京分行与常州钟旅公司签订《固定资产贷款合同》，该合同约定：贷款本金人民币3000万元，贷款期限10年。2013年8月6日，平安银行南京分行与常州钟旅公司签订《固定资产贷款合同》，该合同约定：贷款本金人民币9000万元，贷款期限10年。贷款发放后，常州钟旅公司仅归还了贷款本金950万元，其余还本付息义务均未履行。

2015年12月29日，平安银行南京分行与中国华融资产管理股份有限公司江苏

省分公司（以下简称华融公司江苏分公司）通过签订《债权转让协议》将常州钟旅公司欠平安银行南京分行的不良贷款本金11050万元及相应利息、费用转让给华融公司江苏分公司，且履行了通知义务。2016年10月28日，华融公司江苏分公司与嘉兴湖岸合伙企业通过签订《单户债权转让协议》将常州钟旅公司欠华融公司江苏分公司不良贷款本金11050万元及相应利息、费用转让给嘉兴湖岸合伙企业，且履行了通知义务。

2017年4月5日，嘉兴湖岸合伙企业与江苏苏信诉讼保全担保有限公司签订《诉讼财产保全委托担保合同》，约定嘉兴湖岸合伙企业请求江苏苏信诉讼保全担保有限公司为本案诉讼保全提供担保。

【案件焦点】

1. 嘉兴湖岸合伙企业要求常州钟旅公司支付自2015年12月1日起到本息全部付清止的罚息是否应当予以支持；2. 嘉兴湖岸合伙企业要求常州钟旅公司负担诉讼保全担保服务费157462元，是否有法律及合同依据。

【法院裁判要旨】

江苏省南京市中级人民法院经审理认为：平安银行南京分行与常州钟旅公司签订的《综合授信额度合同》《最高额抵押担保合同》《固定资产贷款合同》系双方当事人真实意思表示，不违反法律、行政法规的强制性规定，合法有效。平安银行南京分行分两次向常州钟旅公司发放12000万元贷款后，常州钟旅公司仅归还本金950万元，故常州钟旅公司应当承担偿还欠付本金11050万元及利息的还款责任。

依据《中华人民共和国合同法》的相关规定，案涉债权作为普通金融债权，不存在法律规定、当事人约定或基于合同性质不得转让的情形，经当事人协商一致，可以转让全部或部分债权。故嘉兴湖岸合伙企业基于《债权转让协议》《单户债权转让协议》依法取得了案涉债权，有权向常州钟旅公司主张受让的债权。

据《中华人民共和国合同法》第八十一条、《最高人民法院关于审理涉及金融资产管理公司收购、管理、处置国有银行不良贷款形成的资产的案件适用法律若干问题的规定》第七条的规定，债务人逾期归还贷款，原借款合同约定利息计算方式不违反法律法规规定的，该约定有效。故华融公司江苏分公司有权按照原《综合授信额度合同》《固定资产贷款合同》的约定，按照年利率15%的标准计收罚息。嘉兴湖岸合伙企业受让的债权中应当包含贷款利息，且平安银行南京分行要求常州钟旅公司支付年利率15%的罚息，实质上系依据合同约定收取的逾期利息，该计收逾期利息的权利不具有人身专有属性，常州钟旅公司的违约行为理应受到法律追究。因此，法院对常州钟旅公司的该项抗辩意见不予采纳，对嘉兴湖岸合伙企业要求常州钟旅公司支付按15%标准计算，自2015年12月1日起至本息全部付清时止罚息的诉讼请求，予以支持。

平安银行南京分行与常州钟旅公司在《综合授信额度合同》中明确约定了违约方应当承担"实现债权的费用"，华融公司江苏分公司、嘉兴湖岸合伙企业在受让主债权时，亦同时受让了该从权利。基于常州钟旅公司长期拖欠借款的违约行为，嘉兴湖岸合伙企业在受让债权后向法院提起诉讼主张权利。根据《中华人民共和国民事诉讼法》第一百条第二款关于"人民法院采取保全措施，可以责令申请人提供担保，申请人不提供担保的，裁定驳回申请"的规定，案涉诉讼保全担保服务费系嘉兴湖岸合伙企业为实现债权支出的合理必要费用，属债权人的损失部分，常州钟旅公司的抗辩意见不能成立，法院对嘉兴湖岸合伙企业的该项诉讼请求亦予以支持。

江苏省南京市中级人民法院依照《中华人民共和国合同法》第八条、第四十四条、第二百零七条，《中华人民共和国担保法》第三十三条、第四十一条、第四十六条，《最高人民法院关于审理涉及金融资产管理公司收购、管理、处置国有银行不良贷款形成的资产的案件适用法律若干问题的规定》第七条、第九条的规定，作出如下判决：

一、常州钟旅公司于本判决生效之日起十日内，向嘉兴湖岸合伙企业偿还本金110500000元并支付罚息（自2015年12月1日起至实际清偿之日止，以110500000元为基数，按照年利率15%的标准计算）；

二、常州钟旅公司于本判决生效之日起十日内，向嘉兴湖岸合伙企业支付诉讼保全担保服务费157462元；

三、对上述第一项及第二项债务，嘉兴湖岸合伙企业有权在《最高额抵押担保合同》约定的担保范围内对江苏省常州市和平国际商业街的房屋折价或者以拍卖、变卖该财产的价款优先受偿。

【法官后语】

该案是金融不良资产处置中的典型案件，因涉及的诉讼标的金额巨大，因此利息债权在这类案件中往往成为争议的焦点。金融不良资产处置案件兼具有法律性和政策性，在适用合同法的一般规则的同时，最高人民法院在不同历史时期往往会出台相应的政策性文件，对该类案件的审理予以指导。为对特殊历史时期的金融不良债权的处置进行安排及防止国有资产的流失，2009年最高人民法院出台了《最高人民法院关于审理涉及金融不良债权转让案件工作座谈会纪要》（以下简称《纪要》）。该规定第九条“……受让人向国有企业债务人主张不良债权受让日之后发生的利息的，人民法院不予支持”就具有明显的政策性，与一般的债权受让的法律规则有所区别。实践中对《纪要》的适用存在着较大的分歧，甚至有盲目扩大《纪要》适用范围的倾向。

本案判决明确严格按照《纪要》适用范围的规定适用，即《纪要》是对特定范围内的金融不良债权转让案件确立了特殊的处置规则，对金融不良债权的转让时间及转让主体均有明确规定，应当严格按照其适用范围的规定适用；如一律适用《纪要》止付利息，不仅不利于防止国有资产流失，而且损害合法受让人的利益。当前不良资产市场已经市场化，根据银监会发布的数据显示，截至2017年一季度末，商业银行不良贷款率达到1.74%，不良贷款余额已逾万亿元。不良资产投资市场正迎来一个新的黄金发展机遇期。随着不良资产市场化程度不断加深，参与主体范围的日益扩大，不良资产市场受到投资者更为广泛的关注。2017年政府工作报告将不良资产排在了四大金融风险的首位，充分体现了政府对不良资产处置的重视。本案判决使得投资主体受让《纪要》明确的金融不良债权的转让时间及转让主体之外的金融债权之后可以继续计算一般债务利息和迟延履行利息，保证了不良资产可以按照市场化的方式处置，有利于不良资产行业的正常运转，对于金融不良资产及相关领域内具有重大指导性意义。

编写人：江苏省南京市中级人民法院　黄伟峰

34

未将金钱交付给债权人不属于清偿债务

——吉林蛟河农村商业银行股份有限公司天岗开发区支行诉张某等金融借款合同案

【案件基本信息】

1. 裁判书字号

吉林省吉林市中级人民法院（2018）吉02民终3117号民事判决书

2. 案由：金融借款合同纠纷

3. 当事人

原告（被上诉人）：吉林蛟河农村商业银行股份有限公司天岗开发区支行（以下简称蛟河农商行天岗支行）

被告（上诉人）：张某

被告：陈某、于某、李某娟、于某超、赵某佳

【基本案情】

2015年6月30日，张某、于某、于某超与蛟河农商行天岗支行签订《农户联保借款合同》。合同约定张某、于某、于某超自愿组成联保小组，向蛟河农商行天岗支行申请农户联保贷款，张某贷款400万元，借款期限为2015年6月30日至2016年6月29日，借款用途为流动资金。贷款利率为固定利率，即起息日基准利率上浮125%，按日计息，日利率＝年利率/360。贷款逾期罚息利率为贷款利率上浮50%。于某、于某超互为合同成员依据本合同取得的全部借款承担连带保证责任，保证期间为债务履行期届满之日后两年止。张某妻子陈某、于某妻子李某娟、于某超妻子赵某佳亦在该合同上签字。合同签订后，蛟河农商行天岗支行于2015年6月30日将合同约定借款发放至张某指定账户，利率均为月利率9.093751‰。借款到期后，张某偿还借款期间内利息328739.10元，尚欠借款本金400万元及借

款期间内利息109880.90元及逾期罚息未还。另已发生法律效力的（2017）吉02刑初62号刑事判决书认定了检察机关指控的如下诈骗犯罪事实："2016年6月2日，被告人李某则（原蛟河农商行天岗支行行长）以为单位贷款户倒贷款需要资金周转为由向被害人蛟河市庆岭华宇石材厂法定代表人张某倒贷为由，让张某到商通公司借款395万元，张某与商通公司签订了395万元的借款合同。被告人李某则在取得395万元借款后，并没有按照约定为张某倒贷款，而是直接用于偿还其个人所欠债务。"现李某则仍在监狱服刑。

【案件焦点】

张某、陈某对案涉借款本息是否应当继续承担偿还责任。

【法院裁判要旨】

吉林省吉林市蛟河市人民法院经审理认为：张某在蛟河农商行天岗支行借款，并在借款合同上签名，足以证明该借款合同系双方当事人真实意思的表示，且符合法律规定，故张某与蛟河农商行天岗支行之间的借款合同依法成立并生效。依照《中华人民共和国合同法》第二百零六条"借款人应当按照约定的期限返还借款……"第二百零五条"借款人应当按照约定的期限支付利息……"第二百零七条"借款人未按照约定的期限返还借款的，应当按照约定或者国家有关规定支付逾期利息"的规定，张某应当向蛟河农商行天岗支行偿还借款本金、利息及逾期利息。陈某与张某系夫妻关系，陈某亦在借款合同上签字，可以证明该笔借款属于夫妻共同债务，根据《最高人民法院关于审理涉及夫妻债务纠纷案件适用法律有关问题的解释》第一条的规定，陈某应与张某共同偿还。关于复利问题，因双方签订的借款合同中未明确约定复利的计算方式，应当视为没有约定，故对于蛟河农商行天岗支行要求支付复利的诉讼请求，法院不予支持。关于张某辩解李某则的犯罪行为与张某无关，其催收贷款并收取贷款的行为应认定为职务行为的张某仅应偿还5万元贷款及利息的辩解，法院认为，因李某则的诈骗犯罪属于个人犯罪，并未认定成履行蛟河农商行天岗支行工作的职务行为，故张某的该项辩解，法院不予采纳。关于蛟河农商行天岗支行于2017年8月9日在《吉林农村报》上刊登要求于某、李某娟、于某超、赵某佳承担担保责任是否构成在保证责任期间内向其主张了权利的问题。法院认为，最高人民法院民事审判第二庭于2002年11月22日在《最高人民法院对关于担保期间债权人向保证人主张权利的方式及程序问题的请示的答复》（〔2002〕民2他字第32号）中就这一问题统一过司法尺度。该答复函明确，债权人向保证人主张权利的方式包括“提起诉讼”和“送达清收通知书”等，其中“送达”既可由债权人本人送达，也可以委托公证机关送达或公告送达（在全国或省级有影响的报纸上刊发清收债权公告）。就公告送达方式的使用条件，《最高人民法院关于审理民事案件适用诉讼时效制度若干问题的规定》（法释〔2008〕11号）第十条第一款第四项规定：“当事人一方下落不明，对方当事人在国家级或者下落不明的当事人一方住所地的省级有影响的媒体上刊登具有主张权利内容的公告的，但法律和司法解释另有特别规定的，适用其规定。”据此，债权人在保证期间内以公告方式向保证人主张权利应当符合以下三个条件：第一，保证人下落不明，债权人无法采用其他直接送达的方式向其主张权利。这一前提要件表明，债权人要求保证人承担责任的意思表示，原则上必须由保证人实际受领或能够实际受领方能发生法律效力，只有在因保证人下落不明的原因导致无法受领的情况下，才能以公告送达这一拟制受领的方式主张权利。第二，公告的内容须有主张权利的意思表示。第三，公告的媒体应当是国家级或者保证人住所地省级有影响的媒体。本案中，在保证期间内，保证人于某、李某娟、于某超、赵某佳一直在吉林省蛟河市天岗镇居住，故本案中并不存在于某、李某娟、于某超、赵某佳因下落不明导致债权人无法在保证期间内向其主张权利的情形，且蛟河农商行天岗支行在刊登的公告中并未明确提及主张的是担保权利。故本案中蛟河农商行天岗支行以在《吉林农村报》上刊登公告的方式向保证人主张权利，不符合法律规定，依法不能产生主张权利的法律效果。故蛟河农商行天岗支行在本案中向于某、李某娟、于某超、赵某佳主张承担保证责任的请求，超过保证期间，于某、李某娟、于某超、赵某佳免除保证责任。

吉林省吉林市蛟河市人民法院依照《中华人民共和国合同法》第二百零五条、第二百零六条、第二百零七条，《中华人民共和国担保法》第十八条、第二十六条，《最高人民法院关于审理涉及夫妻债务纠纷案件适用法律有关问题的解释》第一条，《中华人民共和国民事诉讼法》第一百四十四条之规定，作出如下判决：

一、被告张某、陈某于本判决生效之日起立即共同偿还原告蛟河农商行天岗支行尚欠借款本金400万元、借款期间内利息109880.90元及逾期利息（逾期利息的计算方式：以400万元为基数，自2016年6月30日起至本金结清日止，利率按月利率9.093751‰上浮50%计算)；

二、驳回原告蛟河农商行天岗支行的其他诉讼请求。

张某、陈某不服一审判决，提起上诉。

吉林省吉林市中级人民法院经审理认为：当事人对自己主张的事实成立负有举证证明责任，未能举证或所举证据不足以证明其主张的事实成立的，应承担举证不能的法律后果。本案中，张某向商通小贷公司所借款项虽直接汇入了其与蛟河农商行天岗支行约定的扣款账户，但该行为本身并不足以发生案涉贷款自动清偿的法律后果。款项进入扣款账户时，案涉贷款尚未到合同约定的还款日（即2016年6月29日)，故不存在蛟河农商行天岗支行怠于扣划的情形。张某系蛟河市庆岭镇华宇石材厂的经营者，作为完全民事行为能力人，其理应知晓将银行卡交予他人并告知密码可能发生的风险，理应清楚将银行卡交予李某则并不符合合同约定的还贷方式，违反正常的还贷流程，其仍然为之。另外，已发生法律效力的（2017）吉02刑初62号刑事判决证实李某则以为张某倒贷为由，让张某到商通小贷公司借款395万元，并在张某处获取银行卡和密码，通过李某名下的POS机具分多笔转出，没有给张某倒贷，直接用于偿还其个人所欠债务，构成诈骗罪，张某系被害人。故现有证据不足以证明张某、陈某关于李某则的取款行为属于职务行为的主张成立，不能证明案涉贷款已经偿还。

吉林省吉林市中级人民法院依照《中华人民共和国民事诉讼法》第一百六十九条第一款、第一百七十条第一款第一项之规定，判决如下：

驳回上诉，维持原判。

【法官后语】

本案反映了在合法的金融借款合同行为之外存在相关从业人员利用自身有利条件，以欺骗、威胁或者利益交换等手段谋取不正当利益，最终损害群众合法权益的现象。在借款过程中，资金需求方为能够尽快取得银行借款或者期待在将来借款过程中能够取得借款，按照不法分子的要求将资金交由其实际操控，增加自身资金风险，这一情况的出现一方面是有不法分子利用自身优势地位进行胁迫、诱导，另一方面是涉事群众在明知行为存在极大安全风险的情况下仍然为之。对该现象的杜绝，不仅要通过金融机构自身的整改、宣传，也需要通过社会引导的方式进行警示教育。这一行动的开展，需要社会各界的协同配合，方能最大可能的减少类似事件的发生。

以此案为例，不仅要注意存在于金融机构中的类似行为，也应注意在更为庞大的民间借贷行为群体中，时有发生的同类行为。如将资金交付给第三方委托其偿还债务，而第三方没有完成偿还，在日常生活中第三方往往是债务人的亲属、朋友或者与债权人具有一定利害关系的人。在我国电子支付广泛应用的当下，可以考虑通过法律栏目剧等方式进行社会行为引导，使债务人在清偿债务时选择通过电子支付（转账）的方式直接向债权人清偿债务，如此可以规避资金经由第三方所产生的风险。

编写人：吉林省吉林市蛟河市人民法院　林程程

35

名义借款人与实际借款人不一致时应由谁承担还款责任

——陕西府谷农村商业银行股份有限公司孤山支行诉郝某开等金融借款合同案

【案件基本信息】

1. 裁判书字号

陕西省榆林市府谷县人民法院（2018）陕0822民初576号民事判决书

2. 案由：金融借款合同纠纷

3. 当事人

原告：陕西府谷农村商业银行股份有限公司孤山支行（以下简称孤山农商行）

被告：郝某开、苏某莲、刘某星

【基本案情】

2013年1月15日，郝某开、苏某莲向孤山农商行申请借款30万元，刘某星自愿为借款提供担保。同日，孤山农商行与郝某开、苏某莲签订《个人借款合同》，并与刘某星签订《保证担保合同》。《个人借款合同》约定：借款金额30万元人民币，借款用途为买烟酒，借款期限自2013年1月15日至2014年1月14日，利息按固定利率执行，月利率为10.8‰，采用按季结息、到期一次性归还借款的还款方式。如借款到期不能按时归还，自逾期次日起计收罚息，罚息利率为本合同执行利率上浮50%。《保证担保合同》约定：保证责任为连带责任保证，保证期间为借款到期之日起两年，保证范围为借款合同项下的全部借款本息及诉讼费用。2013年1月17日，孤山农商行向郝某开发放了30万元的借款。借款到期后经孤山农商行多次催要，郝某开、苏某莲均没有履行还款义务，刘某星也没有按约履行担保责任。

【案件焦点】

名义借款人与实际借款人不一致时，应该由谁承担还款责任。

【法院裁判要旨】

陕西省榆林市府谷县人民法院经审理认为：孤山农商行与郝某开、苏某莲签订的《个人借款合同》及与刘某星之间签订的《保证担保合同》系合同双方当事人真实意思表示，内容合法有效，双方有关借款利息及逾期利息的约定并不违反国家有关限制借款利率的规定，应予保护。孤山农商行已按合同约定将借款30万元转入郝某开的账户，孤山农商行提供借款的义务已履行完毕，现郝某开欠孤山农商行借款本金30万元及利息、罚息未还，故对孤山农商行要求郝某开偿还借款本金30万元及利息、罚息的诉讼请求，法院予以支持。苏某莲在借款合同上以共同借款人的名义签字捺印，且该借款发生在与郝某开夫妻关系存续期间，应与郝某开共同承担清偿责任。郝某开、苏某莲提出借款是帮刘某星所借，自己没有实际领取贷款并使用，该款应由刘某星偿还，但郝某开、苏某莲未提供证据反驳孤山农商行提供的证据，依据合同相对性原则，该借款合同仅在孤山农商行与郝某开、苏某莲之间产生约束力，至于郝某开、苏某莲允许他人使用借款属另一法律关系，不属于本案审理范围，郝某开、苏某莲的该抗辩理由法院不予采信。刘某星为借款提供连带责任保证，且在保证期间内，应对上述借款承担连带责任。据此，依照《中华人民共和国合同法》第八条、第六十条、第一百零七条、第一百九十六条、第二百零五条、第二百零六条、第二百零七条，《中华人民共和国担保法》第十八条、第二十一条、第三十一条之规定，判决如下：

一、郝某开、苏某莲于本判决生效之日起十日内偿还孤山农商行借款本金30万元并支付相应利息（利息自2013年1月15日至2014年1月14日，按月利率为10.8‰计算，利息从2014年1月15日起至还清之日止按月利率10.8‰上浮50%计算）；

二、刘某星对上述债务负连带偿还责任，刘某星承担保证责任后，有权向郝某开、苏某莲追偿。

【法官后语】

随着经济社会的快速发展，实际借款人往往需要资金而因为各种原因无法借款，尤其是向金融机构借款。而此时实际借款人就会找到符合贷款条件的名义借款人，利用其具备贷款条件来向金融机构贷款，并将贷款实际交由其使用即“借名借款”。一旦当贷款不能按约归还，金融机构就会将名义借款人起诉，而此时名义借款人往往以其不是实际借款人为由进行抗辩。“借名借款”在现实中大量存在，而“借名”的原因和形式也多种多样，有借自己亲人的名义，也有借自己朋友的名义，但无论何种原因和形式，贷款往往由实际借款人进行了使用，而与金融机构签订书面《借款合同》的确是名义借款人。金融机构往往以实际签订《借款合同》的名义借款人作为被告要求偿还借款。那么，当实际借款人和名义借款人不一致时，究竟应该由谁来承担还款责任。

一般情况下，应该由名义借款人承担还款责任。根据合同相对性原则，由签订《借款合同》的名义借款人承担还款责任符合法律的一般规定。《中华人民共和国合同法》第八条实际是确立了合同相对性原则在合同法上的地位。根据《中华人民共和国合同法》第八条规定，依法成立的合同，对当事人具有法律约束力。当事人应当按照约定履行自己的义务，不得擅自变更或者解除合同。依法成立的合同，受法律保护。合同的相对性原则，是指合同的效力范围仅限于合同当事人之间，合同当事人一方只能向合同的另一方当事人基于合同提出请求，而不能向与其无合同关系的第三人提出合同上的请求权。同时，因合同而产生的违约责任只能在合同当事人之间发生，合同关系以外的第三人不能基于该合同而承担违约责任。金融机构与名义借款人之间签订的《借款合同》系合同双方当事人真实意思表示，内容合法有效，应当得到法律的保护，金融机构据此请求名义借款人偿还借款本利符合法律规定，该诉讼请求应予支持。

实际借款人在何种情况下承担还款责任。实际借款人和名义借款人之间实际上是一种委托代理关系，前者为委托人，后者为受托人。合同相对性原则的突破，其中之一就是根据《中华人民共和国合同法》第四百零二条、第四百零三条。《中华人民共和国合同法》第四百零二条规定，受托人以自己的名义，在委托人的授权范围内与第三人订立的合同，第三人在订立合同时知道受托人与委托人之间的代理关系的，该合同直接约束委托人和第三人。第四百零三条规定，受托人以自己的名义与第三人订立合同时，第三人不知道受托人与委托人之间的代理关系的，受托人因委托人的原因对第三人不履行义务，受托人应当向第三人披露委托人，第三人因此可以选择受托人或者委托人作为相对人主张其权利。所以，如果金融机构在订立合同时知晓实际借款人或名义借款人披露委托人并明确选择向实际借款人主张其权利，则应由实际借款人承担还款责任。但因为“借名借款”的主要原因是实际借款人不符合贷款条件，所以这样往往违反金融机构的内部规定或有关规定。

编写人：陕西省榆林市府谷县人民法院　刘海平

36

假按揭中行为人的伪装行为之无效不能对抗善意第三人

——中国建设银行股份有限公司常州分行诉金某元等金融借款合同案

【案件基本信息】

1. 裁判书字号

江苏省常州市中级人民法院（2017）苏04民终3746号民事判决书

2. 案由：金融借款合同纠纷

3. 当事人

原告（上诉人，反诉被告）：中国建设银行股份有限公司常州分行（以下简称建行常州分行）

被告（上诉人，反诉原告）：金某元、居某兰

被告（被上诉人，反诉被告）：常州凯悦房地产有限公司（以下简称凯悦公司）

【基本案情】

2013年金某元、居某兰（买受人）与凯悦公司（出卖人）签订《商品房买卖合同》一份，约定买受人购买商品房一套，双方约定购房总价款为1663471元、首付款为583471元，剩余房款108万元买受人以贷款方式付款。

后金某元、居某兰（借款人）、凯悦公司（保证人）与建行常州分行（贷款人）签订《个人住房（商业用房）借款合同》一份，约定金某元、居某兰向建行常州分行借款108万元用于购买前述房屋，借款期限108个月；借款人未按约足额偿还借款本息的，构成违约，贷款人有权宣布贷款立即到期，要求借款人立即清偿借款本息及其为实现债权而发生的全部费用；凯悦公司对前述债务提供连带责任保证。合同签订后，建行常州分行按约向借款人指定的凯悦公司账户发放贷款108万元。此后，凯悦公司通过金某元开立的还款账户按月向贷款人归还贷款本息直至2015年9月，同月，凯悦公司与金某元注销了备案的《商品房买卖合同》。后金某元自行向贷款人归还到期贷款本息55017.34元。

另查明，2016年7月1日，常州市钟楼区人民法院裁定受理了吴某申请凯悦公司破产清算一案，现案涉房屋登记在张某名下。截至2016年7月1日，建行常州分行尚有借款本金886684.52元、利息23799.78元，罚息1381.37元未收回。

另查明，2016年10月18日，凯悦公司管理人向金某元、居某兰送达了债权审查意见通知书，对金某元、居某兰申报的购房债权不予确认，同时管理人解除了金某元、居某兰与凯悦公司签订的《商品房买卖合同》。

此外，金某元、居某兰及凯悦公司在庭审中共同确认：《商品房买卖合同》约定的首付款并未实际支付，凯悦公司系借用了金某元、居某兰名义进行贷款融资。截至2018年8月10日，金某元、居某兰尚结欠借款本金877518.91元、利息94160.24元、罚息36120.16元，现建行常州分行起诉要求金某元、居某兰承担还款责任，凯悦公司承担担保责任。金某元、居某兰反诉请求解除《商品房买卖合同》和《个人住房（商业用房）借款合同》，并要求凯悦公司返还其垫付房款。

【案件焦点】

1.《商品房买卖合同》《个人住房（商业用房）借款合同》的效力问题；2.金某元、居某兰、凯悦公司承担何种责任。

【法院裁判要旨】

江苏省常州市钟楼区人民法院经审理认为：金某元、居某兰与凯悦公司签订《商品房买卖合同》的目的是便于凯悦公司融资，套取银行资金，属于以合法形式掩盖非法目的，应认定为无效合同；又因凯悦公司与金某元、居某兰骗取贷款的行为直接导致银行资金外流，系扰乱了国家金融管理秩序，应认定《个人住房（商业用房）借款合同》为无效合同。

合同无效后，凯悦公司应返还金某元、居某兰垫付款项；因无证据证明建行常州分行在贷款审批发放中存在过错，应推定为无过错方，凯悦公司应返还建行常州分行未收回本金；根据过错大小，酌定金某元、居某兰对未收回本息及贷款人实现债权费用承担 20% 的赔偿责任。因凯悦公司进入破产程序，其利息负担部分计算至破产申请受理之日。

江苏省常州市钟楼区人民法院依照《中华人民共和国合同法》第五十二条第一款、第三款、第五十八条，《中华人民共和国企业破产法》第四十六条之规定，作出如下判决：

一、确认凯悦公司返还建行常州分行贷款本金 886684.52 元，金某元、居某兰对凯悦公司不能返还部分向建行常州分行承担 20% 的赔偿责任；

二、截至 2016 年 7 月 1 日建行常州分行的利息损失为 25181.15 元、及为本案支出的律师费为 54200 元，合计 79381.15 元。该款由凯悦公司向建行常州分行赔偿 63504.92 元，由金某元、居某兰于本判决生效之日起十五日内向建行常州分行赔偿 15876.23 元；

三、金某元、居某兰于本判决生效之日起十五日内赔偿建行常州分行自 2016 年 7 月 2 日起至款项付清之日止按照《个人住房（商业用房）借款合同》约定计算的利息（含逾期利息）总额的 20%；

四、确认凯悦公司返还金某元、居某兰款项 55017.14 元；

五、驳回建行常州分行的其他诉讼请求；

六、驳回金某元、居某兰的其他诉讼请求。

建行常州分行、金某元、居某兰不服一审判决，提起上诉。

江苏省常州市中级人民法院经审理认为：凯悦公司与金某元、居某兰故意作出虚伪表示，相互通谋，通过签订《商品房买卖合同》来为凯悦公司融资，应认定商品房买卖合同》为无效合同，金某元、居某兰有权要求凯悦公司返还垫资款项。建行常州分行作为善意第三人，凯悦公司与金某元等不能以其签订《商品房买卖合同》行为的无效对抗金某元等与建行常州分行所签订借款合同的行为的效力，故应认定《个人住房（商业用房）借款合同》为有效合同，原告主张于法有据，应予以支持。

江苏省常州市中级人民法院依照《中华人民共和国合同法》第五十二条、第五十八条，《中华人民共和国民法总则》第一百四十六条，《中华人民共和国企业破产法》第四十六条等规定，作出如下判决：

一、撤销常州市钟楼区人民法院（2017）苏0404民初298号民事判决；

二、金某元、居某兰应于本判决生效之日起十五日内向建行常州分行归还借款本金877518.91元，并支付利息94160.24元、罚息36120.16元（暂算至2018年8月10日，自2018年8月11日起至款项还清之日止的利息按合同约定计算）及律师费54200元；

三、确认凯悦公司对金某元、居某兰的上述债务在借款本金877518.91元、利息25181.15元、律师费54200元的范围内承担连带清偿责任；

四、确认凯悦公司返还金某元、居某兰款项55017.14元；

五、驳回建行常州分行的其他诉讼请求；

六、驳回金某元、居某兰的其他反诉请求。

【法官后语】

近年来，诸多投机性开发商为解决融资问题，所引发的“假按揭”现象层出不穷，削弱了宏观调控的有效性，扰乱了金融和房地产市场秩序，并催生出大量诉讼。而“假按揭”案件审理的关键在于对名义购房人与开发商之间，及名义购房人、开发商与银行之间的民事法律行为准确的进行法律评价，才能有效地维护合法利益。

《中华人民共和国民法总则》中规定了通谋虚伪表示，系指行为人与相对人进行通谋，对外作出虚假的意思表示，并以此而实施的法律行为。该行为通常须具备四个要件：具有意思表示、表示行为与真实意愿不一、表意人与相对人的虚伪故意、行为人与相对人的通谋实施。而《中华人民共和国合同法》中“以合法形式掩盖非法目的”对应的是脱法行为、通谋虚伪表示抑或兼有；“恶意串通，损害国家、集体或者第三人利益”行为中的恶意串通，不仅包括虚伪表示，而且还包括双方通谋而为与效果意思相同的表示，且以侵害国家、集体或者第三人利益为无效的必须要件。因此，三者之间无论从适用范围，还是立法目的上，都有重大区别。

申言之，民事法律行为的成立要件包含主体、意思表示和内容三方面，其中意思表示是核心要素。民事法律行为的效力状态是对已成立的民事法律行为价值判断的结果，即通过对其成立要件进行法律价值的评判，确认各成立要件是否为有效要件，进而判断民事法律行为的效力形态。就本案“假按揭”中购房人与开发商之间通谋虚伪行为而言，虽然主体适格，但并无真实购房意愿，双方实为套取银行资金而为之，导致意思表示要件的无效。因此，对“假按揭”中签订购房合同行为的评价，适用《中华人民共和国民法总则》中“行为人与相对人以虚假的意思表示实施的民事法律行为无效”的规定更为准确。

同时，案涉购房合同与借款合同，从内容来看虽密不可分，但两份合同之间并非主从合同关系，两份合同均存在独立的意思表示，而为相对独立的法律关系。因此，购房合同的无效并不必然导致借款合同的无效，还应分析贷款人在借款发放中的主观意图，是否系善意第三人。民法中“善意”系指不知道伪装行为，对“善意”的认定以法律推定为主要方式，即伪装行为的行为人和相对人不能证明第三人系“明知”或“应知”，就应推定第三人为善意第三人。本案中，开发商和名义购房人均未能提供证据证明将“假按揭”的情况已告知银行，或者银行已知道或应当知道“假按揭”情况，在此情形下，银行应被推定为善意第三人。故而开发商与名义购房人伪装行为的无效，不能对抗名义购房人与银行之间签订借款合同的效力。

编写人：江苏省常州市钟楼区人民法院　胡传朋

37

共同还款承诺书的效力及权利主体

——江苏镇江农村商业银行股份有限公司诉江苏中腾市政公路工程有限公司等金融借款合同案

【案件基本信息】

1. 裁判书字号

江苏省镇江市中级人民法院（2018）苏11民终2232号民事判决书

2. 案由：金融借款合同纠纷

3. 当事人

原告（被上诉人）：江苏镇江农村商业银行股份有限公司（以下简称农商行）

被告（上诉人）：金某

被告：江苏中腾市政公路工程有限公司（以下简称中腾公司）、钱某民、田某凯、田某宇、管某兰、镇江德良建材有限公司（以下简称德良公司）、丁某君、镇江百世燃料贸易有限公司（以下简称百世公司）、钱某霞、江苏省逸东商贸有限公司（以下简称逸东公司）、严某、江苏厚德建设有限公司（以下简称厚德公司）、严某东、镇江伟益混凝土有限公司（以下简称伟益公司）、王某顺、王某贵、江苏铭恒建设工程有限公司（以下简称铭恒公司）、张某、李某、镇江市通利达物资贸易有限公司（以下简称通利达公司）、张某燕、镇江市宏润建设工程有限公司（以下简称宏润公司）、付某平、丁某、李某国、镇江市登科建筑工程有限公司（以下简称登科公司）

【基本案情】

农商行京口支行（以下简称京口支行）系农商行分支机构。2015年5月8日，京口支行与中腾公司签订《流动资金循环借款合同》一份，约定：京口支行向中腾公司提供贷款额度500万元；循环借款期限自合同生效之日起至2016年4月20日止，该期间仅指借款发放时间，每笔贷款的种类、金额、期限、用途、支付和还款方式等以借款借据为准；按月结息，结息日为每月20日；利率以借款借据利率为准。

同日，京口支行与登科公司签订《最高额保证合同》一份，约定：登科公司为主合同借款人自2015年5月8日至2016年4月20日，在贷款人处办理约定的各类业务所实际形成的主债务最高余额提供500万元最高额连带责任保证担保。

同日，京口支行向中腾公司发放贷款500万元，到期日2016年3月10日，年利率8.9%。贷款到期后，中腾公司未能按约还本。截至2016年10月28日，中腾公司尚积欠借款本金500万元、逾期利息208902.87元。

2015年4月27日，钱某民、田某凯、田某宇、李某、金某向京口支行出具了共同还款承诺书；2015年5月8日，伟益公司、王某顺、李某国向京口支行出具了共同还款承诺书；2016年7月21日，钱某民、田某凯、田某宇、管某兰、德良公司、丁某君、百世公司、钱某霞、伟益公司、王某贵、铭恒公司、张某、李某、宏润公司、付某平、丁某向农商行出具了共同还款承诺书；2016年7月25日，逸东公司、严某、厚德公司、严某东向农商行出具了共同还款承诺书；2016年8月22日，通利达公司、张某燕向农商行出具了共同还款承诺书。

上述共同还款承诺书均载明“对中腾公司在贵行的所有贷款本息及实现债权的费用（含律师费），自愿作为共同债务人承担共同还款责任，并向贵行做出如下承诺……三、一旦债务人未按合同约定履行还款义务，我们即无条件按贵行要求履行偿还义务，直至所有债务及实现债权的所有费用全部清偿为止……本承诺自承诺人签字或盖章之日起生效，至债务人在你行的所有债务全部清偿完毕之日失效，未经贵行同意本承诺不得撤消”等内容。

【案件焦点】

1. 共同还款人是否应对共同还款承诺书出具之后发生的债务承担还款责任；2. 上级银行能否依据向其分支机构出具的共同还款承诺书主张权利。

【法院裁判要旨】

江苏省镇江市京口区人民法院经审理认为：京口支行与中腾公司所签借款合同；京口支行与登科公司所签保证合同；向京口支行所作的共同还款承诺书均系双

方真实意思表示，不违反法律、法规强制性规定，应为合法、有效合同，各方均应全面履行合同义务。京口支行按约发放贷款后，中腾公司未能按约还本，已构成违约，农商行作为法人有权提起诉讼，并要求中腾公司按约偿还所欠分支机构借款本金500万元及支付逾期利息。登科公司自愿提供最高额连带责任保证，应在最高额范围内承担相应的保证责任，但其承担保证责任后，依法对中腾公司享有追偿权。钱某民、田某凯、田某宇、李某、金某、李某国、伟益公司、王某顺自愿承诺清偿中腾公司所负京口支行的债务，构成债务加入，应承担共同还款责任。关于农商行主张的其他被告共同还款责任，因所涉共同还款承诺书载明受诺主体为农商行，而农商行与分支机构京口支行均领取营业执照、经营许可证，并可独立开展相应金融业务，且京口支行与农商行先后向中腾公司发放过贷款，故二者作为出借人，在金融借款合同签订及履行的地位上是独立、平等的，并不能相互代替，结合金融机构一般会在发放贷款前签订相关担保合同的惯例，该承诺书所涉债务仅能认定为由农商行作为合同主体出借的债务，而本案所涉债务合同出借主体为京口支行，故该主张理据不足，不予支持。

江苏省镇江市京口区人民法院依照《中华人民共和国合同法》第一百九十六条、第二百零五条、第二百零六条、第二百零七条，《中华人民共和国担保法》第六条、第十八条、第二十一条、第三十一条，《中华人民共和国民事诉讼法》第六十四条、第一百四十四条之规定，做出如下判决：

一、中腾公司、钱某民、田某凯、田某宇、李某、金某、李某国、伟益公司、王某顺应于本判决发生法律效力之日起十日内向农商行支付借款本金500万元，截至2016年10月28日逾期利息208902.87元，此后逾期利息按合同约定利率计算至实际清偿之日止；

二、被告登科公司对上述给付义务承担连带清偿责任，且在承担保证责任后，有权向中腾公司追偿；

三、驳回农商行其他诉讼请求。

金某不服一审判决，提出上诉。

江苏省镇江市中级人民法院经审理认为：民事法律行为可以基于双方或者多方的意思表示一致成立，也可以基于单方的意思表示成立。金某出具的共同还款承诺书系单方意思表示，且依照该承诺书载明的生效条件，该承诺书自金某签字之日起生效。金某认为其不应对该承诺书出具之后中腾公司的债务承担责任，既不符合该承诺书的意思表示，亦缺乏法律依据，法院不予采纳。

江苏省镇江市中级人民法院依照《中华人民共和国民事诉讼法》第一百七十条第一款第一项之规定，判决如下：

驳回上诉，维持原判。

【法官后语】

司法实践中，大量的金融借款案件会出现非主债务人向债权人出具共同还款承诺书，承诺对债务人的债务承担共同还款责任。区别于保证人，共同还款人承担的是共同还款责任，而非连带责任，亦不享有一般保证人享有的先诉抗辩权。且共同还款人在承担还款责任后，其追偿权的行使也不同于保证人，理论通说认为共同还款人只可向主债务人追偿。同样，共同还款人亦区别于债务加入，理论上，债务加入要求所加入的债务明确、具体，而共同还款人可对未来一段时间发生的债务承诺承担共同还款责任。综上可知，共同还款承诺书系当事人意思自治的体现，且不违反法律、行政法规的强制性效力性规定，合法有效，共同还款人不得以出具共同还款承诺书时债务未实际发生对抗债权人。

在认可共同还款承诺书法律效力的同时，应注意共同还款承诺书载明的主体债权人。尤其在银行作为诉讼主体的情况下，银行与其分支机构之间的实体法律关系要尤为注意。一般情况下，上级银行可代为行使其分支机构的诉讼权利，但这只是诉讼主体资格的确认。在处理实体法律关系时应注意，领取了营业执照及经营许可证，可独立开展金融业务的银行分支机构，在共同还款承诺书签订及履行的地位上是独立、平等的，并不能相互代替。应当严格审查共同还款承诺书载明的权利主体，共同还款人向银行分支机构出具的共同还款承诺书不能成为上级银行主张权利的依据，反之亦然。

编写人：江苏省镇江市京口区人民法院　何洋

38

浅析金融借款合同中复利的计算

——东营农村商业银行股份有限公司东城支行诉东营恒旭木业有限公司等金融借款合同案

【案件基本信息】

1. 裁判书字号

山东省东营市东营经济技术开发区人民法院（2018）鲁0591民初2054号民事判决书

2. 案由：金融借款合同纠纷

3. 当事人

原告：东营农村商业银行股份有限公司东城支行（以下简称东营农商行东城支行）

被告：东营恒旭木业有限公司（以下简称恒旭公司）、王某泉、王某东、东营弘海石油科技有限责任公司（以下简称弘海公司）

【基本案情】

2017年12月25日，东营农商行东城支行与恒旭公司签订《流动资金借款合同》，约定了借款金额、借款用途、借款期限、借期内利率、还款方式、逾期利息与复利。2017年12月25日，东营农商行东城支行向恒旭公司发放贷款2800万元，后恒旭公司未向东营农商行东城支行偿还过借款本金、利息以及其他相关费用。2017年12月25日，东营农商行东城支行与王某泉、王某东、弘海公司签订《保证合同》，约定对上述《流动资金借款合同》提供连带责任保证，同时约定了保证范围、保证期间以及债权人要求保证人履行保证责任的情形。王某泉、王某东、弘海公司在《保证合同》第十条载明，本担保人知悉，本合同项下贷款用于归还恒旭公司于2018年6月21日到期的2800万元贷款。

【案件焦点】

1. 如何确定金融借款合同纠纷中的复利的计算范围，即什么情形下应当支持当事人的复利请求，若支持应当如何计算；2. 金融借款合同纠纷中复利的相关法律依据。

【法院裁判要旨】

山东省东营市东营经济技术开发区人民法院经审理认为：东营农商行东城支行与恒旭公司签订的《流动资金借款合同》，与王某泉、王某东、弘海公司签订的《保证合同》，均系双方当事人真实意思表示，不违反法律法规的强制性规定，均合法有效。因恒旭公司未按时偿还借款本息是造成本案纠纷的原因，现要求恒旭公司偿还相应借款本金、利息符合法律规定，法院予以支持。对东营农商行东城支行主张的复利，因其合同中无复利可以再计算复利的约定，且恒旭公司不认可，法院对东营农商行东城支行主张的复利中符合合同规定的部分予以支持，无约定的重复计算的部分不予支持。王某泉、王某东、弘海公司系涉案《流动资金借款合同》的连带责任保证人，且三保证人知悉涉案28000000元借款用途属于借新还旧，现东营农商行东城支行要求王某泉、王某东、弘海公司对涉案借款本金、利息等费用承担连带责任保证，符合法律规定，法院予以支持，王某泉、王某东、弘海公司履行保证责任后有权向恒旭公司追偿。对东营农商行东城支行诉讼请求中主张的实现债权的费用因无具体请求数额，法院不予支持。恒旭公司、王某泉、王某东、弘海公司经法院合法传唤无正当理由未到庭参加诉讼，视为放弃相应诉讼权利。

山东省东营市东营经济技术开发区人民法院依照《中华人民共和国合同法》第一百零七条、第二百零五条、第二百零六条、第二百零七条，《中华人民共和国担保法》第十八条、第三十一条，《最高人民法院关于适用〈中华人民共和国担保法〉若干问题的解释》第三十九条第一款，《最高人民法院关于民事诉讼证据的若干规定》第二条，《中华人民共和国民事诉讼法》第六十四条第一款、第一百四十四条的规定，判决如下：

一、恒旭公司于本判决生效之日起十日内偿还东营农商行东城支行借款本金28000000元；

二、恒旭公司于本判决生效之日起十日内偿还东营农商行东城支行自2017年

12月25日至2018年6月21日借款期限内的利息（计算方式：以借款本金28000000元为基数，按年利率4.35%计算）；

三、恒旭公司于本判决生效之日起十日内偿还东营农商行东城支行借款期限内应付利息的复利（计算方式：分别以借期内每月20日结息日欠付的利息为基数，按年利率4.35%计算至2018年6月21日）；

四、恒旭公司于本判决生效之日起十日内偿还东营农商行东城支行自2018年6月22日开始计算的逾期利息与复利（计算方式：逾期利息以借款本金28000000元为基数，按年利率6.525%计算至实际清偿之日止；复利以借期内应付未付利息总额为基数，按年利率6.525%计算至实际清偿之日止）；

五、被告王某泉、王某东、弘海公司对上述第一项、第二项、第三项、第四项内容承担连带责任保证，三被告承担保证责任后，有权向恒旭公司追偿；

六、驳回东营农商行东城支行的其他诉讼请求。

【法官后语】

随着经济社会的不断发展，新的资本要素融合变革，新的经济形态不断涌现，涉及借贷纠纷的案件呈现出剧烈增长的态势，金融借款合同纠纷与民间借贷纠纷的案件尤为突出，通俗一点讲，其核心内容也就是还本付息，偿还本金无可厚非，但在付息问题的界定上，即如何计算复利存有较大的争议，甚至民间借贷纠纷与金融借款合同纠纷中存在截然不同的两种计算方式：民间借贷相关司法解释中的复利是以累计的尚未清偿的利息作为本金另行计息，俗称“利滚利”，而金融借款合同涉及的复利具有违约金的性质，并不具有惩罚性质。

一方面，复利作为一种规制工具，能有效保护金融市场的稳定、投资风险与收益的相对平衡。因为金融机构在将资金贷出后承担着坏账呆账的风险，也丧失了这期间将利息回收作为本金继续盈利的可能性。另一方面，目前关于复利的法律依据主要存在于中国人民银行发布的《人民币利率管理规定》，其中第二十条规定：对贷款期内不能按期支付的利息按合同利率按季或按月计收复利，贷款逾期后改按罚息利率计收复利，但其制定主体中国人民银行作为“银行的银行”，立场未免有些偏颇。银行作为借款方出具复利明细时，工作人员往往并不清楚复利的实际计算方式，无法给出翔实的计算过程。

司法实践中的金融借款合同，一般金融机构作为借款合同复利明细的计算及提供方，在诉讼过程中具备天然的优势，而法院作为居中裁判者，应当分情况讨论、谨慎审查。

首先，金融借款合同中罚息与借期内复利并行不悖，罚息与复利的起算基数不同，罚息是以尚未偿还的本金为基数，而复利则是以未清偿的利息为基数，两者是对借款未能及时还本付息的一种保护机制，是对债务人计收的违约金；其次，对于罚息是否能计收复利，持否定态度，因为罚息再计收复利，是对利息计取违约金后的再一次惩罚，且有关复利的规定主要体现在中国人民银行的部门规章中，更要从严审核，以保障金融市场的稳定、和谐；再次，金融借款合同中逾期利息以及罚息复利的部分属于加重对方责任的条款，对该种类型的格式条款应当单独作出标识，提醒双方注意，同时应当充分尊重双方当事人的意思自治，看双方是否对复利的计算方式有过明确的约定；最后，对金融借款合同纠纷中双方提供的证据，特别是金融机构提供的计算明细，应当让其提供详细的计算过程及合同依据和法律依据。

回归到对本案的剖析中，东营农商行东城支行与恒旭公司签订的《流动资金借款合同》明确约定了借款的偿还方式，特别是利息包括借期内利息、逾期利息，东营农商行东城支行要求恒旭公司偿还借款本金、利息符合法律规定，应予以支持，但关于复利的部分，合同中并没有对罚息再收取复利的约定，恒旭公司对该部分复利也不认可，因此对东营农商行东城支行诉讼请求中超出合同约定的部分不予认可。

编写人：山东省东营市东营经济技术开发区人民法院　郑云

39

主债权诉讼时效届满后重新起算的，原抵押权能否得到法院支持

——江西铅山农村商业银行股份有限公司诉李某雷、汪某平、汪某凤金融借款合同案

【案件基本信息】

1. 裁判书字号

江西省上饶市铅山县人民法院（2017）赣1124民初552号民事判决书

2. 案由：金融借款合同纠纷

3. 当事人

原告：江西铅山农村商业银行股份有限公司（以下简称铅山农商银行）

被告：李某雷、汪某平、汪某凤

【基本案情】

2006年5月26日，李某雷向铅山农商银行申请贷款560000元。同年5月30日，双方签订《短期借款合同》，合同第二条约定："借款金额为人民币伍拾陆万元整"；第四条约定："本合同项下的借款期限为壹年，自2006年5月30日起至2007年5月30日止"。同日，汪某平、汪某凤（二者系夫妻）出具担保承诺书，同意以其所有的一套私有房产为该笔贷款提供抵押担保，汪某平、汪某凤与铅山农商银行签订了《抵押合同》，并于5月31日办理了房屋他项权证。2006年6月1日，铅山农商银行将560000元借款发放至李某雷的账户，月利率为9.2625‰。对该笔贷款，铅山农商银行分别于2013年3月13日、2015年3月2日、2016年11月24日、2017年2月28日向李某雷进行了催收，李某雷在贷款催收通知书借款人一栏签名确认。然而，李某雷虽同意还款，却无力履行还款义务，2017年4月19

日，铅山农商银行遂将李某雷、汪某平、汪某凤起诉至法院。铅山农商银行、李某雷到庭参加了诉讼，但汪某平、汪某凤经传票传唤无正当理由未到庭，亦未提供书面答辩意见。

【案件焦点】

主债权诉讼时效期间届满后重新起算的，原抵押权能否得到法院保护。

【法院裁判要旨】

江西省上饶市铅山县人民法院经审理认为：李某雷向铅山农商银行借款，有双方签订的短期借款合同、江西省农村信用社借款凭证为凭，关于借款及还款时间、数额等内容的约定不违反法律、行政法规的强制性规定，应属合法有效，对李某雷向铅山农商银行借款人民币560000元的事实，法院予以确认；庭审中，铅山农商银行陈述李某雷共归还了借款本金70000元及相应利息，构成自认，法院对该事实予以确认；现该借款已到期，李某雷应按照约定全面履行自己的义务，故对铅山农商银行要求李某雷归还借款本金490000元及利息783873元的诉讼请求，法院予以支持；关于铅山农商银行为实现债权而支出的费用，因其并未提出具体的数额，亦未举证证明，故法院不予支持；李某雷该笔借款的到期日为2007年5月30日，诉讼时效期间计算至2009年5月29日，《中华人民共和国物权法》第二百零二条规定："抵押权人应当在主债权诉讼时效期间行使抵押权；未行使的，人民法院不予保护。"铅山农商银行未在主债权的诉讼时效期间内行使抵押权，故对其要求汪某平、汪某凤承担抵押担保责任的诉讼请求，法院不予支持。

江西省上饶市铅山县人民法院依照《中华人民共和国合同法》六十条、第一百九十八条、第二百零五条、第二百零六条，《中华人民共和国物权法》第二百零二条，《最高人民法院关于民事诉讼证据的若干规定》第七十四条，《中华人民共和国民事诉讼法》第一百四十四条之规定，判决如下：

一、李某雷归还铅山农商银行借款本金490000元及利息783837元（利息计算至2017年3月20日止，其后的利息按合同约定计算至判决生效之日）；

二、驳回铅山农商银行的其他诉讼请求。

【法官后语】

《中华人民共和国物权法》第二百零二条规定："抵押权人应当在主债权诉讼时效期间行使抵押权；未行使的，人民法院不予保护。"该条规定的"诉讼时效期间"应严格限定为原始的诉讼时效期间，不包括债务人单方面确认债务引起的重新计算的诉讼时效期间，在后者情形下抵押权人主张抵押权的不应得到支持。

首先，诉讼时效期间届满，抵押权即消灭。本案借款债权的诉讼时效期间为2007年5月31日至2009年5月30日。诉讼时效期间届满后，原债权债务关系就丧失了法律的强制保护，尽管这种情形债务人自愿履行法律也予以承认，但毕竟丧失了法律的强制保护，即在诉讼法上丧失了胜诉权。这种情形下，作为主债权担保的抵押权，也就在事实上失去了存在的目的，所谓"皮之不存毛将焉附"就是这个道理。即使事后主债权诉讼时效期间由于债务人自愿确认得以重新起算，也并不导致之前的抵押权重新恢复法律效力。

其次，债务人重新确认债务的，不能增加抵押人的责任。本案中，李某雷与铅山农商银行订立的贷款合同，已经确定最后还款期限为2007年5月30日，从而确定了银行向汪某平、汪某凤行使抵押权的期间为2007年5月31日至2009年5月30日。后来李某雷在贷款通知书中签字，导致该债权债务重新确认，诉讼时效重新起算，属于主债务合同权利义务关系的重大变更，如果银行按照重新确认后主债权的诉讼时效期间行使抵押权，实际上等于延长了银行行使抵押权的期限，也延长了汪某平、汪某凤承担抵押担保责任的期限，加重了抵押人的责任。自始至终，抵押人汪某平、汪某凤并未参与李某雷与铅山农商银行之间的重新确认，也不知晓这一情况，事后也没有同意继续承担抵押担保责任的意思表示，因此，李某雷与铅山农商银行之间重新确认债权债务的效力不能当然及于汪某平、汪某凤，抵押权的保护期限不能重新起算。

最后，严格限定抵押权行使期限，有利于维护交易安全稳定。如果主债权诉讼时效重新起算后，自动允许抵押权的保护期也随之重新起算，那么就有违立法的本意。《中华人民共和国物权法》第二百零二条关于抵押权行使期间的规定，目的就是为了督促权利人及时行使权利，提高经济活动的效率，充分发挥抵押财产的经济效用，维护交易安全，避免出现财产关系长期不稳定的状态。如果多年之后，主债权诉讼时效重新起算，抵押权的保护期也可以重新起算的话，那么安全稳定的市场交易秩序也就无从维系。

综上，无论是从立法规定的原意，还是从合同法、物权法的基本原理考虑，均不应支持铅山农商银行要求实现抵押权的诉讼请求。

编写人：华东政法大学、江西省高级人民法院　章光园
江西省上饶市中级人民法院　陈子娟

四、票据纠纷

（一）票据追索权纠纷

40

票据追索权之形式要件与实质要件在审判实务中的认定

——山东崇正控股集团有限公司诉宝塔石化集团财务有限公司等票据追索权案

【案件基本信息】

1. 裁判书字号

山东省淄博市淄川区人民法院（2018）鲁0302民初3254号民事判决书

2. 案由：票据追索权纠纷

3. 当事人

原告：山东崇正控股集团有限公司（以下简称崇正公司）

被告：宝塔石化集团财务有限公司（以下简称宝塔石化公司）、宝塔盛华商贸集团有限公司（以下简称宝塔盛华公司）、宁夏灵武宝塔大古储运有限公司（以下简称宝塔大古公司）、北京宝塔国际经济技术合作有限公司（以下简称宝塔国际公司）、宁夏宝塔能源化工有限公司（以下简称宝塔能源公司）、东营市国鑫化工有限责任公司（以下简称国鑫公司）

【基本案情】

国鑫公司多次从崇正公司处购买水泥，2017年12月至2018年1月，国鑫公司用宝塔石化公司为承兑人，宝塔盛华公司、宝塔大古公司为出票人，宝塔国际公司、宝塔能源公司为收票人的承兑汇票支付崇正公司的货款。票据到期后，宝塔石化公司未能兑付汇票上的金额。崇正公司诉至法院。

【案件焦点】

承兑汇票的持票人在汇票到期后，无承兑人被拒付承兑或被拒绝付款的直接证明，即票据追索权的形式要件及实质要件存在一定的瑕疵时，持票人的票据追索权是否应予以支持。

【法院裁判要旨】

山东省淄博市淄川区人民法院经审理认为：行使票据追索权需具备实质要件和形式要件。实质要件是持票人的付款请求权得不到实现。《中华人民共和国票据法》第六十一条规定的“拒绝付款”，不仅包括付款人明确“拒绝付款”的情形，还包括付款人客观上无力履行付款义务而无法付款的情形。形式要件是持票人应提供被拒绝承兑或被拒绝付款的证明。所谓证明，可以是退票理由书、拒绝证明等相关文件。根据崇正公司提供的宝塔石化公司在其官方网站上发布的公告内容，以及宝塔石化公司未按公告告知的时间进行兑付的事实，可以认定该公告即为崇正公司被拒绝付款的证明。根据宝塔石化公司未实际兑付的事实，足以认定崇正公司已实质上被拒绝付款。因此，宝塔盛华公司、宝塔大古公司、宝塔国际公司、宝塔能源公司以崇正公司未提供承兑人的拒付证明，无权向其行使追索权的抗辩理由不成立。

山东省淄博市淄川区人民法院依照《中华人民共和国票据法》第四条、第二十六条、第六十一条、第六十八条第一款、第七十一条，《最高人民法院关于审理票据纠纷案件若干问题的规定》第五条、第二十二条，《中华人民共和国民事诉讼法》第一百四十四条的规定，作出如下判决：

一、宝塔石化公司支付崇正公司票据款11150000.00元；

二、宝塔盛华公司、宝塔国际公司对上述第一项到期票据款11150000.00元中的6150000.00元承担连带责任；

三、宝塔大古公司、宝塔能源公司对上述第一项到期票据款11150000.00元中的5000000.00元承担连带责任；

四、国鑫公司对上述第一项到期票据款11150000.00元中的9500000.00元承担连带责任；

五、宝塔石化公司、宝塔盛华公司、宝塔大古公司、宝塔国际公司、宝塔能源公司、国鑫公司自2018年9月12日起至实际给付之日止，以各自所承担的还款数额为基数，按中国人民银行同期贷款利率4.35%计算，连带支付崇正公司利息。

【法官后语】

在当下的经济往来中，汇票凭借可多次背书支付的优点，已成为重要的贸易结算方式，但对持票人特别是财务人员不具备相关专业知识的公司及其他经济组织来讲，在享受便捷的同时也存在所持有的到期汇票得不到承兑的风险。进入诉讼后，若机械甚至苛刻地要求持票人提供承兑人拒绝付款的直接证据，无疑再次增加了持票人维权的成本，间接“默许”了承兑人的违法行为，不但没有发挥法律的惩戒功能，且有损司法公信力。笔者认为，在审理类似票据追索权纠纷案件时，应采取“实质重于形式”的认定方式，从而解决承兑人为规避追索在电票系统中不作应答，使得持票人无法取得承兑人出具的拒付证明而导致追索不能的困境。

编写人：山东省淄博市淄川区人民法院　孙运超

41

刑民交叉案件中票据追索权行使与抗辩的司法审查

——无锡市新瑞元贸易有限公司诉江苏江南农村商业银行股份有限公司常州市新北支行、无锡汉泽源贸易有限公司票据追索权案

【案件基本信息】

1. 裁判书字号

江苏省无锡市中级人民法院（2018）苏02民终2369号民事判决书

2. 案由：票据追索权纠纷

3. 当事人

原告（被上诉人）：无锡市新瑞元贸易有限公司（以下简称新瑞元公司）

被告（上诉人）：江苏江南农村商业银行股份有限公司常州市新北支行（以下简称江南农商行）

被告：无锡汉泽源贸易有限公司（以下简称汉泽源公司）

【基本案情】

2016年12月22日，常州市钢鼎商贸有限公司（以下简称钢鼎公司）开具7张银行承兑汇票，收款人均为张家港润苏贸易有限公司（以下简称润苏公司），到期日均为2017年3月22日，出票金额共计329万元，江南农商行在该7张汇票上签章承兑。上述票据经润苏公司、汉泽源公司和新瑞元公司依次背书。关于票据的流转，案涉汇票系新瑞元公司的实际经营人周某某以收取钢材预付款的名义从汉泽源公司取得的，汉泽源公司系从朱某某处借得该票据，而朱某某又通过票据贴现方式向润苏公司法定代表人余某某支付贴现款320万元取得该汇票。2016年12月26日，新瑞元公司将票据背书给无锡农商行，以委托无锡农商行向江南农商行收款。2017年3月9日，江南农商行以“该银承已挂失止付”为由拒绝付款。无锡农商行递退票给新瑞元公司。

2017年1月20日，公安局对钢鼎公司举报润苏公司法定代表人余某某合同诈骗案立案侦查，分别于2017年3月9日、3月21日向江南农商行发出协助执行通知书、协助冻结财产通知书。要求江南农商行立即停止兑付案涉7张汇票，并冻结犯罪嫌疑人余某某的案涉7张汇票。2017年1月23日，钢鼎公司作为出票人向江南农商行就案涉票据申请挂失。法院因钢鼎公司诉润苏公司买卖合同纠纷一案裁定“冻结润苏公司的银行存款340万元，或查封、扣押其相应价值的财产”，并于2017年1月25日向江南农商行发出协助执行通知书，要求暂停兑付案涉票据。

因江南农商行拒绝付款，新瑞元公司诉至法院，要求案涉票据承兑人江南农商行和背书人汉泽源公司连带向其支付票据款329万元及利息。

【案件焦点】

1. 新瑞元公司是否有权行使票据追索权；2. 江南农商行拒绝付款的抗辩能否成立。

【法院裁判要旨】

江苏省无锡市滨湖区人民法院经审理认为：

一、关于新瑞元公司是否享有票据追索权

《中华人民共和国票据法》第三十一条规定，以背书转让的汇票，背书应当连续。持票人以背书的连续，证明其汇票权利。案涉汇票的出票人为钢鼎公司，收款人为润苏公司，承兑人为江南农商行，被背书人依次为汉泽源公司、新瑞元公司，从形式上看，票据背书连续。故新瑞元公司有权以票据背书连续证明其票据权利。

二、关于江南农商行拒绝付款的理由能否成立

第一，江南农商行无权以新瑞元公司与其前手汉泽源公司之间是否存在真实的交易关系抗辩。《中华人民共和国票据法》第十三条规定，票据债务人不得以自己与出票人或者与持票人的前手之间的抗辩事由，对抗持票人。即便新瑞元公司与汉泽源公司之间的购销合同是虚构的，该事由也不构成江南农商行对新瑞元公司的有效抗辩。第二，新瑞元公司取得案涉汇票主观上是善意的，不存在足以阻却其行使票据权利的事由。《中华人民共和国票据法》第十二条规定，以欺诈、偷盗或者胁迫等手段取得票据的，或者明知有前列情形，出于恶意取得票据的，不得享有票据权利，持票人因重大过失取得不符合本法规定的票据的，也不得享有票据权利。案涉汇票是汉泽源公司从朱某某处借来的，汉泽源公司再以预付钢材款的方式将案涉票据转给新瑞元公司，新瑞元公司取得承兑汇票不存在主观上有恶意或者重大过失的情形；且朱某某已经向润苏公司法定代表人余某某转账 320 万元作为对价取得案涉汇票。第三，案涉汇票虽然被采取了冻结措施，但因票据的无因性、文义性、要式性等特点决定了汇票的冻结并不能阻止汇票在市场上继续流通，因此票据也不会因被冻结而失去效力。法院和公安机关在冻结案涉汇票时，该汇票已经被润苏公司及其法定代表人余某某流转给朱某某，不再属于润苏公司的财产。故江南农商行以案涉汇票被公安机关冻结而拒绝付款及承担利息损失，违反了票据的无因性等特征，没有法律及事实依据。如江南农商行认为前述冻结票据的行为有误，导致其产生损失，其可另行向相关单位主张权利。

综上，依照《中华人民共和国票据法》的相关规定，判决如下：

汉泽源公司、江南农商行于判决生效之日起立即连带给付新瑞元公司汇票款 329 万元及利息。

江南农商行不服一审判决，提起上诉。

江苏省无锡市中级人民法院经审理同意一审法院裁判意见，判决如下：

驳回上诉，维持原判。

【法官后语】

票据是市场交易的重要支付手段，当前与票据相关的交易活动非常活跃，但是由于各市场主体混淆票据法律关系与基础法律关系，在与前后手发生纠纷时，票据当事人通常采取刑事报案或者民事公示催告程序，并申请公安机关或法院对案涉票据进行冻结的方式寻求救济，导致最后一手合法持票人无法获得票据款，引发大量纠纷。因此，准确审查持票人的票据权利及付款人的抗辩事由是此类案件的审理难点。

一、关于持票人行使票据权利的司法审查

基于票据的文义性、无因性、要式性的特点，《中华人民共和国票据法》规定，以背书转让的汇票，背书应当连续。持票人以背书的连续，证明其汇票权利；背书连续，是指在票据转让中，转让汇票的背书人与受让汇票的被背书人在汇票上的签章依次前后衔接。因此，持票人只要根据背书连续便足以证明其票据权利，如果没有正当的抗辩事由，付款人应当向持票人支付票据款。

二、关于票据债务人抗辩事由的司法审查

虽然《中华人民共和国票据法》规定了票据的无因性，但是该无因性也不是绝对的，在特殊情况下，票据债务人对持票人的抗辩应予支持。其一，对人的抗辩。票据直接前后手之间如果存在基础法律关系的抗辩事由，票据债务人可以该抗辩事由对抗持票人的票据追索权。其二，对物的抗辩。该类抗辩主要来源于票据本身，所以票据债务人可以对任何持票人提出。如票据欠缺法定必要记载事项，票据债务人可以对持票人提出抗辩。其三，对主观过错的抗辩。例如，《中华人民共和国票据法》规定，以欺诈、偷盗或者胁迫等非法手段取得票据，或者明知有前列情形，出于恶意取得票据的；又如，明知票据债务人与出票人或者与持票人的前手之间存在抗辩事由而取得票据的；再如，以重大过失取得票据的。存在前述情形的，票据债务人均有权对抗持票人的票据追索权。

本案的处理对于因票据主体在基础关系中产生争议而需求救济的票据当事人具有一定的指导和警示作用。对票据债务人而言，一方面，在选择交易对象时应严格审查其资质和能力，合理控制经营风险；另一方面，在与票据的直接前后手发生纠纷时，要寻求正当且有效的救济途径，否则不但无法维护自身权利，可能还会导致损失进一步扩大，如票据款的利息损失、提示付款费用、被诉的诉讼费及律师费、损害赔偿责任等。其中，作为付款人或者承兑人的银行而言，如果持票人提示付款，审查重点在于持票人是否为合法持票人、票据是否真实、背书是否连续、各记载事项是否齐全等，司法机关的冻结行为不是拒付票据款的正当理由。对司法机关而言，因票据具有流通性，司法机关对票据的保全行为，应当尽量以扣押票据本身的形式完成，否则可能存在因保全措施错误损害合法持票人的权利而导致赔偿的情形发生。

编写人：江苏省无锡市中级人民法院　陈迪金

42

出票人拒绝提示票据支付密码，票据持有人有权向出票人行使票据追索权

——罗某文诉北京德斯朗科技有限公司票据追索权案

【案件基本信息】

1. 裁判书字号

北京市第一中级人民法院（2018）京01民终8283号民事判决书

2. 案由：票据追索权纠纷

3. 当事人

原告（被上诉人）：罗某文

被上诉人（上诉人）：北京德斯朗科技有限公司（以下简称德斯朗公司）

【基本案情】

罗某文持有中国建设银行转账支票一张，该支票载明：出票日期为2018年3月29日，金额11000元，出票人处有德斯朗公司盖章及该公司法定代表人赵某朋的印

鉴，收款人处空白，密码处载明加验密码。罗某文向德斯朗公司索要持有支票的密码，德斯朗公司对罗某文持有支票的真实性不持异议，但以该支票系德斯朗公司开具给案外人严某成的支票，德斯朗公司与严某成还存在经济纠纷，故德斯朗公司一直拒绝给付罗某文该支票的支付密码，并拒绝继续履行票据义务，为此罗某文诉至法院，请求判令德斯朗公司给付罗某文支票票据金额11000元。

【案件焦点】

1. 票据持有人罗某文是否是本案支票合法的票据权利人；2. 持票人罗某文能否向出票人德斯朗公司行使追索权；3. 出票人德斯朗公司能否以与案外人严某成存在经济纠纷的抗辩对抗罗某文。

【法院裁判要旨】

北京市门头沟区人民法院经审理认为：根据《中华人民共和国票据法》第八十九条第一款规定："出票人必须按照签发的支票金额承担保证向该持票人付款的责任。"德斯朗公司签发了支票，即应按照其签发的支票金额向持票人罗某文付款，德斯朗公司未向罗某文出示支付密码，其应承担付款的责任。罗某文要求德斯朗公司支付支票金额的诉讼请求，符合有关法律规定，法院予以支持。需要指出的是，票据债务人不得以自己与出票人或者与持票人的前手之间的抗辩事由对抗持票人，故德斯朗公司以其与案外人之间存在纠纷为由拒绝向持票人罗某文提供支付密码的答辩意见，没有法律依据，法院不予采信。综上所述，北京市门头沟区人民法院依据《中华人民共和国票据法》第十三条、第八十九条的规定，判决：

德斯朗公司于判决生效后七日内给付罗某文支票金额11000元。

德斯朗公司不服一审判决，提起上诉。

北京市第一中级人民法院经审理认为：根据《中华人民共和国票据法》第九十三条第一款关于"支票的背书、付款行为和追索权的行使，除本章规定外，适用本法第二章有关汇票的规定"以及第三十一条第一款关于"……非经背书转让，而以其他合法方式取得汇票的，依法举证，证明其汇票权利"的规定，结合双方二审期间的陈述，可以认定罗某文系以合法方式取得的涉案支票。涉案支票未记载收款人姓名，但收款人姓名并非支票的绝对必要记载事项，支票的收款人姓名可以由出票人授权补记。罗某文持有涉案支票未记载收款人姓名，应视为德斯朗公司授权持票人补记收款人或者持票人即为收款人。

根据二审期间双方的陈述，可知德斯朗公司与罗某文系票据关系当事人，德斯朗公司是票据债务人，罗某文是票据权利人，而德斯朗公司与罗某文之间不存在票据基础关系，德斯朗公司主张的票据基础关系存在于德斯朗公司与严某成之间。根据《中华人民共和国票据法》第十三条关于“票据债务人不得以自己与出票人或者持票人的前手之间的抗辩事由，对抗持票人……”的规定，德斯朗公司不得以自己与严某成之间法律关系的抗辩事由，对抗罗某文。根据《中华人民共和国票据法》第八十九条第一款关于“出票人必须按照签发的支票金额承担保证向该持票人付款的责任”的规定，德斯朗公司应当向罗某文支付票据金额11000元。德斯朗公司关于应当追加严某成为本案第三人，严某成未向其开具发票所以其拒付票据金额的理由均不能成立。

北京市第一中级人民法院依照《中华人民共和国民事诉讼法》第一百七十条第一款第一项之规定，判决如下：

驳回上诉，维持原判。

【法官后语】

票据作为流通证券，发挥着支付、结算、融资等众多功能，在商事交易和经济往来中使用广泛。基于票据流通便捷性和商事交易安全性的考虑，票据支付密码，尤其是支票支付密码，作为票据付款的验证码系统被广泛运用。对于如何认识票据支付密码在票据权利实现中的法律地位，亟须司法对此作出回应，此亦是发挥审判在票据流通领域改善营商环境的重要一环。

一、未记载支付密码的支票不影响支票效力

《中华人民共和国票据法》第八十四条规定了支票必须记载的六大事项，对于支付密码，《中华人民共和国票据法》上并无规定，根据中国人民银行印发的《票据管理实施办法》《支付结算办法》等文件的规定，支付密码系出票人与银行约定的支付票据金额的付款核验方式，并非票据的必须记载事项。鉴于票据支付业务本质上是银行与开票人之间的委托代履行业务，开户银行基于与出票人之间的支付密码约定，对非出票人的票据持有人的付款请求权进行审查时，依据支付操作规程，对无法提供支付密码的票据持有人可以进行退票拒绝付款处理，但并不影响持票人继续依据票据权利向出票人行使付款的追索权。本案中德斯朗公司开具的支票虽未记载支付密码，但具备《中华人民共和国票据法》第八十四条必须记载事项的所有形式，系有效支票，罗某文作为支票持有人可以依法取得该支票的票据权利。

另外，涉案支票在记载事项上收款人处空白，关于收款人事项的空缺是否影响该支票的票据效力，本文一并讨论。收款人是汇票和本票的法定必要记载事项，对于支票，《中华人民共和国票据法》第八十六条第一款规定，支票上未记载收款人名称的，经出票人授权，可以补记。该条款从票据的流通性、无因性、文义性出发，应当理解为一种授权性规范，而非限制性规范，“可以补记”的立法精神及现有法律允许签发无记名支票的票据流通实践，同时授权支票收款人项可以不补记，即支票可以通过未记载付款人的方式转让票据权利。本案罗某文持有涉案支票未记载收款人的姓名，应视为德斯朗公司授权持票人补记收款人或者持票人即为收款人。

二、能动审查出票人拒绝提示票据支付密码与持票人追索权之间的关系

持票人行使票据追索权需具备实质要件和形式要件。实质要件是持票人的付款请求权得不到实现；形式要件是持有人能够提供“拒绝付款”证明。持票人不能出示“拒绝付款”证明，丧失对其前手的追索权，但根据《最高人民法院关于审理票据纠纷案件若干问题的规定》第十九条规定，并不丧失对票据出票人的追索权，以及《中华人民共和国票据法》第八十九条第一款关于“出票人必须按照签发的支票金额承担保证向该持票人付款的责任”的规定，也就是说，追索权形式的实质要件要优先于其形式要件，在本案中，德斯朗公司拒绝提示支票密码，导致罗某文付款请求权客观上无法得到实现，即使罗某文向银行提示付款亦会被拒付，从实质解决争议的角度出发，无须机械要求罗某文提供拒付证明，从德斯朗公司拒绝提示支票密码可以能动推论出罗某文追索权行使要件的成立。

编写人：北京市第一中级人民法院　窦磊

43

补记是支票转让的法定方式

——北京瑞雪鼎尚商贸有限公司诉北京勇博机电设备安装有限公司票据追索权案

【案件基本信息】

1. 裁判书字号

北京市第二中级人民法院（2018）京02民终923号民事判决书

2. 案由：票据追索权纠纷

3. 当事人

原告（被上诉人）：北京瑞雪鼎尚商贸有限公司（以下简称瑞雪鼎尚公司）

被告（上诉人）：北京勇博机电设备安装有限公司（以下简称勇博机电公司）

【基本案情】

勇博机电公司给案外人李某平开具一张开户行为中国建设银行北京市分行长阳支行的转账支票，票面金额人民币155830元，出票日期2017年3月15日，收款人处空白未填。后瑞雪鼎尚公司从李某平处取得该支票，并交开户银行委托收款。2017年3月16日，中国建设银行北京市分行开具退票理由书，记载该支票因无密或密误被退票。瑞雪鼎尚公司遂将票据出票人勇博机电公司诉至法院，要求兑现支票记载金额。

【案件焦点】

收款人瑞雪鼎尚公司和出票人勇博机电公司是否为直接前后手关系。

【法院裁判要旨】

北京市房山区人民法院经审理认为：《中华人民共和国票据法》第九十三条第

一款规定，支票的背书、付款行为和追索权的行使，除本章规定外，适用本法第二章有关汇票的规定。第八十六条规定，支票上未记载收款人名称的，经出票人授权，可以补记。由此可见，背书并非支票转让的唯一法定方式。本案庭审中，勇博机电公司认可涉案支票是因为购买货物而开具给案外人李某平的，并且在出票之时，并未填写收款人名称。勇博机电公司未填写收款人名称的行为，可以视为其作为出票人授权他人对支票进行补记。因此，在支票出票人不填写收款人名称的情况下，该支票后续的转让可以通过补记的方式完成。但鉴于法律规定票据的收款人名称不得更改，更改的票据无效，该补记行为具有一次性的特点。收款人名称已被补记的支票再次转让的，应当按照背书的相关法律规定进行。故，法院对于勇博机电公司以涉案支票上记载收款人为瑞雪鼎尚公司为由，认为其与瑞雪鼎尚公司系直接前后手的答辩意见不予支持。勇博机电公司基于双方系直接前后手关系的认识，认为双方不存在基础债权债务关系，因此不应承担票据责任。法院认为该抗辩事由与本案最终结果没有关联性，因此不予审查。现瑞雪鼎尚公司持勇博机电公司出具的合法有效票据去银行提示付款，因票据密码错误而被拒绝付款，根据法律规定，勇博机电公司作为出票人应当按照签发的支票金额向持票人瑞雪鼎尚公司承担票据责任。

北京市房山区人民法院依照《中华人民共和国票据法》、第七十条、第八十六条、第八十九条、第九十三条之规定，作出如下判决：

被告勇博机电公司于本判决生效之日起十日内给付原告瑞雪鼎尚公司银行转账支票金额人民币155830元。

勇博机电公司不服一审判决，提起上诉。

北京市第二中级人民法院经审理认为：票据是要式证券，将票据法所规定的必须记载事项记载完整的票据，即为有效票据。瑞雪鼎尚公司提交的涉案支票中必须记载事项记载完整，故为有效票据。由于票据是无因证券，持票人非因重大过失或恶意取得票据，即享有票据权利。本案中，瑞雪鼎尚公司能够向法院说明其取得支票的来源、事由，且该陈述与勇博机电公司的有关陈述相印证，在此情形下，勇博机电公司应提供证据证明瑞雪鼎尚公司因不正当原因取得支票，但其未提交有效证据证明该事实，故应当认定瑞雪鼎尚公司善意合法取得支票。此外，根据双方当事人的陈述，瑞雪鼎尚公司并非直接从勇博机电公司取得支票，故勇博机电公司以其与瑞雪鼎尚公司之间无交易关系为由的抗辩不予支持。综上，勇博机电公司的上诉理由均不成立，一审判决认定事实清楚，适用法律正确，应予维持。

北京市第二中级人民法院依据《中华人民共和国民事诉讼法》第一百七十条第一款第一项的规定，判决如下：

驳回上诉，维持原判。

【法官后语】

票据追索权，是持票人享有的第二顺序权利，指持票人行使付款请求权被拒绝后向其前手请求偿还票据金额及其他法定款项的权利。根据票据的无因性，票据的基础关系独立于票据关系，即只要票据行为具备法定形式要件即可产生法定效力。因此，审理票据追索权纠纷案件时，审查的重点往往在于持票人是否合法持有诉争票据。

除了出票人签发票据的方式之外，获取票据的另一种途径即为票据转让，而背书是票据转让的一种重要方式。《中华人民共和国票据法》第二十七条规定，持票人可以将汇票权利转让给他人或者将一定的汇票权利授予他人行使。持票人行使上述规定的权利时，应当背书并交付汇票。第九十三条第一款规定，支票的背书、付款行为和追索权的行使，除本章规定外，适用本法第二章有关汇票的规定。据此可知，背书也是支票转让的重要方式。

然而，背书是否就是支票转让的唯一方式呢，这要看关于支票的法律规定。《中华人民共和国票据法》第八十四条规定，支票必须记载下列事项：表明“支票”的字样、无条件支付的委托、确定的金额、付款人名称、出票日期和出票人签章；支票上未记载前款规定事项之一的，支票无效。第八十六条规定，支票上未记载收款人名称的，经出票人授权，可以补记。通过对上述两条规定分析可知，《中华人民共和国票据法》并未将收款人名称规定为支票必须记载的事项。收款人名称可以通过授权补记的方式填写。也即出票人未填写收款人名称的行为，可以视为其作为出票人授权他人对支票进行补记。通过对收款人名称的补记，也可以达到支票流转的目的。

实践中由于不少人在转让支票时并不在票据上进行背书，甚至将收款人名称空着即将票据交付给对方，导致票据上记载的前后手之间缺乏相对应的基础关系，经常被出票人引以为辩，拒绝付款。如果持票人即为收款人，出票人以双方之间不存在真实的交易关系或者债权债务关系抗辩，则还应当审查持票人获取该支票的方式，是直接出票获得还是通过授权补记方式获得对于案件审理路径有不同的影响。如果是通过直接出票获得票据，则需要对基础法律关系进行审理；但如果出票人出票时支票上的收款人处为空白，则应当视为其授权持票人补记，否则对于未授权持票人进行补记的举证责任应当由出票人负担。

编写人：北京市房山区人民法院　杨瑞强

44

票据持有人未填写收款人是否享有票据权利

——赵某某诉北京某某投资顾问有限公司票据追索权案

【案件基本信息】

1. 裁判书字号

北京市第三中级人民法院（2018）京03民终14566号民事裁定书

2. 案由：票据追索权纠纷

3. 当事人

原告（被上诉人）：赵某某

被告（上诉人）：北京某某投资顾问有限公司（以下简称北京某某公司）

【基本案情】

2017年10月，北京某某公司开具并交付给刘某某一张华夏银行转账支票，票面记载：出票日期2017年12月15日，金额18万元及“加验密码”标记，票面收款人和密码空白未填。

2017年10月19日，刘某某给北京某某公司出具收款收据，载明收到马驹桥工地人工费29万元。后刘某某将该支票交付给赵某某，现该支票由赵某某持有。另查，2017年10月19日，赵某某曾给北京某某公司列具清单，载明：滨江帝景油工总工人工资841592元（已付68万元），E11工地油工总工人工资919634元（已付80万元），合计1761226元、借友148万元、总数281226元、实付28万元。该收据后附周某某、赵某某等的身份证复印件。

庭审中，证人刘某某出庭作证称其承包北京某某公司的油工、瓦工、木工；北京某某公司与刘某某结算工程款，刘某某再将部分工程款与赵某某等结算；刘某某从北京某某公司处取得涉案支票后给了赵某某；北京某某公司一共给刘某某三张转账支票，金额共计29万元，其中金额为10万元的支票已经兑付，金额为1万元和涉案18万元的支票没有兑付；刘某某曾与赵某某一起去北京某某公司索要涉案支票的密码，但未果。

赵某某表示其与刘某某是合作分包关系；赵某某于2017年12月15日找北京某某公司索要密码未果。北京某某公司表示，北京某某公司共给刘某某开具了29万元的支票，付款范围包括马驹桥项目和滨江帝景项目，刘某某出具的收款收据仅载明马驹桥项目，且不配合重新出具收据，故北京某某公司未付票款。

赵某某以票据付款请求权纠纷为由于2017年12月25日向法院递交诉状，要求北京某某公司支付支票金额及利息。诉讼中，经法院释明，赵某某表示案由听由法院认定。

【案件焦点】

票据持有人持有的票据未填写收款人，在出票人签章完整、法律规定的必要记载事项齐全的情况下，是否为合法有效票据，如何确定票据持有人是否为票据收款人。

【法院裁判要旨】

北京市朝阳区人民法院经审理认为：根据《中华人民共和国票据法》的规定，支票未记载表明“支票”的字样、无条件支付的委托、确定的金额、付款人名称、出票日期或出票人签章的，支票无效。支票上未记载收款人名称的，经出票人授权，可以补记。收款人、密码非法律规定的必要记载事项，出票时未填写不影响票据效力。涉案转账支票出票人签章完整、法律规定的必要记载事项齐全，为合法有效票据。

根据《中华人民共和国票据法》的规定，持票人行使票据权利，应当按照法定程序在票据上签章，并出示票据。除持票人明知存在抗辩事由而取得票据外，票据债务人不得以自己与出票人或者与持票人的前手之间的抗辩事由，对抗持票人。本案中，北京某某公司在出票时未填写收款人，现赵某某持有票据，并以向法院具状的方式向北京某某公司行使票据追索权，赵某某在诉状上签字可以视为其明确自己为票据收款人的行为。根据双方陈述及证人刘某某的证言，赵某某与北京某某公司之间并不存在直接的业务关系，赵某某系通过非背书的方式从刘某某处受让取得票据，赵某某与北京某某公司非票据流转中的直接前后手关系。从北京某某公司的陈述看，其拒付票款的原因是对刘某某出具的收款收据存在争议，无证据表明其对应付款额提出过异议，且无证据证明赵某某系明知北京某某公司与刘某某的争议而取得票据，故法院有理由采信赵某某为合法持票人。

根据《中华人民共和国票据法》的规定，支票的出票人必须按照签发的支票金额承担保证向持票人付款的责任。涉案的转账支票已经载明“加验密码”，不填写密码，转账支票无法获得兑付。赵某某未向银行请求付款，不影响其作为持票人向出票人行使票据追索权。现赵某某要求北京某某公司支付票面金额18万元，于法有据，法院予以支持。《中华人民共和国票据法》规定，持票人行使追索权，可以请求被追索人支付被拒绝付款的票据金额和票据金额自到期日或者提示付款日起至清偿日止，按照中国人民银行规定的利率计算的利息。由于赵某某未在支票到期日前依法向银行提示付款，而是以向法院提起诉讼的方式明确其为收款人并向出票人行使追索权，故法院依法将利息的起算日期调整为自法院收到赵某某诉状的日期，赵某某与此不符的利息诉请，法院不予支持。

综上，依照《中华人民共和国票据法》第四条、第十二条、第十三条、第三十一条、第六十三条、第六十五条、第七十条、第八十四条、第八十六条、第八十九条、第九十三条之规定，作出如下判决：

一、被告北京某某公司于本判决生效之日起十日内给付原告赵某某涉案银行转账支票的票面金额18万元及利息（以18万元为基数，自2017年12月25日起至实际给付之日止，按照中国人民银行同期同类贷款基准利率标准计算）；

二、驳回原告赵某某的其他诉讼请求。

北京某某公司不服一审判决，提起上诉，后向北京市第三中级人民法院申请撤回上诉。北京市第三中级人民法院裁定准许北京某某公司撤回上诉。

【法官后语】

商事活动中，商事主体实施的票据行为不规范，导致票据存在瑕疵，由此引发票据纠纷。票据纠纷，系因票据权利义务关系即票据关系而发生的纠纷和因票据法上与票据有关的法律关系而发生的纠纷。因我国票据法的规定相对原则化，审判实务中对票据瑕疵情形的处理思路存在差异。

本案的新颖之处在于对票据未填写收款人、亦未进行补记，票据持有人的权利如何实现的问题作出了认定，为诉讼实务中类似情况的处理提供了审判思路。转账支票在出票时未记载收款人名称的，应及时补记，但在本案中，票据持有人直到诉讼过程中也未填写收款人。对于涉案的转账支票而言，收款人、密码非法律规定的必要记载事项，出票时未填写不影响票据效力，但收款人未填写，导致出票行为存在瑕疵。本案经审理后确定的裁判思路为，出票人在出票时未填写收款人，票据持有人持有票据并以向法院具状的方式向出票人行使票据追索权，票据持有人在诉状上签字可以视为其明确自己为票据收款人的行为。值得注意的是，《中华人民共和国票据法》规定，未记载收款人名称的汇票和本票无效，故前述确定的裁判思路仅适用于支票。

票据系有价证券，可以在不同的商事主体之间进行流通，且应通过背书方式进行转让。本案中的票据持有人系从案外人处取得票据，票据上既无收款人信息，亦无背书人信息，反映出商事活动中，票据直接交付转让的情形比比皆是。所谓直接交付转让，系以转让为目的将票据交付给受让人即实现票据权利的转让。对于直接交付票据行为的效力，根据《最高人民法院关于审理票据纠纷案件若干问题的规定》的规定，背书人未记载被背书人名称即将票据交付他人的，持票人在票据被背书人栏内记载自己的名称与背书人记载具有同等法律效力。笔者认为，对于汇票和本票的直接交付，若要发生票据行为效力，应当系背书人签章完整、被背书人签章空白的票据，且被背书人应当及时补记自己的名称。对于不记名的支票，如本案中的转账支票，直接交付可以发生票据法上的效力，但持票人应当及时补记收款人名称，且之后的票据转让应当尽量采用背书方式进行。值得注意的是，允许票据直接交付转让，会导致背书前后手的当事人之间不存在基础法律关系，由此导致票面上的直接前后手之间不得主张抗辩事由，但如果背书人转让票据时不填写被背书人信息，或开出未填写收款人的支票，即应当承担不填写相关信息的风险。

商事活动中存在大量票据出票、流转过程不规范的情形，因票据存在无因性，导致票据纠纷案件的审理思路与一般商事案件相比存在差异。本案的审理发挥了司法审判维护票据流通与安全，优化营商环境的职能延伸作用，为票据纠纷案件的审理提供了思路。

编写人：北京市朝阳区人民法院　张琦　李有光

45

涉及案件基本事实认定的关键证据不适用证据失权制度

——北京南光石油化工有限公司诉江苏正信和荣石油化工有限公司票据追索权案

【案件基本信息】

1. 裁判书字号

江苏省无锡市中级人民法院（2018）苏02民终3444号民事判决书

2. 案由：票据追索权纠纷

3. 当事人

原告（上诉人）：北京南光石油化工有限公司（以下简称南光公司）

被告（被上诉人）：江苏正信和荣石油化工有限公司（以下简称正信公司）

【基本案情】

江阴赛珞久国际贸易有限公司（以下简称赛珞久公司）向南光公司背书转让讼争电子商业承兑汇票一张，现南光公司持有的该讼争汇票打印件显示票据状态为拒付追索待清偿，票面金额2000万元，出票日期2016年7月14日，汇票到期日2017年1月13日，出票人及承兑人为正信公司，收款人为赛珞久公司；承兑人承兑信息本汇票已经承兑，到期无条件付款，承兑日期2016年7月14日。讼争汇票的背书情况为：赛珞久公司背书给南光公司，背书日期为2016年7月14日。

因提示付款未果，南光公司于2017年7月12日向正信公司发送了追索函。后因提示付款及追索付款未果，南光公司遂于2017年8月3日提起诉讼。

审理中，正信公司主张其与南光公司、赛珞久公司就案涉汇票兑付事宜达成协议，约定由赛珞久公司向南光公司承担付款义务，与正信公司无关，并向法院提供了落款日期为2017年1月20日由南光公司、正信公司与赛珞久公司出具的三方协议，内容为“鉴经三方协商一致，约定如下：一、赛珞久公司背书转让的正信公司的商业承兑汇票由赛珞久公司在2017年5月13日前另行兑付，正信公司不再承担兑付责任。南光公司同意正信公司不再兑付汇票，并不再追究正信公司汇票到期不能承兑的法律责任。二、2017年1月18日到期的承兑汇票，赛珞久公司承诺至迟在2017年5月18日前兑付。三、南光公司给予赛珞久公司延期兑付是综合各种情况的考虑，但南光公司保留提前要求赛珞久公司兑付的权利，赛珞久公司承诺不得以此协议为由拒绝提前兑付。四、其他没有变更事项仍然按照双方的合同继续履行。五、本协议一式三份，三方各一份，效力相同，在盖章后生效”。三方协议落款处加盖南光公司、正信公司及赛珞久公司三家公司的合同专用章。

南光公司表示其从未签订过该三方协议，并向法院申请要求对三方协议上所盖“南光公司合同专用章”的真伪进行鉴定，并提供了检材作为样本。后法院委托司法鉴定科学研究院进行鉴定，司法鉴定科学研究院于2017年12月22日作出司鉴中心【2017】技鉴字第2162号司法鉴定意见书，认为检材上需检的“南光公司合同专用章”印文与样本1、2上的“南光公司合同专用章”印文是同一印章的印文。南光公司与正信公司对该鉴定意见均无异议，但南光公司认为不能认定三方协议的真实性，认为三方协议中“南光公司合同专用章”系被盗盖。

对于三方协议的形成过程，正信公司在第一次庭审过程中陈述“该份协议是由正信公司法定代表人陶某伟经办的，当时陶某伟是与赛珞久公司人员一起去的，南光公司法定代表人王某立进行接待。三方一起在一个茶吧进行协商，根据协商的内容形成了三方协议，三方协议是正信公司一方打印的，一式三份，正信公司与赛珞久公司当场加盖了公章，然后交给王某立，由王某立到公司进行盖章，后南光公司将盖好公章的三方协议寄给了正信公司及赛珞久公司”，对此南光公司不予认可，南光公司法定代表人王某立亦到庭表示从未参与三方协议的商量或盖章。后法院再次向正信公司询问，正信公司表示“陶某伟并没有参与三方协议的形成，该三方协议是案外人陈某兴提供的，至于三方协议的产生和形成是陈某兴与南光公司的负责人相互协商形成的，具体过程正信公司也不清楚，至于先前在庭审中的陈述是由于当时公司方方面面比较微妙，所以没有如实相告”。鉴于正信公司在诉讼过程中存在虚假陈述妨碍诉讼的行为，法院依法对正信公司作出罚款5万元的处罚决定。正信公司已向法院缴纳了罚款。

对于公章的保管情况，南光公司向法院陈述“南光公司的公章保存在办公室且有专人负责保管，用章需要经过审批后到办公室加盖。由于公司有两个办公地点，一个在王府井，一个在北四环外珠海振戎有限公司（以下简称振戎公司），公章在两个办公室之间传递过，带出公司需要三个人一起。王某立从2012年9月担任南光公司法定代表人，担任法定代表人之后没有单独持有公章。2017年2月16日至2017年8月7日公章在振戎公司王某立的办公室保管，合同章放在王某立办公室带锁的办公桌抽屉中，钥匙由王某立保管，8月7日以后合同章又回到南光公司办公室。办公室保管合同章的人员叫方某，之前合同章由杨某瑶保管，在杨某瑶请假期间都有公章的交接登记。合同章在杨某瑶2012年接管后一直没有变过，始终只有一枚，之前情况则不清楚。南光公司没有发现正信公司在与南光公司接触时有迹象可以接触合同专用章”。

另查明，南光公司于2017年6月以赛珞久公司为被告向北京三中院提起诉讼，要求赛珞久公司支付拖欠货款4000万元并支付2016年7月30日至2017年6月12日的违约金1206万元，北京三中院已立案受理，案号为（2017）京03民初306号，该案尚在审理中。南光公司向法院表示“就本案所涉赛珞久公司支付给南光公司的2000万元电子商业承兑汇票，作为赛珞久公司的未支付货款向北京三中院起诉”，即北京三中院（2017）京03民初306号案件中南光公司主张赛珞久公司拖欠的4000万元货款包括已用案涉电子商业承兑汇票支付的2000万元。

【案件焦点】

1. 落款日期为2017年1月20日的三方协议是否系南光公司的真实意思表示；2. 正信公司在举证过程中的瑕疵行为是否影响该证据作为本案的定案依据。

【法院裁判要旨】

江苏省无锡市江阴市人民法院经审理认为：三方协议系各方当事人的真实意思表示，且不违反法律、行政法规的强制性规定，应为合法有效。理由如下：第一，三方协议中加盖的“南光公司合同专用章”印文经鉴定机构鉴定与南光公司提供的样本上“南光公司合同专用章”印文系同一印章的印文，南光公司与正信公司对该鉴定意见予以认可，且南光公司自述其合同专用章自 2012 年以来只有一枚，法院对此鉴定意见及南光公司的自述内容均予以确认。第二，在本案审理过程中，正信公司就三方协议的形成过程陈述前后不一，存在虚假陈述的行为，法院已就正信公司的该行为进行处罚，但是正信公司的虚假陈述行为并不足以导致三方协议在证据效力上失权。第三，南光公司认为三方协议中“南光公司合同专用章”系盗盖形成并向法院提供了用印登记簿、报案材料、二甲苯销售合同、提货单及仓储方库存库容统计表、五方协议，但是这些证据均不足以证明南光公司的主张，对此正信公司又不予认可，故法院对于南光公司的该诉讼主张不予采信。第四，审理中南光公司向法院陈述公司对公章（包括合同专用章）保管措施严密、由专人负责、带出受到严格控制、使用需按用章制度履行相应手续，且南光公司自述没有发现正信公司在与南光公司接触时有迹象可以接触合同专用章，亦无其他证据证明正信公司通过其他非法手段在三方协议上加盖到了南光公司的合同专用章。

当事人应当按照约定全面履行自己的义务。本案中，南光公司因业务往来通过背书方式取得讼争票据，票据背书连续，南光公司系讼争票据的合法持有人，又因南光公司与正信公司、赛珞久公司达成三方协议，明确约定“正信公司不再承担讼争汇票的兑付责任，南光公司同意正信公司不再兑付汇票，并不再追究正信公司汇票到期不能承兑的法律责任”，现南光公司要求正信公司兑付商业承兑汇票款 2000 万元的诉讼请求与该约定不符，故法院不予支持。

江苏省无锡市江阴市人民法院依照《中华人民共和国票据法》第六十一条第一款，《中华人民共和国合同法》第六十条，《中华人民共和国民事诉讼法》第六十四条之规定，作出如下判决：

驳回北京南光石油化工有限公司的诉讼请求。

南光公司不服一审判决，提起上诉。

江苏省无锡市中级人民法院经审理认为：三方协议应为南光公司的真实意思表示，正信公司有权依据三方协议的约定对抗南光公司在案涉票据项下的票据追索权。理由如下：第一，公司公章（包括合同专用章）系代表公司身份、证明公司意思表示的印鉴；在无相反证据证明的情况下，印章真实即可推定协议真实。三方协议上“南光公司合同专用章”经鉴定为真实，虽然南光公司提出三方协议的形成过程与协议内容存在诸多矛盾或者不合常理之处，但是这些证据尚不足以证明三方协议上的印章为盗盖。第二，虽然正信公司的法定代表人陶某伟在一审时对三方协议的形成过程前后陈述不一，但是其事后对虚假陈述的事实予以自认，且对三方协议的形成过程作出解释。陶某伟虚假陈述的行为已经被一审法院处以罚款，该虚假陈述不足以导致三方协议作为证据上的失权，亦不能证明三方协议上南光公司的合同专用章系被盗盖。第三，根据南光公司的陈述，其公司对公章（包括合同专用章）有着严格的保管制度，如专人保管、使用登记等，且其认为正信公司无法接触到合同专用章。在南光公司对其公司的公章（含合同专用章）保管严密的情况下，三方协议上仍加盖有南光公司的合同专用章，南光公司对此既未提供证据证明其印章系被内部工作人员无代理权或者超越代理权加盖，又未提供证据证明系被外部人员盗盖，南光公司应当承担举证不能的法律后果。

综上，南光公司的上诉请求不能成立，应予驳回。一审判决认定事实清楚，适用法律正确，应予维持。依据《中华人民共和国民事诉讼法》第一百七十条第一款第一项的规定，作出如下判决：

驳回上诉，维持原判。

【法官后语】

证据失权，是指负有举证责任的一方诉讼当事人在法院举证的过程中存在瑕疵，未能按照法院指定或当事人约定的期限提供证据或者对于证据形成的陈述前后矛盾等，从而导致其提供的证据失去证明效力，不能作为认定案件事实的依据。证据失权制度系“证据适时提出主义”在诉讼法上的具体体现，其追求的主要目标是效率，以防当事人进行证据突袭或者恶意拖延诉讼。2002年4月1日起施行的《最高人民法院关于民事诉讼证据的若干规定》首次以法律形式确定了证据失权制度，该司法解释第三十四条①规定，“当事人应当在举证期限内向人民法院提交证据材料，当事人在举证期限内不提交的，视为放弃举证权利。对于当事人逾期提交的证据材料，人民法院审理时不组织质证。但对方当事人同意质证的除外……”将当事

① 编者注：本条已被2019年12月25日发布的《最高人民法院关于民事诉讼证据的若干规定》废止。

人在举证时限上存在逾期瑕疵的证据规定为失权证据，法院对此不予组织质证，带来的法律后果为该证据当然不得被采纳为定案证据，由此引起举证不能的不利后果则由举证方承担。

但是，证据失权亦存在着制度上的缺陷与不足，既与我国司法实践中长期以来追求的实质正义目标相悖，也与我国目前诉讼当事人整体法律知识和法律素养仍处于中低下水平的基本国情不符，法院审理实务中尤其是基层法院在处理民事案件过程中较为慎重，一般极少直接运用证据失权制度对当事人提供的证据进行效力评判。我国立法层面对于证据失权制度也采取保留态度，如虽然《中华人民共和国民事诉讼法》第六十五条第二款就证据失权作了相关规定，但该法第二百条又明确规定当事人的申请“有新的证据，足以推翻原判决、裁定的”，“人民法院应当再审”。因此，从制度层面而言，我国并不存在严格意义上的证据失权制度。

有鉴于此，我国立法层面也将证据失权制度由原先的“证据失权法定主义”逐步修正为“证据失权酌定主义”，《最高人民法院关于适用〈中华人民共和国民事诉讼法〉的解释》第一百零二条第一款对证据失权问题再次作了系统且明确的规定，同时赋予法官在实际处理案件过程中对于存在瑕疵的证据予以一定自由裁量权，即“当事人因故意或者重大过失逾期提供的证据，人民法院不予采纳。但该证据与案件基本事实有关的，人民法院应当采纳，并依照民事诉讼法第六十五条、第一百一十五条第一款的规定予以训诫、罚款”；第二款针对“当事人非因故意或者重大过失逾期提供的证据”的，明确“人民法院应当采纳，并对当事人予以训诫”。

就本案而言，正信公司就其举证的三方协议虽然不存在逾期举证的瑕疵，但正信公司在举证过程中对该证据的形成过程前后陈述不一且存在明显矛盾，对此南光公司认为该举证瑕疵足以导致该份三方协议失权，不应被采纳为定案证据。然而，从证据本身而言，该份三方协议的真实性（南光公司对协议上加盖的其公司合同专用章不予认可，经司法鉴定确认印章真实，且南光公司对鉴定意见没有异议）、合法性（南光公司对其印章采取专人保管、使用登记等严格的保管制度，南光公司亦认可正信公司无法接触到其合同专用章）、关联性（协议内容系针对各方当事人是否需要案涉承兑汇票承担付款责任）均不存在问题，且是否采纳该份证据对于案件的处理结果影响重大，以致南光公司的诉讼请求是否能够得到法院支持完全取决于该份证据能否得到采纳，因此该份证据属于本案定案的关键性证据。为此，承办人认定正信公司的举证瑕疵行为不足以导致证据失权，但鉴于正信公司诉讼过程中的不诚信行为，依照法律规定对其进行罚款，在正信公司接受处罚主动缴纳罚款的基础上对该份证据予以采纳，从而依照该协议的内容判决驳回了南光公司的诉讼请求。

此外，为防止证据失权瑕疵行为的出现从而引起争议，笔者建议，针对当事人逾期举证或者瑕疵举证的情况，审理法官应当主动做好以下几方面工作：第一，法官要及时开示心证标准，积极引导当事人举证；第二，法官为避免诉讼拖延及事实查明困难，必要时应当加强释明，特别是对所争议的待证事实的举证责任分配以及对逾期举证、举证不能、瑕疵举证的不利后果予以明确；第三，发现当事人因主观原因逾期举证或瑕疵举证的，人民法院应当严格根据司法解释的规定，加强对逾期举证及瑕疵举证行为的惩处力度，根据具体案情，对拒不配合审理活动的当事人进行罚款。

编写人：江苏省无锡市江阴市人民法院　杨奕　冯海

46

商业承兑汇票的出票人不得以与其前手之间基于基础交易的抗辩对抗持票人

——台州廊泵制动装置有限公司诉中建宏能物资贸易有限公司票据追索权案

【案件基本信息】

1. 裁判书字号

江苏省无锡市宜兴市人民法院（2017）苏0282民初4724号民事判决书

2. 案由：票据追索权纠纷

3. 当事人

原告：台州廊泵制动装置有限公司（以下简称廊泵公司）

被告：中建宏能物资贸易有限公司（以下简称中建公司）

【基本案情】

2016年9月26日，中建公司开具金额为20万元的商业承兑汇票一张，付款人为中建公司，付款人开户行为中国农业银行宜兴环科园支行，收款人为以赛亚公司，汇票到期日为2017年3月25日。以赛亚公司将汇票背书转让给廊泵公司，廊泵公司将汇票背书转让给卿达公司，卿达公司将汇票背书转让给台州银行委托收款时，被付款人开户行中国农业银行宜兴环科园支行退票，退票理由为单位拒付。卿达公司被拒绝付款后，又将该汇票退还给廊泵公司。

廊泵公司认为根据法律规定，中建公司应向其承担兑付义务，故诉至法院。

2016年9月26日中建公司与以赛亚公司订立螺纹钢购销合同一份，约定以赛亚公司自2016年9月26日至2017年3月25日供给其价值95.2万元的螺纹钢，合同签订后其向以赛亚公司开具了面额为95万元的商业承兑汇票作为预付款。以赛亚公司收到汇票后经其多次催要仍未按约交付货物。2016年11月20日，中建公司与以赛亚公司签订终止合同协议书，终止前述购销合同并由以赛亚公司向其退还前述承兑汇票，但以赛亚公司也未按约退还承兑汇票。为此，中建公司也向以赛亚公司发出了律师函要求退还承兑汇票等。

【案件焦点】

商业承兑汇票的出票人能否以与其前手之间基于基础交易的抗辩对抗持票人。

【法院裁判要旨】

江苏省无锡市宜兴市人民法院经审理认为：汇票是出票人签发的，委托付款人在见票时或者在指定日期无条件支付确定的金额给收款人或者持票人的票据。出票人签发汇票后，即承担保证该汇票承兑和付款的责任；出票人在汇票得不到承兑或者付款时，应当向持票人清偿汇票金额、利息、费用等。票据债务人不得以自己与出票人或者与持票人的前手之间的抗辩事由，对抗持票人；但是，持票人明知存在抗辩事由而取得票据的除外。

本案中，中建公司签发了案涉承兑汇票，即承担保证该汇票承兑和付款的责任。现中建公司未能提供证据证明廊泵公司明知其与以赛亚公司之间拒付票据的抗辩事由，应承担举证不能的后果，中建公司的抗辩意见无事实与法律依据，法院不予采信。案涉承兑汇票得不到付款，现持票人廊泵公司主张出票人中建公司支付汇票金额20万元及该款自汇票到期之日起至清偿之日止按照中国人民银行规定的贷款基准利率计算的利息，应予支持。

江苏省无锡市宜兴市人民法院依照《中华人民共和国票据法》第十三条、第十九条、第二十六条、第六十一条、第六十八条、第七十条之规定，作出如下判决：

中建公司于本判决发生法律效力之日起十日内支付廊泵公司承兑汇票款20万元及利息（以20万元为基数，自2017年3月25日起至实际清偿之日止按中国人民银行同期同类贷款基准利率计算）。

【法官后语】

根据法律规定，汇票是出票人签发的，委托付款人在见票时或者在指定日期无条件支付确定的金额给收款人或者持票人的票据。出票人签发汇票后，即承担保证该汇票承兑和付款的责任；出票人在汇票得不到承兑或者付款时，应当向持票人清偿汇票金额、利息、费用等。票据债务人不得以自己与出票人或者与持票人的前手之间的抗辩事由对抗持票人；但是，持票人明知存在抗辩事由而取得票据的除外。

在商业往来中，商业汇票是出票人签发的，委托付款人在指定日期无条件支付确定的金额给收款人或者持票人的票据。商业承兑汇票由银行以外的付款人承兑。商业承兑汇票按交易双方约定，由销货企业或购货企业签发，但由购货企业承兑。与银行承兑汇票相比，商业承兑汇票的付款人一般是企业，由于我国的商业信用体系尚未完全建立，商业承兑汇票贴现较银行承兑汇票难度大，不容易被持票人接受。因此，必须确立相应的规则保障持票人的权利。

本案中，中建公司签发了案涉承兑汇票，即承担保证该汇票承兑和付款的责任。现中建公司未能提供证据证明廊泵公司明知其与以赛亚公司之间拒付票据的抗辩事由，应承担举证不能的后果，现持票人廊泵公司主张出票人中建公司支付汇票金额20万元及该款自汇票到期之日起至清偿之日止按照中国人民银行规定的贷款基准利率计算的利息，法院予以支持。

编写人：江苏省无锡市宜兴市人民法院　史芳　闫文杞

（二）票据返还请求权纠纷

47

票据无效或出票人未取得额外利益的，票据利益返还请求权不成立

——中山市六方照明科技有限公司、区某登诉中山市古镇伟球贸易拓展部、区某标票据利益返还请求权案

【案件基本信息】

1. 裁判书字号

广东省中山市中级人民法院（2018）粤20民终943号民事判决书

2. 案由：票据利益返还请求权纠纷

3. 当事人

原告（上诉人）：中山市六方照明科技有限公司（以下简称六方公司）

原告：区某登

被告（被上诉人）：中山市古镇伟球贸易拓展部（以下简称伟球贸易部）、区某标

【基本案情】

伟球贸易部是个人独资企业，投资人是许某杰。六方公司的法定代表人是区某登。

2010年5月，邓某堂向区某标借款，区某标将两张票面金额分别为1000万元、1500万元的工商银行支票交给邓某堂，两张支票的出票日期均为2010年9月20日，出票人签章处均盖有伟球贸易部财务专用章以及区某标的私章，出票人账户户名均为伟球贸易部。因邓某堂此前已经向区某标借了许多钱未还，而上述两张支票的账户均余额不足，双方约定这两张支票届至付款期时由邓某堂存入足够的资金到出票人账

户。2010年5月27日，邓某堂向区某登借款2500万元，月利息15‰，借款期限30天。邓某堂把上述两张支票交给区某登作为借款的担保。2010年5月28日至2010年6月1日，区某登分五次通过转账向邓某堂支付2300万元。借款期限届满后，邓某堂未向区某登还款。2010年9月27日，六方公司持上述两张支票向工商银行提示付款，但因出票人签章与预留印鉴不符，即与预留私人印章不符，正确的是"许某杰"，而非"区某标"，该两张支票均被退票。同日，伟球贸易部以上述两张支票遗失为由，向中山市第二人民法院申请公示催告。在公示催告期间，六方公司向中山市第二人民法院申报权利。中山市第二人民法院裁定终结该两张支票的公示催告程序。六方公司、区某登提起本案诉讼，主张票据利益返还请求权，请求法院判令伟球贸易部向其支付票面金额2500万元及利息（自2010年9月27日起依照中国人民银行同期贷款利率计至还清票面金额之日止），区某标对上述债务承担连带清偿责任。

【案件焦点】

1. 六方公司、区某登作为涉案两张支票的票据利益返还请求权的权利人是否适格；2. 涉案两张支票的票据利益返还请求权是否成立。

【法院裁判要旨】

广东省中山市第二人民法院经审理认为：涉案两张支票上载明的收款人是六方公司，而非区某登。票据具有文义性，票据利益返还请求权的权利主体也应当是票据上签章的相关主体。所以，区某登并非涉案两张支票的票据利益返还请求权的适格权利人。而六方公司作为涉案两张支票上载明的收款人，主体适格。票据利益返还请求权的成立需所涉票据的票据权利曾有效存在过。而涉案两张支票的出票人签章与预留印鉴不符，涉案两张支票均为无效票据，没有存在过有效的票据权利。所以，六方公司不能依该两张支票主张票据利益返还请求权。

综上，依照《中华人民共和国票据法》第十八条、第八十四条之规定，判决如下：

驳回原告六方公司、区某登的诉讼请求。

六方公司不服一审判决，提起上诉。

广东省中山市中级人民法院经审理认为：《中华人民共和国票据法》第八十四条规定："支票必须记载下列事项……（六）出票人签章。支票上未记载前款规定事项之一的，支票无效。"《最高人民法院关于审理票据纠纷案件若干问题的规定》

第四十一条规定："票据出票人在票据上的签章上不符合票据法以及下述规定的，该签章不具有票据法上的效力……（四）支票上的出票人的签章，出票人为单位的，为与该单位在银行预留签章一致的财务专用章或者公章加其法定代表人或者其授权的代理人的签名或者盖章……"根据上述规定，支票的出票人签章与银行预留签章不一致的该支票无效，持票人不享有票据权利。本案中涉案两张支票的出票人签署的"区某标"私章与伟球贸易部在工商银行处预留的伟球贸易部的主要负责人私章即"许某杰"私章不符，结合伟球贸易部是个人独资企业，登记的投资人是许某杰的事实，广东省中山市中级人民法院认为，涉案两张支票均属于无效支票，六方公司不享有涉案两张支票的票据权利，无权行使票据利益返还请求权。

广东省中山市中级人民法院依照《中华人民共和国民事诉讼法》第一百七十条第一款第一项之规定，作出如下判决：

驳回上诉，维持原判。

【法官后语】

票据利益返还请求权制度是德国法律的特有规定。《中华人民共和国票据法》在第十八条也进行了规定："持票人因超过票据权利时效或者因票据记载事项欠缺而丧失票据权利的，仍享有民事权利，可以请求出票人或者承兑人返还其与未支付的票据金额相当的利益。"票据利益返还请求权在我国法律上仅有上述一个条文加以规定，所以适用起来难免有不够清晰的地方，需要加以分析。首先，从性质上说，票据利益返还请求权不同于票据权利，是票据法规定的一种特殊的请求权，是补充性的权利。只有当持票人因法定情形丧失票据权利时，持票人才能够主张利益返还请求权。其次，票据利益返还请求权的成立，需具备以下要件：第一，所涉票据形式要件应符合法律规定，为有效票据。票据利益返还请求权是因票据而产生的一种权利，所以所涉票据应为有效票据。《中华人民共和国票据法》规定的"票据记载事项欠缺"应当理解为持票人没有在法律规定的时间内提示票据或者取得有关拒绝证明，因而丧失了对其前手的追索权，而不是指绝对应记载事项或相对应记载事项的欠缺。欠缺绝对应记载事项会导致票据无效，无从产生票据利益返还请求权。欠缺相对应记载事项，则可以根据法律规定推定，不会产生票据权利消灭的后果。第二，持票人曾经享有票据权利。持票人为按规定在票据上签章的人，或经出票人授权补记的支票收款人。第三，票据上的权利因时效超过或手续的欠缺而消灭。因票据时效短于一般债权时效，票据权利人容易因时效届满而丧失票据权利。另外，票据行为是要式行为，票据权利人也容易因票据权利行使和保全的手续欠缺而丧失票据权利。但票据时效制度和票据行为规则又是增强票据流动性、保障票据功能发挥的必要规定。所以，在这两种情况导致票据权利消灭时，通过票据利益返还请求权制度平衡持票人与出票人或承兑人的利益才有必要。第四，出票人或承兑人因持票人票据权利的消灭而受有额外利益。出票人或承兑人受有额外利益有以下几种情况：1. 汇票的出票人在发行汇票时已经取得了对价，但还没有向付款人提供资金，由于票据权利的消灭而使其免去了担保付款的义务；2. 本票的出票人在发行本票时已经取得了对价，由于票据权利消灭使其免去了付款义务；3. 支票的出票人在签发支票时已经取得了对价，因票据权利消灭免去了付款义务；4. 汇票承兑人已收到出票人提供的资金，但因票据权利消灭而免去其付款义务。具备以上要件后，丧失票据权利的持票人就可以主张票据利益返还请求权。本案中的支票由于出票人签章与预留印鉴不符，即不存在有效的出票人签章，导致支票无效，所以持票人无权主张票据利益返还请求权。同时，六方公司也没有证据证明伟球贸易部签发该支票时获得了对价，没有证明伟球贸易部因该支票权利的消灭而获得了额外利益。

编写人：广东省中山市第二人民法院　姚红波

48

票据利益返还请求权的认定及举证责任分配

——上海银天建材有限公司诉上海瑞锦金属制品有限公司票据利益返还请求权案

【案件基本信息】

1. 裁判书字号

上海市第一中级人民法院（2017）沪01民终12380号民事判决书

2. 案由：票据利益返还请求权纠纷

3. 当事人

原告（上诉人）：上海银天建材有限公司（以下简称银天公司）

被告（被上诉人）：上海瑞锦金属制品有限公司（以下简称瑞锦公司）

【基本案情】

银天公司与瑞锦公司均系案外人上海名杉实业有限公司（以下简称名杉公司）的贸易伙伴。瑞锦公司为支付案外人名杉公司货款向名杉公司开具了一张金额为263712元的支票。名杉公司为支付银天公司的货款将上述支票背书后转让给银天公司。银天公司再将上述支票背书后转让给案外人江苏东盾木业集团有限公司（以下简称东盾公司）用于支付欠款。后瑞锦公司通知银天公司其出票账户存款不足，不能承兑，银天公司遂支付东盾公司相应货款后将支票从东盾公司收回，支票未承兑。名杉公司未支付银天公司货款，经法院判决执行至今仍未支付。由于票据的出票人是瑞锦公司，负有向持票人支付票据金额的义务，现票据时效虽已过，但瑞锦公司仍应负返还与票据金额相当的利益之责，故银天公司起诉至法院，要求判令瑞锦公司返还银天公司票据利益263712元。

【案件焦点】

诉争支票是否还享有票据上的利益。

【法院裁判要旨】

上海市奉贤区人民法院经审理认为：根据票据法有关规定，票据利益返还请求权的构成要件有三个：一是票据上的权利曾有效存在过；二是票据上的权利因时效或欠缺而丧失；三是出票人或承兑人因此受益。双方对前两个构成要件的成立均无异议，本案的争议焦点在于第三个构成要件是否成立，即瑞锦公司就诉争支票是否还享有利益。对此，法院认为瑞锦公司就诉争支票不再享有利益，其诉讼请求不应得到支持。具体理由如下：

第一，支票持票人对出票人的票据权利，自出票日起为六个月。现银天公司所持涉案支票已超过六个月的规定时效，银天公司已丧失票据权利，则瑞锦公司也不再负对应的票据责任。持票人丧失票据权利受到损失的同时，票据的出票人或承兑人则有可能因此获得了利益。为了平衡票据当事人之间的利益，补救有关当事人的损失，《中华人民共和国票据法》第十八条规定了票据利益返还请求权制度。该规定中，法律赋予失效持票人的利益返还请求权，也确认了出票人负有返还票据金额相当利益的责任，但这种责任已非票据责任，而是一种其他民事责任。银天公司主张的权利已不是票据权利，不能单独依据“出票人负有支付票据金额的义务”来判断银天公司的请求权成立与否，否则票据权利时效制度、利益返还请求权制度等均失去了存在的意义。

第二，庭审中瑞锦公司提供了银行转账凭证，以证明其于2015年8月10日已将涉案支票相对应的货款付给了名杉公司，支票所对应的货物利益其已不再享有。银天公司对此证据的真实性没有异议，但认为瑞锦公司与名杉公司的货款往来不止这一笔，瑞锦公司还应提供与名杉公司货款已结清的证明。鉴于银天公司对上述转账凭证的真实性没有异议，而转账时间是2015年8月10日，已过涉案支票提示付款的最后期限十多天，且金额为263712元，与支票所记载的票据金额一致，故可以确认所转账支付的为涉案支票所对应的货物的价款。银天公司认为瑞锦公司与名杉公司的货款往来不止这一笔，瑞锦公司支付的可能是另外一笔货款等意见，则银天公司应进一步提供相应依据来加以佐证，现银天公司未能提供，故对银天公司的上述意见不予采信。

第三，票据的无因性原则是针对票据权利而言，而银天公司主张的利益返还请求权并非票据权利，不是依票据行为产生的，属于票据法上的非票据关系，故对于已过权利时效的支票，持票人所享有的利益返还请求权是否成立，还应看其是否符合相应的票据利益返还请求权基础规范，即其构成要件是否均成立。瑞锦公司因出票而获得了货物，在支票未兑付前，瑞锦公司享有货物带来的利益。如支票被承兑后，则其因支付了对价而不再额外享有货物所带来的利益。本案支票在票据权利时效内未兑付，但在银天公司主张利益返还请求权前，瑞锦公司已于提示付款期后将未能够兑付的涉案支票所对应的货物价款给付了名杉公司，则瑞锦公司已不再享有涉案支票所对应的货物利益。综上所述，银天公司的请求权构成要件并未全部成立，故法院对银天公司的诉讼请求难以支持。依照《中华人民共和国票据法》第十八条，《最高人民法院关于适用〈中华人民共和国民事诉讼法〉的解释》第九十条的规定，判决如下：

驳回原告银天公司的诉讼请求。

银天公司不服一审判决，提起上诉。

上海市第一中级人民法院审理同意一审法院裁判意见，依照《中华人民共和国民事诉讼法》第一百七十条第一款第一项的规定，判决如下：

驳回上诉，维持原判。

【法官后语】

一、票据利益返还请求权的性质

票据利益返还请求权，又称利益偿还请求权，是指持票人的票据权利因时效或者其他法定事由而丧失，该持票人仍可请求出票人或承兑人返还其所获的相应利益之权。通说认为票据利益返还请求权是基于衡平的理念，为缓和票据的严格性而由票据法规定的一种特别请求权或特定请求权。作为一种特定请求权，票据利益返还请求权既不属于票据权利，也不属于民事权利，因为它不是基于票据行为产生的，而是在票据权利消灭之后才产生的，同时也不属于民法上债的规定下的请求权的一种。它直接由票据法规定，本质上属于票据法上的一项“特别权利”。但是根据《中华人民共和国票据法》第十八条规定，持票人因超过票据权利时效或者因票据记载事项欠缺而丧失票据权利的，仍享有民事权利，可见现行法律将其规定为民事权利的一种，并没有采纳通说的观点。

二、票据利益返还请求权的构成要件分析

依学界通说，票据利益返还请求权的构成要件主要包括以下三个方面：

（一）票据权利曾有效成立并存在

该要件是票据利益返还请求权成立和行使的前提条件，只有票据权利曾经有效并且存在过，在票据权利丧失之后才有所谓的利益返还。如果票据权利本身就不存在，谈何丧失以及之后的权利救济即利益返还。但是，《中华人民共和国票据法》第十八条规定“因票据记载事项欠缺而丧失票据权利的”并不满足该要件，因为记载事项欠缺的票据属于无效票据，持票人根本就不可能取得票据权利，也就无所谓“曾有效成立并存在”。换言之，我国现行法律并没有完全采纳通说的观点。

（二）票据权利因时效或手续欠缺而丧失

票据权利如果没有丧失，持票人就可以直接行使票据权利，自不必以利益返还请求权来补救，但并不是什么情况下票据权利丧失都可以利益返还请求权补救。各国票据法一般都规定因时效或手续欠缺导致票据权利丧失才能行使利益返还请求权。其他原因导致的票据权利丧失，只能采用相应的办法。比如，票据遗失就只能依公示催告等方式主张权利。《中华人民共和国票据法》规定了“超过票据权利时效”和“票据记载事项欠缺”两种情形，其中“超过票据权利时效”属于丧失票据权利的情形，自然可以依据通说理论及法律规定主张票据利益返还请求权；而“票据记载事项欠缺”应属于票据无效的范畴，票据权利无效之后票据权利人无法行使票据权利，利益受有损失，也可以依据现行法律的规定主张票据利益返还请求权。

（三）出票人或承兑人受有利益

此要件为票据利益返还请求权行使的根本，如果出票人或承兑人没有受有利益，就无所谓的利益返还之说。出票人或者承兑人因持票人的票据权利丧失而享有收益，在票据法中主要是指：1. 汇票的出票人因发行汇票而取得了对价，但因票据权利消灭而使其免去了担保付款的义务；2. 本票的出票人因发行本票而取得了对价，但因票据权利消灭而使其免去了付款的义务；3. 支票的出票人因票据权利消灭而使支票金额仍存在自己的银行账户下；4. 汇票的承兑人已收到出票人提供的资金，但因票据权利的消灭而免去其付款义务。

综上，具体到司法实践中票据利益返还请求权的构成要件应该分为两种情形：第一，如果是因为超过票据时效而丧失票据权利的，应该包括通说的上述三要件；第二，如果是因为欠缺记载事项而丧失票据权利的，则只需要满足“因票据记载事项欠缺而丧失票据权利”和“出票人或承兑人受有利益”两个构成要件即可。具体到上述案例，因为银天公司的主张没有满足第三个构成要件，所以最终一审和二审法院均没有支持银天公司的诉讼请求。

三、票据利益返还请求权的举证责任分配

依据“谁主张，谁举证”的一般证据规则，票据利益返还请求权人即诉讼中的银天公司，一般应对所有构成要件的事实成立负举证责任。但是，如果票据利益返还义务人即诉讼中的瑞锦公司抗辩称相应的票据款项已经清偿或抵消的，应该对其抗辩的事实提供证据加以证明。当然，在多数情况下，出票人与持票人之间是不存在基础关系的，而且出票人与其直接后手的债权债务关系具有相对性和封闭性，外人很难得知，因此让持票人去证明直接后手是否已经向出票人履行了对价义务，显然有些强人所难。所以，在此种情形下应由银天公司就除了“出票人受有利益”之外的构成要件进行举证，只要银天公司能加以证明，就可以认定银天公司的举证责任完成，余下的由瑞锦公司来举证证明其没有受有利益，即出票人应证明与其直接后手的基础关系及直接后手履行对价义务的情况。必要时，由法官依申请或职权对出票人的直接后手进行调查取证。如果瑞锦公司没有充分的证据证实其没有受有利益的，则可以推定其获得了额外的利益。上述案例中，瑞锦公司抗辩相应的票据款项已经清偿，因此要对该抗辩主张加以证明，所以实际上银天公司并没有对“出票人受有利益”这一要件事实加以证明，其也很难举证证明，最终的举证责任还是分配给了瑞锦公司，由其证明其没有获得额外的利益。

编写人：上海市奉贤区人民法院　刘旭斌

（四）其他票据纠纷

49

票据付款请求权人的主体认定及其证明责任

——洛阳诚晟商贸有限公司诉中国民生银行股份有限公司北京首体南路支行票据付款请求权案

【案件基本信息】

1. 裁判书字号

北京市西城区人民法院（2018）京0102民初13973号民事判决书

2. 案由：票据付款请求权纠纷

3. 当事人

原告：洛阳诚晟商贸有限公司（以下简称诚晟公司）

被告：中国民生银行股份有限公司北京首体南路支行（以下简称民生银行）

【基本案情】

诚晟公司持有民生银行承兑的银行承兑汇票一张。该票据的被背书人依次为：洛阳双瑞特种装备有限公司、洛阳祥文商贸有限公司、河南龙兴铝业科技发展有限公司、洛阳多里多机械科技有限公司、鹤壁宝马物资储运有限公司、沁阳市选发商贸有限公司、诚晟公司、海螺型材公司。以上背书签章依次连续、完整。

2016年1月14日，案外人力合公司就涉案票据申请公示催告，诚晟公司在公告期内申报权利，法院依法终结公示催告程序。后力合公司向河南省洛阳市西工区人民法院提起诉讼，请求确认其为涉案票据的真正权利人，要求诚晟公司返还涉案票据，并要求民生银行履行付款义务。该院经审理后认为“诚晟公司提交的汇票原件形式上背书连续，提供的证据能证明其系从票据上显示的上手沁阳市选发商贸有限公司出背书取得，对取得票据的来源、理由能合理解释，故应认定诚晟公司系善意合法取得涉案银行承兑汇票”。并作出判决，驳回了力合公司的诉讼请求。力合公司不服该判决提起上诉，二审法院维持原判。

海螺型材公司取得涉案票据后，委托其开户行收款。因票据被冻结，该公司于2016年5月25日与诚晟公司协商，将涉案汇票返还诚晟公司，约定该公司不再享有票据权利，票据权利全部由诚晟公司享有。

2018年1月17日，诚晟公司委托其开户行就涉案票据提示付款。但民生银行予以拒付，其理由为：诚晟公司非涉案票据记载的最后一手背书人，诚晟公司作为被追索人，只有在清偿了债务后才与持票人享有同一权利；债务清偿与否涉及票据的实质审查，而本次托收仅提供了最后诚晟公司和海螺型材公司出具的说明，我行作为付款行仅负有形式审查义务，无法确认诚晟公司已清偿债务；托收凭证小写金额无货币符号。

另查，诚晟公司为实现涉案票据权利支出了交通费、差旅费等6568元。

【案件焦点】

1. 被追索权人清偿票据债务后是否享有票据付款请求权；2. 付款行对持有票据的被追索人之债务清偿应尽何种审查义务。

【法院裁判要旨】

北京市西城区人民法院经审理认为：

一、诚晟公司是否享有涉案票据的付款请求权

根据《中华人民共和国票据法》之规定，被追索人清偿债务后，与持票人享有同一权利。本案中，最后一手持票人海螺型材公司向诚晟公司行使追索权，后将该票退还并明确表示票据权利全部由诚晟公司享有。故诚晟公司在清偿债务取得票据后，与原持票人享有同一权利，即具有付款请求权。

二、民生银行的拒绝付款理由能否成立

关于诚晟公司是否已实际清偿被追索债务，民生银行仅负形式审查义务。诚晟公司在提示付款时已经提交海螺型材公司出具的证明，从形式上足以证明诚晟公司享有汇票权利，故民生银行所持的无法确认诚晟公司已清偿债务的拒付理由不能成立，且该理由已超越其形式审查的范围。托收凭证小写金额无货币符号并非法定的拒付事由，且此事项属于可补正项，民生银行以此拒付依据不足。综上，民生银行的拒绝付款理由不能成立。

三、民生银行应承担的法律责任

持票人提示付款时，付款人必须在当日足额付款；票据的付款人故意压票，拖延支付，给持票人造成损失的，依法承担赔偿责任。现民生银行未及时付款、拖延支付，因此对诚晟公司造成的损失民生银行应予赔偿。

北京市西城区人民法院依照《中华人民共和国票据法》第四条、第三十一条第一款、第五十三条、第五十四条、第六十八条第二款、第一百零六条第二款，《中华人民共和国民事诉讼法》第六十四条之规定，作出如下判决：

一、被告民生银行于本判决生效后十日内支付原告诚晟公司银行承兑汇票的票面金额 489971 元；

二、被告民生银行于本判决生效后十日内支付原告诚晟商贸公司自 2018 年 1 月 25 日起的利息损失，以 489971 元为基数，按照中国人民银行同期定期存款基准利率为标准计算至实际支付之日止；

三、被告民生银行于本判决生效后十日内支付原告诚晟公司差旅费、交通费损失 2000 元；

四、驳回原告诚晟公司的其他诉讼请求。

【法官后语】

票据权利人在票据期限内依法享有请求票据义务人支付票据款项之权利，即票据付款请求权。该请求权之权利主体即为票据权利人，或称合法持票人。在票据的文义性和流通性的要求下，一般情况下的票据权利人与其票面记载情况相契合，此时的票据义务人仅需核验票据之真实性并根据票面记载信息即可认定该持票人系票据的合法持票人，从而履行付款义务。此情形下若发生票据类纠纷，持票人则仅通过提供票据原件并结合票面信息的记载即可完成证明其为合法持票人的举证责任，而无须另行举证其取得票据之原因关系是否合法有效。

但在票据的实际流转、交易过程中，由于持票人票据追索权的行使、票据保证人保证义务的履行等情形使得票据的实际权利人与票面记载信息出现了分离，该类持票人主要包括：1. 因税收、继承、赠与取得票据的持票人；2. 已清偿追索债务的背书人；3. 承担保证责任的汇票保证人。此类情形下，付款义务人无法根据票据记载信息和持票人的持票行为而径行判定其为票据之合法持票人，因此此时的持票人除提供其所持的真实有效票据外，还需要提供相应证明材料以证明其持票行为存在合理依据。此种情形下，关于持票人提交相关证明材料的证明程度，以及银行对其证明材料的审查义务，由于现行法律、法规中尚未有明确之规定，因而事务中该类票据的持票人常因此遭到拒付，票据付款请求权纠纷亦多发于此。本案票据付款请求纠纷的发生亦源于此，即持票人履行票据追索义务而取得票据所有权后，付款行根据持票人非最后一手持票人且无法通过形式审查确定其已经实际清偿票据债务为由进行了拒付。

关于与票据记载事实相分离情形下的票据付款请求权人的证明责任及证明标准问题。首先，持票人需要提供真实、有效的票据原件，作为其享有该票据的票据权利之前提和基础事实依据。其次，根据《中华人民共和国票据法》第三十一条之规定，非经背书转让，而以其他方式取得汇票的，依法举证，证明其汇票权利。由此可见，在持票人非经背书转让而以其他方式取得票据的情形下，持票人负有证明其取得票据具有合法依据之举证责任。因此，对于已清偿追索债务的背书人以及已承担保证责任的汇票保证人，需分别提供已经清偿票据债务或已经履行了保证责任之证明。此时，对于作为票据付款义务人的一方而言，除需审查该票据的真实性外，还需对此时的持票人取得票据之合法性进行审查。关于付款义务人审查的义务，应仍以形式审查为限，即持票人提供由原票据权利人出具的该票据权利已经转让的证明，付款人仅需对该证明的真实性进行形式审查，并根据票面信息结合该证明所载内容确定持票人之合法性，而无须对票据权利转让这一事实的真实发生进行实质审查。虽然此时的持票人已经超出票据文义性的要求，但若因此将付款人的审查义务提升至实质审查程度，不仅超出了作为付款人的银行之业务范围及审查能力，亦有违票据之流通性的相关精神。

编写人：北京市西城区人民法院　刘玥彤

50

破损票据的效力及权利人认定

——中国光大银行股份有限公司上海真新支行诉中国民生银行股份有限公司北京西坝河支行票据付款请求权案

【案件基本信息】

1. 裁判书字号

北京市第三中级人民法院（2018）京03民终2642号民事判决书

2. 案由：票据付款请求权纠纷

3. 当事人

原告：中国光大银行股份有限公司上海真新支行（以下简称光大真新支行）

被告：中国民生银行股份有限公司北京西坝河支行（以下简称民生西坝河支行）

【基本案情】

2017年7月14日，光大真新支行制作托收凭证，向民生西坝河支行邮寄一张破损的银行承兑汇票进行委托收款。7月18日，民生西坝河支行做出拒绝付款理由书，载明：票据严重破损，无法辨别真伪和票据权利转让关系，票面右边破损三分之一，无票号、收款人信息、小写金额，粘单不全，无法明确票据权利转让关系及最终收款人。光大真新支行持有的该破损的银行承兑汇票票面可辨认的内容有：完整的出票日期、汇票到期日；出票金额大写（贰佰万元）；出票人甲公司、承兑人民生西坝河支行的签章。该票据右侧缺失，小写金额仅可见百万位“2”、十万位“0”，收款人全称栏仅可见“江苏顺风光电”字样，账号仅可见前13位数字，票号及上述各项的后续内容均已缺失。该汇票背面第一手背书人栏只可见人名章及“科技（镇江）有限公司”字样；之后可见甲公司作为背书人签章将汇票背书转让给被背书人杭州某公司；杭州某公司又作为背书人签章，将该汇票背书转让给安徽某公司；安徽某公司又作为背书人签章将该汇票背书给被背书人无锡某单位（名称不全）。

光大真新支行称：6月19日曾第一次制作委托收款凭证，并将完整汇票向民生西坝河支行寄出，快递派件员在6月21日按地址投递，由前台保安代收，后经其核实，因收件人民生西坝河支行迁移新址未收到邮件，查找回的邮件已破损缺失。快递物流公司已盖章出具破损证明，详细罗列了出票日期、收款人全称、出票人金额等票面要素，证实前述邮件投递及发现破损的情况。收款人乙公司第一手背书将汇票背书转让给甲公司，后经多次背书转让，丙公司取得票据，光大真新支行于2017年5月3日与丙公司签订《电子银行承兑汇票承兑协议》和《质押合同》，丙公司履约将票据背书给光大真新支行，并标注质押字样。

【案件焦点】

1. 涉案破损票据是否有效；2. 光大真新支行是否为权利人。

【法院裁判要旨】

北京市朝阳区人民法院经审理认为：涉案光大真新支行主张权利所持银行承兑汇票破损，小写金额不完整，无从判断是否与中文大写一致，无以认定票据是否有效；汇票已破损，收款人名称不完整，不符合票据法规定的有效票据条件；汇票原件已缺损，第一手背书人签章不齐全、第一手被背书人名称不完整，光大真新支行不是该票据及粘单上记载的被背书人，其称因与丙公司存在合同关系而从丙公司处取得该汇票，但其所谓的前手丙公司也不是该票据及粘单上记载的被背书人。现有证据不足以证明光大真新支行系合法有效的汇票的权利人，民生西坝河支行拒绝承兑付款，有合法的抗辩事由。

综上，依照《中华人民共和国票据法》第八条、第二十二条、第三十一条，

《中华人民共和国民事诉讼法》第六十四条，《最高人民法院关于适用〈中华人民共和国民事诉讼法〉的解释》第九十条之规定，判决如下：

驳回光大真新支行的全部诉讼请求。

光大真新支行不服判决，提起上诉。

北京市第三中级人民法院经审理认为，二审提交的证据所要证明的事实在一审审理期间已经客观存在，光大真新支行应在一审审理期间提交而未提交，且该证据不能证明光大真新支行所主张的事实成立，该证据不属于新证据，对一审查明的事实予以确认。票据诉讼的举证责任由提出主张的一方当事人承担，向法院提起诉讼的持票人有责任提供诉争票据。现光大真新支行主张权利所持银行承兑汇票破损，必要记载事项不全，且光大真新支行不是票据记载的被背书人、其所谓的前手丙公司也未能在票据及粘单上体现为被背书人，由于票据所创设的权利和义务，均依票据上记载的文字内容来确定，现创设票据权利义务的原始载体已经灭失，无从确定涉诉票据残损部分的内容符合票据法的规定，故对上诉理由不予采纳。

综上所述，光大真新支行的上诉请求不能成立，应予驳回；一审判决认定事实清楚，适用法律正确，应予维持。依照《中华人民共和国民事诉讼法》第一百七十条第一款第一项的规定，判决如下：

驳回上诉，维持原判。

【法官后语】

光大真新支行在本案中主张票据付款请求权，合法有效的票据是其行使权利必不可少的权利凭证。一审、二审法院均从举证责任否定了光大真新支行的主张。论理有所不同。一审从我国票据法关于票据效力的规定分析，对破损票据的有效性、光大真新支行作为权利人的确定性做出了否定结论。二审则认为票据上诸多记载事项不全，创设票据权利义务的原始载体已经灭失，无从确定涉诉票据残损部分的内容符合票据法的规定。应当说异曲同工。

首先，关于票据效力。《中华人民共和国票据法》明确规定，票据金额以中文大写和数码同时记载，二者必须一致，二者不一致的，票据无效。收款人名称是票据法规定的汇票必要记载事项，未记载的，汇票无效。经国务院批准，人民银行发布的《票据管理实施办法》《支付结算办法》及其实施细则，也有关于汇票欠缺必要记载事项无效的规定。涉案汇票部分灭失，票据金额、收款人名称均已不完整。光大真新支行所持票据部分显然不符合票据法规定的有效票据要求。如果持有的是无效票据，即便合法取得，也因票之无效而不存在票据权利。

从一审到二审，光大真新支行都在试图通过其他证据来佐证票据已丧失部分所记载的内容，欠缺的必要记载事项是否可用其他证据加以证明，笔者认为，票据法对于票据无效，票据可授权补记，票据非背书转让而以其他合法方式取得可依法证明其汇票权利，分别做出了三种不同的规定，其中票据无效是相对绝对的规定，没有留出可依法证明、可补充或补正的余地，即票据的有效性完全取决于票据本身、取决于票据的原始记载。这也是票据作为权利凭证与其他债权凭证的区别。票据灭失，法律专门规定了公示催告这一救济途径。即便从结果上看，可能都是权利人最终取回了相应的款项，但性质不同，依据不同，经过的程序不同，所涉及的相对方也不同。因此，票据破损灭失的，如果是直接影响票据效力的必要记载事项、必须一致记载事项，则不可能通过补正、他证来完善。我国票据法关于非经背书转让而以其他合法方式取得汇票依法举证证明汇票权利的规定是适用于有效票据的。因此，即便光大真新支行在一审就提交可能真实为了票据行为的所有背书人、被背书人出具的证明，也无从使欠缺必要记载事项的票据具有有效性。

其次，本案诉讼之外是否另有救济途径。一是公示催告。光大真新支行所持票据破损，关键部分灭失，可以依法申请公示催告（申请的时间、条件另当别论，依法审查）。经催告，无权利人主张权利，则做出除权判决。光大真新支行可要求付款人予以给付。二是光大真新支行因质押担保合同而取得涉案汇票，汇票是质押物，质押物灭失，质押权利无从实现，可以要求相对人另行提供担保（质押权人持票期间票损后的救济结果可能引发双方其他争议）。从这一角度看，本案并非光大真新支行救济权利的唯一路径。

编写人：北京市朝阳区人民法院　李有光

五、证券纠纷

51

违反先行为义务应承担相应的赔偿责任

——林某红诉信达证券股份有限公司沈阳黑龙江街证券营业部证券案

【案件基本信息】

1. 裁判书字号

辽宁省沈阳市中级人民法院（2018）辽01民终13645号民事判决书

2. 案由：证券纠纷

3. 当事人

原告（上诉人）：林某红

被告（上诉人）：信达证券股份有限公司沈阳黑龙江街证券营业部（以下简称信达证券公司）

【基本案情】

2000年，林某红在信达证券公司开立股票账户，从事股票交易。林某红在2018年4月进行了新股药明康德的申购，每股申购价格21.6元，林某红申购中签1000股。4月26日上午9点18分，信达证券公司单位工作人员齐某媛给林某红打电话，通知林某红中签，在电话中，林某红询问了中签缴款时间，信达证券公司工作人员回答为2天。10点30分，信达证券公司向林某红的手机中发送短信通知，通知内容为："尊敬的林某红您好！您在我司普通账户申购的新股药明申购中签1000股，发行价格21.6元，应缴款21600元，请您在2018年4月26日下午3点前保证账户有足额资金用于中签股份缴款。”由于林某红账户资金不足，只缴纳了6股的钱款。林某红于4月27日向股票账户存入申购钱款。之后林某红与信达证券公司的工作人员、经理等进行了协商，就赔偿事宜未达成一致。该股票最后一次连续涨停价为129.91元。

【案件焦点】

信达证券公司是否违反相关义务以及如违反相关义务，其过错程度如何，应向合同相对方赔偿损失的数额。

【法院裁判要旨】

辽宁省沈阳市皇姑区人民法院经审理认为：合法的民事权益受法律的保护。林某红在信达证券公司开立股票账户从事股票交易，双方形成合同法律关系，双方均应按相关的规定履行相应的义务。本案在审理中，林某红在庭审中承认其股票交易软件有中签提醒功能，且通过相关证据可以证明信达证券公司通过短信的形式发送了中签通知，通知中亦明确了账户需要的金额和缴款时间。根据相关规定，信达证券公司电话通知新股申购人中签非其法定义务，但在信达证券公司工作人员通知林某红中签时，林某红向其询问了关于中签缴款的相关问题，因双方没有当时的通话录音，无法确定当时的通话内容。现信达证券公司抗辩称林某红询问的问题为“申购股票需要几天”，信达证券公司工作人员回答的2天没有错误。但根据信达证券公司工作人员通知中签的情况，林某红再问申购股票需要几天的问题不符合当时的情形，其意思表达的应为几天缴款，以及在之后的林某红与信达证券公司工作人员等的录音中，信达证券公司工作人员的赔礼道歉等行为，可以确定信达证券公司工作人员在该问题上存在过错。林某红作为从事股票交易十多年的普通散户，虽林某红称没有申购中签成功，但林某红作为完全民事行为能力人应对股票交易和申购规则有一定的认知，结合林某红向信达证券公司工作人员询问的问题不明确，林某红没有中签缴款成功，林某红本身也存在过错。关于林某红损失数额的问题，林某红主张按新股药明康德的开盘价格进行计算，赔偿100000元，因股票交易存在买卖的随意性，在连续涨停的情况下亦可进行交易，且交易价格与股票交易人的心理预期有关系，无法准确认定林某红的交易时间和价格，对林某红的计算方法法院不予支持。法院综合考虑双方的过错以及股票交易的价格等多方因素，合理确定信达证券公司对林某红的赔偿数额，法院酌定为30000元。

辽宁省沈阳市皇姑区人民法院依照《中华人民共和国民法总则》第二条，《中华人民共和国民事诉讼法》第六十四条第一款，《最高人民法院关于适用〈中华人民共和国民事诉讼法〉的解释》第九十条的规定，作出如下判决：

一、信达证券公司于判决生效后三日内赔偿林某红损失30000元；

二、驳回林某红其他诉讼请求。

林某红、信达证券公司不服一审判决，提起上诉。

辽宁省沈阳市中级人民法院经审理认为：林某红在信达证券公司开立股票账户从事股票交易，双方形成合同法律关系，双方均应按照合同约定行使权利履行义务。双方均未举证证明合同约定信达证券公司有义务电话通知林某红新股中签及按时缴款。但信达证券公司工作人员齐某媛于2018年4月26日上午9时18分电话通知林某红新股中签和缴款时形成了先行为义务，该通知行为与林某红未能及时缴款之间有直接因果关系。因齐某媛是履行职务的行为，所以齐某媛的通知失误行为应当由信达证券公司承担法律责任。但同日上午10点30分信达证券公司向林某红的手机发送了短信通知，通知其在当日下午3点前保证账户有足额资金用于中签股份缴款。该短信通知可以视为对齐某媛电话通知行为的补充和纠正，故应当减轻信达证券公司在本案中承担的赔偿责任。而林某红抗辩自己没有看过通知短信，其亦应该对自己的疏忽行为承担责任。一审法院根据案件具体情形，酌定信达证券公司赔偿林某红经济损失30000元，并无不当。

辽宁省沈阳市中级人民法院依照《中华人民共和国民事诉讼法》第一百七十条第一款第一项的规定，作出如下判决：

驳回上诉，维持原判。

【法官后语】

本案的争议焦点是信达证券公司是否应当赔偿林某红经济损失10万元的问题。笔者在审理过程中注重对齐某媛于2018年4月26日向林某红打电话是履行职务的行为以及信达证券公司有法定或约定义务电话通知林某红新股中签及按时缴款的审查与判断。

相对于民商事审判实务，刑事审判实务中对先行行为引起的不作为犯罪已经有了一定的研究。随着民事商事新类型案件的出现，将先行行为引起的作为义务运用到民商事领域，作为引起侵权责任产生的一种形式已经成为民商事审判的迫切要求。先行为义务是指由于义务人的行为直接介入而引起权利人状态的变化，导致派生出保证权利人保持安全的义务，及行为人转而负有作为的义务。一般来说，该义务的履行或责任的承担来源于法律规定或合同约定。在《中华人民共和国民法通则》第一百零六条第一款“公民、法人违反合同或者不履行其他义务的，应当承担民事责任”的规定中，“其他义务”实质上就包括本案中的“先行为义务”。

笔者在作出判决时还运用到法官的自由裁量权。本案中笔者考虑到股票交易存在买卖的随意性，在连续涨停的情况下亦可进行交易，且交易价格与股票交易人的心理预期有关系，没有采纳林某红主张的损失数额计算方式，而是综合双方过错程度，结合当前国内证券市场的状况以及司法实践，审慎行使自由裁量权，酌情确定了林某红损失的数额，践行了公平与正义，实现了法律效果与社会效果的有机统一。

编写人：辽宁省沈阳市皇姑区人民法院　刘青山

52

质押式证券回购纠纷中的法律问题

——信达证券股份有限公司诉颜某刚、梁某红质押式证券回购案

【案件基本信息】

1. 裁判书字号

北京市第二中级人民法院（2018）京02民初62号民事判决书

2. 案由：质押式证券回购纠纷

3. 当事人

原告：信达证券股份有限公司（以下简称信达证券公司）

被告：颜某刚、梁某红

【基本案情】

颜某刚系上海富控互动娱乐股份有限公司（以下简称富控公司）实际控制人。2017年2月15日，颜某刚、梁某红作为甲方与信达证券公司作为乙方签订《股票质押式回购协议》，其中约定：第三十五条待购回期间乙方不得主动要求甲方提前购回，但发现或发生下列情形时，乙方有权要求甲方在该等情形发现或发生的下一交易日提前购回，否则，视为甲方违约：（一）根据清算结果甲方股票质押式回购交易履约保障比例低于最低履约保障比例且甲方未依约采取履约保障措施的；（二）标的证券或甲方账户及账户内其他资产被国家有权机关采取强制措施……（七）甲方发生合并、兼并、分立、停业、吊销营业执照、注销、破产以及法定代表人或主要负责人从事违法活动、涉及重大诉讼活动、经营出现严重困难、财务状况恶化等足以影响履约能力的情形……上述情形发生或发现的下一交易日14:30之前，甲方账户内应有足额资金，乙方将进行购回交易申报……第四十条对于初始交易，甲方资金账户应收金额＝初始交易金额－相关费用，对甲方证券账户内标的证券进行质押登记……第四十八条甲方账户或账户内资产被有权机关采取财产保全、强制执行等措施的，按以下方式处理……（二）质押标的证券被国家有权机关采取强制措施乙方有权要求甲方提前购回。甲方资金账户中余额足以支付购回交易金额的，按提前履约的流程处理；甲方资金账户中余额不足的，则甲方违约，乙方通过司法途径行使质权……第五十四条发生下列情形之一的，视为甲方违约……（二）到期购回、提前购回或延期购回时，因甲方原因导致购回交易或交收无法完成的……（四）乙方根据协议约定要求甲方提前购回，甲方未提前购回的；（五）甲方未按本协议约定按时足额支付利息的……第五十五条甲方违反本协议第五十四条第（二）项至第（八）项的，自违约起始日起乙方有权向甲方收取违约金并按以下程序处理：（一）本协议第五十四条第（二）项至第（八）项发生当日且质押标的证券为流通股的，乙方向证券交易所提交违约处置申报指令或违约处置申请。违约处置申报或申请处理成功的下一交易日起，乙方有权通过集合竞价交易系统、大宗交易系统或其他方式出售甲方违约交易及其相关补充交易所涉及的标的证券；（二）乙方有权自主选择卖出标的证券的价格、时机、顺序……应付金额＝购回交易金额＋延期利息＋违约金金额、延期利息＝按日计算的尚未归还的本金及利息×利率/360之和（至实际付清之日止）、违约金＝按日计算的尚未归还的本金及利息×0.05%

之和（至实际付清之日止）；第五十七条甲方交易违约涉及的质押标的证券为有限售条件股份且仍处于限售期的，乙方有权通过司法途径行使质权并收回甲方应付金额。乙方为实现质权所产生的所有费用均由甲方承担，上述费用包括但不限于诉讼费、律师费、差旅费、评估费、拍卖费等。涉案《初始交易委托书》载明了初始交易和购回交易要素，具体为：标的证券名称中技控股，标的证券代码600634，标的证券种类股票，购回期限363天，初始交易日2017年2月15日，购回交易日2018年2月13日，回购利率（年）5.6%，违约金比率（日）0.05%，标的证券数量6825000股，初始交易成交金额65110500元，本交易按季结息，质押登记费500万股以上收取面值的0.01%，交易经手费按每笔初始金额的0.01‰收取，起点5元人民币，最高不超过100元人民币等。颜某刚、梁某红于2017年2月14日签字确认该《初始交易委托书》。上述合同签订后，信达证券公司按照合同约定向颜某刚提供了资金65110500元，在扣减质押登记费、交易经手费后余额65092295.4元入账。颜某刚与信达证券公司于2017年2月15日在中国证券登记结算有限责任公司（以下简称中国结算）办理了质押登记，出质人颜某刚，质权人信达证券公司，证券代码为600634，证券类别无限售流通股，质押数量6825000。颜某刚依约按自然季度向信达证券公司支付利息至2017年12月20日，尚欠最后一期利息435516.9元及本金65110500元未付。2018年1月19日，富控公司发布公告，披露公司实际控制人颜某刚和公司均因涉嫌违反证券法律法规，被中国证券监督管理委员会立案调查一事。2018年1月26日，信达证券公司向颜某刚邮寄了《提前购回通知书》，要求颜某刚于收到该通知3个交易日内提前全额购回涉案股票，包括交易本金共计65110500元及相应利息。2018年3月1日，富控公司发布《关于公司实际控制人股份被司法轮候冻结的公告》，披露了颜某刚持有的公司股份31825000股于2018年2月被人民法院冻结的情况。而信达证券公司于2018年6月8日在中国结算处查询的涉案股票质押登记情况显示，涉案股票已于2018年1月23日被司法冻结。涉案股票自2017年11月16日起停牌，至2018年3月12日复牌，此后股价下跌。另，2018年3月13日，信达证券公司与北京市康达律师事务所签订《委托代理协议》，约定涉案律师费。同日，信达证券公司向北京市康达律师事务所支付律师费5万元。

【案件焦点】

1. 信达证券公司要求提前购回的条件是否成就；2. 颜某刚是否无须承担违约责任；3. 信达证券公司是否怠于行使权利。

【法院裁判要旨】

北京市第二中级人民法院经审理认为：第一，关于涉案股票提前购回的条件是否成就的问题。根据《股票质押式回购协议》第三十五条的约定，虽然信达证券公司发出的《提前购回通知书》中所载理由为颜某刚和富控公司因涉嫌违反证券法律法规而受到中国证券监督管理委员会立案调查，但经查在信达证券公司 2018 年 1 月 26 日发出《提前购回通知书》时，涉案股票已于 2018 年 1 月 23 日被司法冻结，符合上述约定的第（二）项情形，且信达证券公司在“该等情形发现或发生”时即有权要求颜某刚提前购回涉案股票，与股价是否低于《股票质押式回购协议》中约定的最低履约保障比例并无关系，且根据《股票质押式回购协议》中第四十八条第（二）项的直接约定，提前回购条件已成就。第二，根据现有证据，法院应认定信达证券公司已经有效通知颜某刚提前购回涉案股票。第三，颜某刚已违约，应当依约支付包括购回交易金额、延期利息和违约金在内的款项。因股票质押式回购交易本质属于融资行为，信达证券公司主张的利息、延期利息、违约金之和并未超过年利率 24%，故颜某刚的此项主张缺乏事实依据，法院不予采纳。第四，法院对信达证券公司律师费、对涉案股票折价、变卖该股票的价款优先受偿、梁某红承担责任的请求均予以支持。第五，关于颜某刚提出的信达证券公司未进行购回交易申报、怠于行使权利而应自行承担损失的抗辩理由的认定。法院认为，通过对“股票质押式回购交易”等定义的分析，可见针对颜某刚不履行提前购回义务的行为，信达证券公司通过向证券交易所及中国结算进行购回交易申报，对涉案股票进行出售处置，仅是其收回融资资金、避免损失的方式之一而非唯一途径，也非必须向颜某刚履行的合同义务，且根据《股票质押式回购协议》中第五十五条第一款第（二）项、第四十八条约定内容，颜某刚以信达证券公司未进行购回交易申报为由拒绝承担责任，缺乏依据。

综上，法院依照《中华人民共和国合同法》第八条、第六十条、第一百零七条，《中华人民共和国物权法》第二百零八条、第二百一十九条、第二百二十六条、第二百二十九条，《中华人民共和国民事诉讼法》第一百四十四条的规定，判决如下：

一、颜某刚、梁某红于本判决生效之日起十日内支付信达证券公司融资款本金65110500元以及利息435516.9元；

二、颜某刚、梁某红于本判决生效之日起十日内支付信达证券公司延期利息（计算方式为：以65546016.9元为基数，自2018年2月2日起至实际付清之日止，按每年5.6%的利率标准计算，每年均按照360天计）；

三、颜某刚、梁某红于本判决生效之日起十日内支付信达证券公司违约金（计算方式为：以65546016.9元为基数，自2018年2月2日起至实际付清之日止，按每日0.05%的利率标准计算，每年均按照360天计）；

四、颜某刚、梁某红于本判决生效之日起十日内赔偿信达证券公司律师费损失50000元；

五、信达证券公司对颜某刚出质的股权在上述判决第一项、第二项、第三项、第四项判决的给付内容范围内享有优先受偿权；

六、驳回信达证券公司的其他诉讼请求。

【法官后语】

质押式证券回购纠纷案由始见于《最高人民法院民事案件案由规定》（2008）第九部分：与公司、证券、票据等有关的民事纠纷中“二十五．证券纠纷”之下“279.证券回购合同纠纷”，而在《最高人民法院民事案件案由规定》（2011年修正）中则在第八部分：与公司、证券、票据等有关的民事纠纷“二十四．证券纠纷”中“292.证券回购合同纠纷”之下“（5）质押式证券回购纠纷”。此类案件通常涉及的概念包括：质押式证券回购是指甲方（融资人）将所持有股票或其他证券出质给乙方（出资人）并融入资金，并约定在未来返还资金、解除质押的交易行为。初始交易指甲方将标的证券出质给乙方并从乙方融入资金的交易；购回交易：指在约定的未来某一日期，甲方按照约定返还乙方资金并支付息费，乙方解除标的证券及待购回期间产生的孳息质押登记的交易，包括到期购回、提前购回和延期购回；提前购回：指甲乙双方根据本协议的约定，在购回交易日之前进行购回交易；违约处置：指因甲方购回交易违约须按本协议约定处置标的证券的，乙方向证券交易所提交违约处置申请或申报，经证券交易所确认并经中国结算（指中国证券登记结算有限责任公司及其分公司）处理完成后，乙方即可出售甲方证券账户内违约所涉标的证券并就甲方应付金额优先受偿。这类交易的模式通常包括：第一步：融资人出质股票，办理质押登记（登记机关：中国结算上海分公司《投资者记名证券质押登记情况》），第二步：出资人提供资金（扣减质押登记费、交易经手费后余额入账），第三步：购回期满（提前、延迟），返还资金、解除质押。特点有：出资人主体多为证券公司、出资人的权利与证券价格市场波动相关。审理中，需要注意的是：1. 以出资人对标的证券的优先受偿权为基础，出资人对标的证券有受托清算交收、盯市管理的权利，合同中还设定有用于与清算结果相比对的“最低履约保障比例”“预警履约保障比例”及相应履约保障措施；2. 证券交易所开设质押特别交易单元，用于质押证券的保管和处置；3. 中国证券登记结算有限责任公司对回购交易实行全额逐笔结算，并根据清算结果进行资金交收、证券质押、解质。笔者认为，本案纠纷属于典型的质押式证券回购交易模式，以出资人资金账户中余额充足为前提，而合同约定向出资人的权利保护倾斜，比如违约情形发生时，出资人向证券交易所提交违约处置申报指令或申请，申请成功后，出资人有权通过集合竞价交易系统、大宗交易系统或其他方式出售标的证券；出资人有权自主选择卖出标的证券的价格、时机、顺序等。可以看出，这种交易模式的运行可以自行解决资金融入一方的违约处置。笔者认为，这也是审判实践中这类案件数量较少的原因之一。但从近几年来的数据看，这类纠纷有上升趋势，其原因应包括：1. 证券市场监管力度加大。如中国证券监督管理委员会对标的证券所在公司或实际控制人、融资人发出《调查通知书》，触发约定的“从事违法活动、涉及重大诉讼活动”等违约处置条款；2. 经济下行压力有所增大，企业偿债能力降低，涉诉案件增多，相关部门对标的证券采取强制措施，导致当事人无法提供证券交易所和中国结算自行完成权利保护措施；3. 交易模式、产品架构存在受证券市场价格波动影响的特点，市场低迷时所质押证券价格突破履约保障比例而融资人无法补足时，易导致纠纷。本案的结果系按照当事人之间的合同约定处理，但也对当事人请求的利息、违约金的认定能否参照不高于年利率24%的标准、对合同中出资人有权自主选择卖出标的证券的价格、时机、顺序的约定所产生的出资人是否豁免其怠于行使权利的情形的可能等问题也进行了积极而有深度的思考。

编写人：北京市第二中级人民法院　罗珊

53

券商对投资者的信用账户进行强制平仓操作过程中的通知义务

——殷某诉中国银河证券股份有限公司上海东方路证券营业部、中国银河证券股份有限公司证券交易代理合同案

【案件基本信息】

1. 裁判书字号

北京市第二中级人民法院（2018）京02民终11953号民事判决书

2. 案由：证券交易代理合同纠纷

3. 当事人

原告（上诉人）：殷某

被告（被上诉人）：中国银河证券股份有限公司上海东方路证券营业部（以下简称银河证券上海营业部）、中国银河证券股份有限公司（以下简称银河证券）

【基本案情】

2013年7月18日，殷某与银河证券上海营业部、银河证券签订《融资融券合同（附风险揭示书）》，约定银河证券为殷某提供融资融券服务。合同约定对融资交易、维持担保比例、补仓维持担保比例、平仓维持担保比例、担保物、强制平仓、交易日（T日、T+1日、T+2日）等重要术语的定义、触发条件及双方的权利义务均进行了明确约定。合同中关于通知、送达、公告有如下约定：殷某提供以下联络方式供银河证券使用……移动电话号码……银河证券履行本合同项下的通知义务，按照下述任何一种方式进行通知送达的，视为银河证券已经履行本合同项下各项通知义务，同时视为殷某对银河证券欲通知的内容已全部知悉：以手机短信通知的……以电话方式通知的……以公告方式通知的……

合同签订后，银河证券向殷某的信用账户交付了所融资金，殷某操作其信用账户使用相应资金购买了证券。

2015年7月9日，银河证券上海营业部、银河证券对殷某的信用账户进行强制平仓操作，法院以表格形式罗列强制平仓前的相关事实及情况：

日期	关键节点	发生事实	维持担保比例
7月6日		1. 银河证券电话通知殷某信用账户维持担保比例曾出现低于130%，提醒殷某注意信用账户维持担保比例的情况，及强制平仓的风险； 2. 殷某于盘中进行卖券还款操作。	141.25%
7月7日	T日	1. 殷某的信用账户维持担保比例为127.08%（收盘时），低于平仓维持担保比例130%。	127.08%
7月8日	T+1日	1. 银河证券电话通知殷某，要求其及时平仓保证维持担保比例符合要求，并要求其当日下午三时之前前往银河证券上海营业部签署确认书； 2. 银河证券的公司经纪业务服务平台向殷某的手机号码发出《维持担保比例低于130%补仓通知》； 3. 银河证券的网上服务平台向殷某发出《殷某追加担保物通知》； 4. 殷某前往银河证券上海营业部签署了《确认书》； 5. 信用账户维持担保比例为120.56%（收盘时），低于平仓维持担保比例130%，已触发强制平仓条件。	120.56%
7月9日	T+2日	银河证券对该账户强制平仓。	265.45%

【案件焦点】

1. 银河证券上海营业部、银河证券在对殷某的信用账户进行强制平仓操作前履行的通知义务是否符合合同约定；2. 银河证券上海营业部、银河证券对殷某的信用账户的强制平仓操作是否符合合同约定。

【法院裁判要旨】

北京市西城区人民法院经审理认为：

一、银河证券上海营业部、银河证券在对殷某的信用账户进行强制平仓操作前履行的通知义务是否符合合同约定

首先，从合同的约定看，银河证券上海营业部、银河证券通过拨打电话、通过公司的经纪业务服务平台及网上服务工作平台向殷某进行通知，符合合同的约定。

其次，从投资者的注意义务看，投资者需对自身账户的维持担保比例有充分的注意义务。最后，从一般生活经验及常识判断，2015 年 7 月前后属于股市大幅波动的时期，殷某于 2015 年 7 月 6 日知悉其信用账号的维持担保比例出现异常并自行通过卖券还款以提升维持担保比例后，其信用账号在当日收盘时的维持担保比例仍低于 150%，殷某作为一个正常投资者，在此区间自会更加密切地关注维持担保比例的变化情况。殷某于 7 月 8 日签署关于强制平仓规则进行调整的确认书，对维持担保比例、补仓担保比例、强制平仓等情况进行了调整与确认。综合以上情况，法院对于殷某所持其未关注、不了解自身信用账户的维持担保比例情况、银河证券未通知及未进行风险告知的陈述，不予采信。

二、银河证券上海营业部、银河证券对殷某的信用账户的强制平仓操作是否符合合同约定

法院将《融资融券合同》及《确认书》对强制平仓的约定以及殷某信用账户维持担保比例的情况以图表方式罗列如下：

来源	T 日维持担保比例	T+1 日维持担保比例	T+2 日银河证券采取的操作
《融资融券合同》	日终清算后低于 130%	日终清算后低于 150%	有权强制平仓
《确认书》（部分变更了《融资融券合同》）	日终清算后低于 130%	日终清算后低于 150% 但高于或等于 130%	暂缓强制平仓
《确认书》（部分变更了《融资融券合同》）	日终清算后低于 130%	日终清算后低于 130%	有权强制平仓
殷某信用账户维持担保比例情况	日终清算后低于 130%	日终清算后低于 130%	银河证券进行强制平仓后，高于 150%

案件中，T 日，T+1 日殷某的信用账户维持担保比例均低于 130%，银河证券有权选择在 T+2 日即 2015 年 7 月 9 日进行强制平仓操作。

综上，北京市西城区人民法院判决如下：

驳回原告殷某的全部诉讼请求。

殷某不服一审判决，提起上诉。

北京市第二中级人民法院经审理同意一审法院裁判意见，依照《中华人民共和国民事诉讼法》第一百七十条第一款第一项的规定，判决如下：

驳回上诉，维持原判。

【法官后语】

2015年6月、7月，股市行情动荡，上证综合指数从高点5000多点急转直下，许多投资者在此期间出现亏损，部分通过融资融券等方式获得资金进行投资的投资者更是直接“爆仓”即被券商强制平仓，损失尤为惨重，由此也产生了一系列投资者与券商之间的诉讼纠纷。此类纠纷中，投资者提起诉讼的理由通常有券商未尽风险告知及提示义务、投资者未收到券商要对其信用账户强制平仓的通知致使投资者未能及时追加担保物、券商进行强制平仓操作时投资者不知情、强制平仓幅度过大等。其中，关于券商是否已经全面、适格履行通知义务往往是此类案件的争议焦点所在。诉讼中，券商向法院提交的证据通常为券商送达系统或送达平台所保存之电话、邮件、公告等记录，投资者通常以该类证据系券商单方制作而不认可真实性。在实际情况中，券商送达系统或送达平台中所留存之信息作为诉讼中的单方证据，即便其中有涉及第三方通信公司（如中国移动、中国联通等）的，亦往往因已过查询期限，或因为某些其他因素致使法院亦无法从通信公司调取。故对于此类证据，法院在审理过程中，不能因为提交该类证据的主体为金融机构等相对具有较高社会知名度和公信力的公司，即从主观上认定该类证据的真实性与客观性，还需要从多维度进行全面审查，从证据链的角度对各个证据印证审查，力求得出具有说服力的结论。

本案例中，殷某坚持认为券商未履行通知义务，在殷某不知情的情况下强行平仓，给殷某造成了重大损失，并坚持主张券商在诉讼中提交的电话通知、短信通知、公告等证据系银河证券上海营业部、银河证券单方伪造为由不认可真实性和证明目的。对此，法院在审理过程中，对于券商提交的该组证据，未直接进行真伪的简单判断，而是综合合同约定，投资者的注意义务、投资在案涉关键时间点前后的客观行为、一般生活经验，进行多维度的审查与论证，进而对证据的真实性和证明目的进行认定，说理清楚、论述充分，最终得出了具有说服力的结论。

在此，法官亦希望商事主体在从事商事活动尤其是高风险的商事活动之前，应充分了解该类商业活动的相应规则，全面考虑可能面对的商业风险并评估自身的风险承受能力。在从事商业行为时，商事主体应充分尊重商业规则，坚持诚实信用原则，恪守合同约定，全面履行各自的合同义务，为营造良好的商业环境尽到应有的社会责任。

编写人：北京市西城区人民法院　周韬

54

涉融资融券交易的民事纠纷若干问题分析

——林某东诉中国银河证券股份有限公司证券交易合同案

【案件基本信息】

1. 裁判书字号

北京市西城区人民法院（2017）京0102民初21740号民事判决书

2. 案由：证券交易合同纠纷

3. 当事人

原告：林某东

被告：中国银河证券股份有限公司（以下简称银河证券）

【基本案情】

自2010年12月起，林某东在银河证券营业部开立证券账户并操作该账户买卖股票。

2013年年初，林某东向银河证券申请办理融资融券业务。银河证券向林某东讲解了融资融券业务相关规章制度，并宣读了《融资融券交易风险揭示书》。林某东对上述事实签字进行了确认。

随后，林某东与银河证券签订《融资融券合同（附风险揭示书）》，并作出了下述约定：融资交易是指林某东以其信用账户中的资金和证券为担保，向银河证券申请融入资金并买入标的证券，银河证券为林某东垫付资金以完成证券交易；担保物是指林某东信用账户内的所有资产；维持担保比例是指林某东信用账户内的担保物价值与其融资融券债务之间的比例；补仓维持担保比例是指信用账户维持担保比例等于150%；平仓维持担保比例是指信用账户维持担保比例等于130%；银河证券拥有依据合同约定对林某东信用账户强制平仓的权利；银河证券有权根据监管要求、自身业务需要等制定交易监控指标，并有权据此对林某东信用账户进行交易限制；林某东信用账户维持担保比例低于补仓维持担保比例（150%）但高于平仓维持担保比例（130%）时，林某东应当自维持担保比例低于补仓维持担保比例（150%）之日（T日）起一个交易日内（T+1日收盘前）足额追加担保物，若T+1日清算后维持担保比例未达到补仓维持担保比例（150%），银河证券有权于T+2日起限制林某东信用账户进行担保物买入、融资买入和融券卖出等，直至林某东信用账户维持担保比例不低于补仓维持担保比例（150%）；林某东信用账户维持担保比例低于平仓维持担保比例时（130%），林某东应当自维持担保比例低于平仓维持担保比例之日（T日）起一个交易日内（T+1日收盘前）足额追加担保物，若T+1日清算后维持担保比例未达到补仓维持担保比例（150%），银河证券有权于T+2日起对甲方信用账户进行强制平仓操作并收回相应债权；出现强制平仓情形时，银河证券有权选择银河证券认为最利于成交的价格、数量进行申报，有权选择银河证券认为最有利于平仓成功或最有利于债权实现的方式进行平仓；林某东信用账户处于强制平仓状态时，林某东除可以转入担保物外，不得对该账户进行其他操作，直至强制平仓结束，银河证券平仓操作不受林某东在平仓日当日转入担保物的影响；强制平仓是银河证券的权利，当林某东信用账户出现强制平仓情形时，银河证券有权选择强制平仓、部分强制平仓或放弃强制平仓；银河证券选择部分强制平仓或放弃强制平仓，不能视为银河证券违约或弃权，该等行为不妨碍银河证券进一步行使包括强制平仓在内的相关权利。

同日，林某东签署了上述《融资融券合同》所附的《中国银河证券股份有限公司融资融券交易风险揭示书》。

《融资融券合同》签订后，银河证券向林某东的信用账户交付了所融资金，林某东操作其信用账户使用相应资金购买了证券。

2015年7月2日（T日）日终清算后，林某东信用账户维持担保比例为129.52%，低于平仓维持担保比例130%。2015年7月3日（T+1日）日终清算后，林某东信用账户维持担保比例为127.55%，低于平仓维持担保比例130%。

2015年7月5日（T+1日后的周末，非交易日），银河证券工作人员向林某东告知，由于2015年7月6日（T+2日）证券市场可能会出现利好消息，如果林某东信用账户在当日早晨即被强制平仓，林某东可能会遭到较大损失；如果林某东选择在2015年7月6日（T+2日）早晨9时15分前将维持担保比例追加至130%，银河证券将暂缓对林某东信用账户进行强制平仓；追加至130%需林某东往其信用账户追加投资约5万元；如林某东不能将维持担保比例追加至150%，还需要签署关于暂缓平仓的申请书。

2015年7月5日，林某东在银河证券营业部工作人员的要求下签署《确认书》。该文件载明：银河证券对融资融券业务强制平仓规则进行调整，若林某东T日信用账户低于平仓维持担保比例130%的，林某东须在T+1日收盘前补充担保物或了结融资融券交易，将维持担保比例提高至等于或高于补仓维持担保比例150%；若林某东T+1日信用账户维持担保比例低于150%但等于或高于130%的，则银河证券暂缓对林某东信用账户的强制平仓，林某东可自行操作信用账户（包括自行平仓等）。

2015年7月6日（T+2日）早晨8时52分，林某东向其信用账户转账汇入5万元，使其信用账户在当日开盘后维持担保比例高于130%。随后，银河证券撤回了对林某东信用账户的强制平仓操作，但仍然对该信用账户进行限制交易。

2015年7月6日（T+2日）开盘后，证券市场行情不断下跌，林某东亦发现其信用账户无法进行交易，并向银河证券投诉有关事宜。银河证券于当日下午开市后解除了交易限制，但林某东未有成功的证券交易。

2015年7月6日（T+2日）日终清算后，林某东信用账户维持担保比例为120.54%，低于平仓维持担保比例130%。2015年7月7日（T+3日），银河证券进行了强制平仓操作。

本案诉争日期前后发生的事实以图表方式罗列如下：

日期	合同表述日期	林某东维持担保比例情况	发生事实
2015年7月2日	T日	日终清算后低于130%	
2015年7月3日	T+1日	日终清算后低于130%	
2015年7月5日			银河证券电话告知林某东暂缓平仓的条件，林某东前往银河证券营业部签署《确认书》。
2015年7月6日	T+2日	开盘后高于130%；日终清算后低于150%	林某东于早晨汇款5万元；银河证券撤回了对林某东信用账户的强制平仓操作，但仍然对该信用账户进行限制交易。
2015年7月7日	T+3日		银河证券进行了强制平仓操作。

林某东提起诉讼，要求银河证券赔偿因暂缓平仓操作造成的林某东融资融券股票账户损失。

【案件焦点】

1. 强制平仓与限制信用账户交易之间关系如何；2. 林某东信用账户在T日和T+1日日终清算后维持担保比例低于平仓维持担保比例（130%），而T+2日开盘后维持担保比例高于平仓维持担保比例（130%），银河证券是否有权利不进行强制平仓操作但限制林某东信用账户交易；3.《融资融券合同》是否存在以格式条款免除银河证券责任、加重林某东责任、排除林某东主要权利的情形，以及是否存在显失公平的情形。

【法院裁判要旨】

北京市西城区人民法院经审理认为：第一，关于强制平仓与限制信用账户交易之间的关系。《融资融券合同》区分了强制平仓与限制信用账户交易所适用的条件，并作出了不同约定。《融资融券合同》及《确认书》对强制平仓与限制交易的约定以及林某东信用账户维持担保比例的情况以图表方式罗列如下：

来源	T日维持担保比例情况	T+1日维持担保比例情况	T+2日银河证券采取的操作
《融资融券合同》	日终清算后高于130%但低于150%	日终清算后低于150%	有权限制交易
《融资融券合同》	日终清算后低于130%	日终清算后低于150%	有权强制平仓
《确认书》（部分变更了《融资融券合同》）	日终清算后低于130%	日终清算后低于150%但高于或等于130%	暂缓强制平仓且不限制交易
林某东信用账户维持担保比例情况	日终清算后低于130%	日终清算后低于130%	开盘后高于130%；日终清算后低于150%

第二，关于银河证券在T+2日是否有权利不进行强制平仓但限制林某东信用账户交易。《融资融券合同》约定，强制平仓是银河证券的权利，银河证券有权选择强制平仓或放弃强制平仓，林某东知晓并同意平仓时银河证券有权自主选择平仓

时点。考虑到证券市场中证券价值往往有着较强的波动性，《融资融券合同》如此约定并无不妥。本案中，T日林某东信用账户维持担保比例低于130%，T+1日信用账户维持担保比例亦低于130%，根据《融资融券合同》和《确认书》的约定，构成了适用强制平仓操作的条件，且不构成《确认书》约定的暂缓强制平仓及不限制交易的情形。据此，银河证券有权选择在T+2日或T+3日进行强制平仓操作。根据《融资融券合同》的约定，只要构成强制平仓的条件，银河证券即可自T+2日起限制信用账户的交易，而不受T+2日林某东向其信用账户进行汇款、追加投资的影响。7月5日，银河证券工作人员拨打林某东电话，告知林某东其如果在T+2日开盘后及时将维持担保比例提高至130%，银河证券将暂缓强制平仓。上述行为，系银河证券与林某东就强制平仓操作时点进行的协商，没有违反《融资融券合同》的有关约定。林某东选择进行汇款追加投资，即选择同意银河证券暂缓平仓。林某东的汇款行为，系其基于对证券市场行情的判断，充分衡量追加投资可能产生的收益与承担的风险之后，实施的商业性选择行为。这一行为，实质系银河证券提出一定要求，林某东选择满足银河证券要求，以换取其信用账户在T+2日不被强制平仓。林某东的选择行为，不论是产生收益还是造成损失，均应由林某东自行承担相应后果。

北京市西城区人民法院依照《中华人民共和国合同法》第六十条，《中华人民共和国民事诉讼法》第六十四条第一款之规定，判决如下：

驳回原告林某东的全部诉讼请求。

【法官后语】

本案诉争之《融资融券合同》约定的融资融券商业活动模式，系由中国证券监督管理委员会《证券公司融资融券业务管理办法》及《上海证券交易所融资融券交易实施细则》《深圳证券交易所融资融券交易实施细则》规制的成熟的商业经营模式，是证券交易市场内标准化的产品。银河证券依照相关规范性文件制定的《融资融券合同》，虽系银河证券单方制定的格式文本，但不意味着即当然无效。银河证券和林某东均应按照《融资融券合同》的约定行使权利、履行义务。

在《融资融券合同》约定的融资融券商业活动模式项下，银河证券的主要合同义务系交付林某东所融资金和所融证券。同时，银河证券为保障自身债权得以实现，在合同中约定信用账户维持担保比例降低到一定程度时，银河证券有权采取限制信用账户交易和强制平仓的方式收回债权。《融资融券合同》对银行证券违约处置措施所适用的前提和后果进行的约定，并不违反公平原则。如林某东不愿意接受上述规则，可不签署《融资融券合同》，不申请融资融券业务。

证券市场交易行为存在着较高的商业风险。融资融券交易因其利用财务杠杆之特性，放大了证券市场中本已较高的商业风险。商业风险系从事商业活动的固有风险，而融资融券交易系典型的具有“高风险高收益”性质的商业活动。林某东主张，《融资融券合同》以格式条款免除银河证券责任、加重林某东责任、排除林某东主要权利，且属于显失公平的合同。对此，我们认为，林某东自2010年12月起即开始操作证券账户进行证券买卖，同时于2013年2月4日签署《融资融券合同》接受银河证券提供的融资融券商业服务。截至2015年7月，林某东已有近五年的证券市场交易经验，以及近两年六个月的融资融券交易经验。林某东应可知晓和预见融资融券交易中蕴含的商业风险。此外，商业活动中交易双方实力不均乃是常态，总有一方弱势，市场交易的本质亦是取长补短、互通有无。银河证券从事融资融券商业活动，本意就是赚取一定的商业利润，此商业利润，并非不正当之利益。林某东称《融资融券合同》系银河证券利用其强势地位及林某东的弱势地位订立，却在近两年六个月的时间内自愿持续接受银河证券提供的融资融券商业服务，始终未提出终止履行《融资融券合同》。因此，银河证券和林某东均应按照《融资融券合同》的约定履行相应的合同义务。只要银行证券按照合同约定履行了合同义务，没有违约行为，林某东即应自行承担在融资融券商业活动中遭受到的损失。

编写人：北京市西城区人民法院　高亢

55

债券市场信息披露行为对于根本违约认定的影响

——景顺长城基金管理有限公司诉中国城市建设控股集团有限公司债券交易案

【案件基本信息】

1. 裁判书字号

上海市第二中级人民法院（2018）沪02民终3136号民事判决书

2. 案由：公司债券交易纠纷

3. 当事人

原告（被上诉人）：景顺长城基金管理有限公司（以下简称景顺长城公司）

被告（上诉人）：中国城市建设控股集团有限公司（以下简称中城建公司）

【基本案情】

2015年11月，中城建公司在全国银行间债券市场发行了2015年度第二期中期票据，该票据属于长期限含权债券（永续债），无固定到期日，发行人在票据存续满5年后有权赎回，不行使赎回权的，第6个计息年度开始票面利率加上300个基点。投资人无回售权。票据发行利率采用固定利率计息，每5年重置一次票面利率，每年付息。发行人在每个付息日前均有权递延支付利息。利息递延不构成违约。每笔递延利息在递延期间应按当期票面利率再加300个基点累计计息。景顺长城公司为该票据的持票人。2017年11月23日，中城建公司未向持票人支付利息。

票据存续期间，票据持有人发现中城建公司存在披露不实和未及时披露重要信息的情况，主要包括：募集时未全面披露公司股权结构及子公司转让事项；发行后未及时披露募集资金用途的改变情况、高管变更情况；2016年年底起未公布任何定期财务报告。

其中，公司股权结构披露主要是指：中城建公司在《中国城市建设控股集团有限公司2015年度第二期中期票据募集说明书》中隐瞒了其股权结构中新增设的两层BVI（英属维京尔群岛）公司。这样的股权设置通常说明公司存在资本运作、资产重组的情况。2016年，中城建公司99%的股权变更为非国有企业所持有，导致触发其下属子公司在香港发行的点心债提前赎回条款，公司无法按时按约进行兑付。而该股权转让信息中城建公司也未在约定时间内及时披露。

另外，资金用途变更主要指：中城建公司在《中国城市建设控股集团有限公司2015年度第二期中期票据募集说明书》中明确所募集资金中23亿元拟用于补充发行人下属子公司即中城建第六工程局和中国城建开发有限公司的日常营运资金。但中城建公司却在票据发行后即将第六工程局转让给了第三方，且对方无须支付现金交易对价。至今，中城建公司也未披露转让时间、对价支付方式以及该部分募集资金如何处理的信息。

同时，中城建公司出现大量违约并转移了部分资产，联合资信下调了中城建公司主体及涉案债券信用等级至C级。涉案债券持有人会议要求中城建公司为"15中城建MTN002"的本息偿付提供抵押、质押或保证，增加交叉违约条款及限制发行人处置资产或股权，均遭中城建公司拒绝。

【案件焦点】

1. 中城建公司未披露公司重大信息之行为是否构成根本违约行为；2. 景顺长城公司可否以中城建公司转移资产、清偿能力下降为由行使不安抗辩权；3. 景顺长城公司是否可以据此解除合同，并要求被告兑付本息以及确定利息的支付标准。

【法院裁判要旨】

上海市黄浦区人民法院经审理认为：长期限含权债券（永续债）的持票人的合同目的包括两方面：发行人行使赎回权时基于还本付息请求权获取本息收益；发行人行使赎回权前基于债券价格波动获取投资收益。因此，在债券发行及存续期间，债券发行人出现重要信息披露不实、未及时披露重要信息等违约行为，足以影响投资者对企业信用风险、投资价值的判断，致使债券持有人无法基于债券价格波动获取投资收益，且发行人不行使赎回权时，可以认定债券发行人构成根本性违约。同时，中城建公司出现大量违约事件，转让其名下多家公司股权，造成偿债能力严重下降，可能丧失履行债务的能力。在中城建公司拒绝为涉案债券提供担保并提前兑付的情况下，景顺长城公司有权要求行使不安抗辩权解除双方合同关系，并要求被告返还投资本金、支付利息。据此，依照《中华人民共和国合同法》第六十条、第六十八条、第六十九条、第九十四条第四项、第九十六条、第九十七条之规定，判决如下：

一、原告景顺长城公司与被告中城建公司之间的《中国城市建设控股集团有限公司2015年度第二期中期票据募集说明书》于2017年11月21日解除；

二、被告中城建公司应于本判决生效之日起十日内支付原告景顺长城公司2015年度第二期中期票据本金50000000元；

三、被告中城建公司应于本判决生效之日起十日内赔偿原告景顺长城公司自2016年11月23日起至实际清偿日止，以50000000元为基数，按年利率5.35%计算的利息损失。

中城建公司不服一审判决，提起上诉。

上海市第二中级人民法院经审理同意一审法院裁判意见，依照《中华人民共和国民事诉讼法》第一百七十条第一款第一项的规定，判决如下：

驳回上诉，维持原判。

【法官后语】

本案债券发行人在募集及发行中期票据期间存在信息披露不实、未及时披露等行为，投资人据此要求解除合同。根据《中华人民共和国合同法》规定，合同一方当事人出现违约情况致使合同目的无法实现的，守约方可以解除合同并要求对方承担违约责任。本案特殊之处在于，信息未披露行为是否符合根本违约的要件，能否就此认定投资人签订《中国城市建设控股集团有限公司2015年度第二期中期票据募集说明书》的合同目的无法达成，投资人及发行人对此存在争议。本案从债券持有人持有债券的目的进行分析，认为中城建公司多次未按约定披露信息，直接影响投资者对企业信用风险、投资价值的判断，以及投资者的投资信心，从而导致涉案债券缺乏市场流通性，使投资人通过出售票据收回本金的合同目的无法实现，构成根本违约。

健康发展的债券市场需要完善的信息披露制度，这也是债券市场诚实信用原则的体现。诚信是市场经济的基石，是各市场主体必须自觉遵守的市场法则。强化企业信息披露义务、惩治违反诚信的行为，有利于推进我国债券市场的发展。

编写人：上海市黄浦区人民法院　陈建伟　江凝妤

六、信用证纠纷

56

UCP600 下信用证通知行表面审查义务的判断标准

——脉织控股集团有限公司诉交通银行股份有限公司信用证议付案

【案件基本信息】

1. 裁判书字号

上海市高级人民法院（2017）沪民终 408 号民事判决书

2. 案由：信用证议付纠纷

3. 当事人

原告（上诉人）：脉织控股集团有限公司（以下简称脉织公司）

被告（被上诉人）：交通银行股份有限公司（以下简称交通银行）

【基本案情】

交通银行向受益人脉织公司通知了一份由美国 LEUMI 银行开立的不可撤销跟单信用证。脉织公司表示收到邮件寄送的修改件，请交通银行核实真实性。交通银行于是用 SWIFT 系统向开证行发送电文求证修改件的真实性。之后，交通银行亦收到邮件寄送的修改件，再次向开证行发送标题 MT999 的 SWFIT 电文："关于贵行邮寄的修改件，涉及……信用证，请以 SWIFT 电文方式向我行确认上述修改件的真实性，以便我们通知受益人。"之后，开证行向交通银行发送 SWIFT 密押电文："关于贵行发送的标题为 MT999 的报文，关于我行开具的……信用证。我们在此确认上述两份信用证（原文用语为"L/C' S"）的真实性。请尽快将两份信用证（原文用语为"L/C' S"）通知到受益人。"之后，交通银行向脉织公司通知了修改件。脉织公司根据修改后的信用证办理货物出口运输手续并委托招商银行股份有限公司（以下简称招商银行）向开证行交单请付。开证行以单证不符为由拒付，并表示未对信用证进行过修改。招商银行向开证行发送 SWIFT 电文："我行经通知行确认贵行确实出具了信用证修改件。通知行还告知我行，贵行的修改件是通过邮寄方式发送给他们的。通知行向贵行发送了 MT999，要求贵行确认修改件真实性。该信息如下……贵行通过 MT799 回复了该信息，确认了信用证（原文用语为"L/C"）的真实性。请马上调查此事并承担开证行的责任，尽快完成付款。"开证行回复 SWIFT 电文："我行从未通过邮寄方式发出过任何修改件，仅通过验证的 SWIFT 发送。我行仅核实过信用证的真实性，未核实过任何修改。"脉织公司出口的货物抵达外国目的港后，因信用证遭拒付被滞留港口，最终无法办理退运或转港手续。

【案件焦点】

1. 交通银行对信用证修改件的表面真实性是否负有审查义务；2. 交通银行将开证行 SWIFT 电文中的"L/C' S"理解为信用证的修改件，是否合理。

【法院裁判要旨】

上海市第一中级人民法院经审理认为：《跟单信用证统一惯例》（UCP600）就信用证及修改通知一节不再使用"合理审慎"的表述，是为避免不同国家和地区对这一弹性较大的概念产生不同理解，通知行"确信信用证及修改的表面真实性"仍应基于合理理由。通知行对信用证及修改的审查限于表面真实性，审查方式应符合国际银行实务惯例，以一个理性银行信用证业务人员运用与其专业知识及普通常识能够做到的注意和谨慎为参考，以密押 SWIFT 电文向开证行求证属于合理有效的审查方式。当 SWIFT 电文内容有歧义时，应当根据电文发送的背景和目的来判断通知行的理解是否合理。系争 SWIFT 电文中，"L/C' S"有时表示信用证修改件，有时表示信用证的复数。交通银行已将信用证通知脉织公司，并明确要求开证行确认信用证修改件的真实性，开证行对信用证有无修改、是否邮寄过信用证修改件均未作出否定表示，而是确认两份"L/C' S"的真实性并请交通银行尽快通知受益人，在此情况下，交通银行有理由相信开证行确认了信用证修改件的真实性。交单行、议付行对同一电文内容的理解可以作为"一个理性银行信用证业务人员运用与其专业知识及普通常识能够做到的注意和谨慎"的具体表现，用以横向判断通知行的理解是否合理。依照《中华人民共和国民法通则》第一百四十二条第三款，《中华人民共和国涉外民事关系法律适用法》第四十一条，《跟单信用证统一惯例》（UCP600）第九条 a 款、b 款的规定，判决如下：

驳回脉织公司的诉讼请求。

脉织公司不服一审判决，提起上诉。

上海市高级人民法院经审理同意一审法院裁判意见，依照《中华人民共和国民事诉讼法》第一百七十条第一款第一项、第一百七十五条之规定，判决如下：

驳回上诉，维持原判。

【法官后语】

UCP600 就信用证及修改通知一节不再使用“合理审慎”表述，由此引发以下争议：一是通知行仍否负有审查表面真实性的义务；二是如何判断通知行“确信表面真实性”具有合理理由。本案判决对此作出明确回应：首先，通知行审查信用证的表面真实性，是国际信用证交易制度功能实现的必然要求。UCP600 虽然删除了“合理审慎”的表述，但明确“通知行通知信用证及修改的行为表示其已确信信用证及修改的表面真实性”，而确信的前提必然是经过审查，因此通知行“确信信用证及修改的表面真实性”仍应基于合理理由。其次，通知行对信用证及修改的审查仅限于表面真实性，审查方式应当符合国际银行实务惯例，以一个理性银行信用证业务人员运用与其专业知识及普通常识能够做到的注意和谨慎为参考。在 SWIFT 电文系统已经成为国际银行间数据交换的标准语言这一背景下，通知行以 SWIFT 电文系统向开证行询问修改件的真实性，并基于开证行回复的附密押电文来判断真实性，属于合理和审慎的审查方式。最后，当 SWIFT 电文内容有歧义时，应当根据电文发送的背景和目的来判断通知行的理解是否合理。交单行、议付行对同一电文内容的理解，可以作为横向判断通知行的理解是否合理。

随着“一带一路”倡议加速推进以及我国对外开放步伐加快，国际信用证业务作为跨境交易的重要支付方式，其数量可能伴随跨境交易规模的扩大而不断增加。本案所争议的通知行审查义务在国际信用证纠纷中具有典型性和代表性，该案判决对于今后审理此类案件具有指导意义。

编写人：上海金融法院　沈竹莺

七、融资租赁纠纷

57

购买生产资料形成的债务并无不必然构成夫妻共同债务

——沃尔沃建筑设备投资（中国）有限公司诉张某良、杨某英融资租赁合同案

【案件基本信息】

1. 裁判书字号

四川省成都市中级人民法院（2018）川01民终18633号民事裁定书

2. 案由：融资租赁合同纠纷

3. 当事人

原告：沃尔沃建筑设备投资（中国）有限公司（以下简称沃尔沃公司）

被告：张某良、杨某英

【基本案情】

2012年12月7日，招银公司作为出租方与作为承租方的张某良签订《融资租赁合同》，约定招银公司将型号为EC360BLC的挖掘机租赁给张某良，首付租金为303000元，租赁期限36个月，每月租金53409.38元，自2013年1月10日起支付租金，往后每期租金为每月10日前支付，至2015年12月10日止。承租方签署《交付验收证明书》即视为出租方完成租赁物交付义务。如承租方未按合同约定的金额、币种、时间和支付方式向出租方支付租金及其他款项，出租方有权对欠付的款项按日计收万分之八的违约金，至全部付清之日止，如承租方逾期违约或根本违约，出租方有

权通过司法途径强制履行本合同，并可以就含律师费在内的费用向承租方主张赔偿。出租方就合同给予承租方的任何文件、资料、发票、通知等，可按合同当事人信息中列明的地址或者号码直接送达，用邮寄方式寄出的通知自交邮的第七日视为送达。

合同签订后，张某良于2012年12月19日签署《交付验收证明书》，认可收到案涉租赁物。此后，张某良支付了部分租金，但自2014年11月10日起未再向招银公司支付租金，现尚欠747731.32元租金未支付。

后沃尔沃公司与招银公司签订《融资租赁双方合同协议之补充协议》，约定沃尔沃公司从招银公司回购案涉挖掘机，沃尔沃公司向招银公司支付完毕合同约定的价款后，招银公司将融资租赁合同项下权利转让给沃尔沃公司。此后，沃尔沃公司向招银公司支付了约定的回购款，招银公司因此于2015年11月18日向沃尔沃公司出具《所有权转移证明书（回购）》，认可案涉租赁物所有权转至沃尔沃公司。2016年1月5日，沃尔沃公司依据合同记载地址向张某良邮寄《催款函》，告知融资租赁合同项下权利已转让给沃尔沃公司，并催收欠付租金。

另查明，张某良与杨某英系夫妻关系。

再查明，沃尔沃公司因本案诉讼支出了律师费3万元。

【案件焦点】

夫妻共同债务的认定问题。

【法院裁判要旨】

四川省成都市龙泉驿区人民法院经审理认为：张某良与招银公司之间签订的《融资租赁合同》系各方真实意思表示，不违反法律、行政法规的强制性规定，合法有效，各方均应按照合同约定全面履行义务。张某良未按合同约定支付租金，其行为已构成违约，应承担相应的违约责任。本案中，招银公司已将案涉融资租赁合同项下权利及标的物转让给沃尔沃公司，故沃尔沃公司有权追究张某良的违约责任，沃尔沃公司要求张某良支付欠付租金、违约金并承担律师费符合法律及《融资租赁合同》的约定，法院予以支持。关于张某良认为沃尔沃公司主张的违约金过高，请求予以减少的主张，依照《中华人民共和国合同法》第一百一十四条第一款、第二款“当事人可以约定一方违约时应当根据违约情况向对方支付一定数额的违约金，也可以约定因违约产生的损失赔偿额的计算方法。约定的违约金低于造成的损失的，当事人可以请求人民法院或者仲裁机构予以增加；约定的违约金过分高于造成的损失的，当事人可以请求人民法院或者仲裁机构予以适当减少”及《最高人民法院关于适用〈中华人民共和国合同法〉若干问题的解释（二）》第二十九条第一款“当事人主张约定的违约金过高请求予以适当减少的，人民法院应当以实际损失为基础，兼顾合同的履行情况、当事人的过错程度以及预期利益等综合因素，根据公平原则和诚实信用原则予以衡量，并作出裁决”的规定，法院将违约金标准调整至年利率8%。

对于杨某英是否应当承担责任的问题。案涉债务虽发生于夫妻关系存续期间，但沃尔沃公司未举证证明张某良所负债务用于夫妻共同生活、共同生产经营或者基于张某良与杨某英双方的共同意思表示，不符合《最高人民法院关于审理涉及夫妻债务纠纷案件适用法律有关问题的解释》第三条“夫妻一方在婚姻关系存续期间以个人名义超出家庭日常生活需要所负的债务，债权人以属于夫妻共同债务为由主张权利的，人民法院不予支持，但债权人能够证明该债务用于夫妻共同生活、共同生产经营或者基于夫妻双方共同意思表示的除外”之规定，故对于沃尔沃公司要求杨某英对上述债务承担连带责任的诉讼请求，法院不予支持。

四川省成都市龙泉驿区人民法院依据《中华人民共和国合同法》第六十条、第八十条、第一百零七条、第一百一十四条、第二百三十七条、第二百四十八条，《最高人民法院关于审理融资租赁合同适用法律问题的解释》第二十条，《中华人民共和国民事诉讼法》第六十四条、第一百四十四条之规定，判决：

一、张某良于本判决生效之日起十日内支付沃尔沃公司租金747731.32元；

二、张某良于本判决生效之日起十日内支付沃尔沃公司违约金；

三、张某良于本判决生效之日起十日内支付沃尔沃公司律师费3万元；

四、驳回沃尔沃公司的其他诉讼请求。

沃尔沃公司不服一审判决，提起上诉。后申请撤回上诉，四川省成都市中级人民法院于2018年12月14日作出裁定：

准许撤回上诉。

【法官后语】

夫妻共同债务的认定问题，是近年来的热点也是难点。在《最高人民法院关于审理涉及夫妻债务纠纷案件适用法律有关问题的解释》出台前，《中华人民共和国婚姻法》及相关司法解释关于夫妻共同财产的举证责任的分配、认定的规定与当前经济社会的发展水平、夫妻双方在家庭生活中的地位、对婚姻价值观的转变、夫妻财产的相对独立意识、生产生活渠道多样化便利化等变化已不完全适应，最典型的为夫妻一方常在不知情的情况下，因另一方的举债或者其他行为背负高额债务，造成大量当事人难以服判息诉。在《最高人民法院关于审理涉及夫妻债务纠纷案件适用法律有关问题的解释》中，第一条确认了共债共签的基本规定，在源头上保证夫妻一方对夫妻共同债务的知情权、决定权，也从源头上避免债权人与夫妻一方虚构债务，损害夫妻另一方利益。

该解释对于夫妻日常生活需要的限定，以及超过日常生活需要的债务，由债权人举证证明用于共同生活、生产形成，平衡了债权人与夫妻另一方的利益。

本案中，法院到张某良、杨某英的住所地对其进行送达时，对于其家庭生活的所在地普遍经济生活水平，张某良、杨某英家庭经济条件、生产生活方式有了初步的了解，本案所涉较高价值的挖掘机，明显不符合张某良及杨某英的日常生活需要，加之沃尔沃公司亦未举证证明债务系夫妻共同意思表示或用于家庭共同生产生活，故案涉债务不能认定为夫妻共同债务。

编写人：四川省成都市龙泉驿区人民法院　彭婉蝶

八、其他

58

已出让的优先受益权份额附注权利保留的效力及后果

——刘某波诉中信信托有限责任公司营业信托案

【案件基本信息】

1. 裁判书字号

北京市朝阳区人民法院朝民（商）初字第13922号民事判决书

2. 案由：营业信托纠纷

3. 当事人

原告：刘某波

被告：中信信托有限责任公司（以下简称中信信托公司）

第三人：中信银行股份有限公司（以下简称中信银行）

【基本案情】

刘某波签署《信托合同》，约定：刘某波取得国元一号信托计划优先受益权150万份，受托人是中信信托公司，保管人是中信银行，优先级回购人是河南省农业综合开发公司（以下简称农开公司）；委托人对应信托受益权转让后，不再享有上述权利；受益人根据所持有的受益权份额享有受益权等。同日，刘某波向合同约定的账户汇款150万元认购款，1.5万元认购费。至2015年1月，刘某波共分得收益226863.32元，并累计赎回96万份优先收益权份额，尚持有54万份。

同年1月23日，刘某波签署《回购申请》回购优先受益权份额539999份。刘某波在下方空白处手书申明：1. 后续就该信托产品有任何形式的收益分配，保留同等收益补偿的权利；2. 坚持信托公司按5年定期存款利息支付收益；3. 对中信信托公司在订立合同过程中的过失行为和失职行为，保留诉讼、上访等追索权利；4. 对中信银行在产品发行过程中的失职或过失，保留上访、诉讼等追索的权利。同年1月26日，中信信托公司委托中信银行将回购价款442097.18元汇入刘某波账户。

2014年7月至2015年1月，刘某波与其同期投资者张某等陆续与中信银行、中信信托公司进行交涉。首次谈话中，中信信托公司人员表示：目前三个项目可能无法退出，强行退出折损比较大；投资者有要求书面申请回购的权利；"不是说您签了中信信托就不管您了，还是两方面的事情"；如果签了回购申请，会把本金收回来；如果不签，可能产品变现了，也有可能盈利。张某等提出当时介绍过较好情况、正常情况、最差情况的收益率，现要求收回正常情况下年化13.72%的收益。中信信托公司人员表示："这个是农开公司的一个预测"；"要求肯定带到，本金要回来，不影响你要后面的"；"我们信托公司不可能给投资者做出任何承诺"；"可以把要求都写下来"等。末次谈话中，中信信托公司也反复劝各投资人先办理回购拿回本金。张某等与中信银行联系过程中，中信银行人员表示希望大家签署回购函保住本金，后续再协调；回购申请不影响追索剩余的权益等。

【案件焦点】

已出让的优先受益权份额附注权利保留的效力及后果。

【法院裁判要旨】

北京市朝阳区人民法院经审理认为：

一、关于就信托产品后续任何形式的收益分配保留同等收益补偿、按5年定期存款利息计取收益的要求

该约定与《信托合同》规定的回购后果不相符合，因此该附注相当于变更合同的意思表示。从中信信托公司接受刘某波等人在《回购申请》上书写保留意见的前后语境，结合其向优先回购人转达等表述，应认为其是从帮助委托人收回本金、避免后续风险、尽可能维护受托人利益的角度出发，百般劝解后收受，并无实际执行的意思表示，未构成承诺，因此不能认为双方达成变更合同的一致意见。而且，如果一方面选择通过回购取回确定的财产并终止后续风险，另一方面又要求参与后续

收益的分配，既不符合合同中有关回购安排的本意，也有失公平。因此，上述附注只是刘某波单方意见，对中信信托公司不发生合同效力。

二、有关保留追究中信信托公司、中信银行失职责任的权利问题

从合同权利转让的层面分析，委托人出让受益权份额，追究信托计划延期期间受托人管理责任的权利已归受让人享有。但是，受益权转让之后，新受益人可能并不知晓受托人此前的行为及该行为对出让人权益的影响，也可能难以主张，还可能因无损失或有责任等不主张。从合同救济层面分析，回购是合同约定的信托到期资金未收回使信托计划延期的办法，投资人选择适用该条款即选择继续履行合同。出让人是此前信托合同的相对一方，不排除通过转让受益权不能弥补损失的情形。此外，刘某波提出保留该权利，中信信托公司、中信银行均表示同意。因此，刘某波声明保留就回购不能弥补的损失追究责任的权利，既不违反信托法关于委托人权利的立法本意，又有事实和合同法依据。但是，保留诉权的声明不等于确认实体权利成立。仅就损失构成而言，刘某波以预期年化收益率判定损失，没有依据。再者，回购为委托人限制损益范围提供一种安排，不回购则信托期限延长，后续可能有更高收益，也可能损失更大，委托人选择适用该条款，则是自行控制损益的表示。

依照《中华人民共和国信托法》第二十条、第二十二条、第四十八条、第四十九条，《中华人民共和国合同法》第十三条、第二十一条、第七十七条，《中华人民共和国民事诉讼法》第六十四条，《最高人民法院关于适用〈中华人民共和国民事诉讼法〉的解释》第九十条之规定，判决如下：

驳回原告刘某波的全部诉讼请求。

【法官后语】

刘某波对其已转让的受益权份额是否享有受益权和诉权是本案的争议焦点。本案关于权利保留的认定进行了多角度的分析，具体而言：

第一，投资者与信托公司对已转让优先受益权保留收益权和诉权是否形成合意。意思自治原则是指合同当事人可以自由选择处理合同争议所适用的法律原则。只要不违反法律强制性规定，就应当充分尊重当事人的意思自治。本案深入阐释了刘某波附注权利保留内容的法律效力，明确本案关键在于当事人是否对附注内容达

成合意。涉案《信托合同》明确约定，委托人信托受益权转让后，不再享有合同项下权利。本案结合刘某波在《回购申请书》上书写保留意见的背景及中信信托公司有关转达投资人意见的意思表示，认定中信信托公司未向刘某波承诺保留收益权。而中信信托公司明确承诺了诉权的保留，故刘某波与中信信托公司关于诉权的保留已达成合意。是否形成变更合同约定的合意是本案对收益权、诉权的保留认定不同的原因所在。

第二，保留收益权与诉权的条款是否与合同条款设立的初衷、与信托法关于委托人、受益人权利的立法本意相违背。本案在认定过程中不局限于法律适用，站在更高的维度上探究了合同条款设立的初衷及立法本意，得出收益权的保留不符合回购权转让风险设立的初衷，而诉权的保留与信托法、《信托合同》保障当事人工具性权利的意图相契合，进而得出相应结论。

第三，是否违反公平原则、是否有利于当事人寻求损害救济。法官在判案过程中应平衡各方的利益，以社会正义、公平的观念来处理当事人之间的纠纷，从而达到法律效果和社会效果的统一。本案中，若转让优先受益权后保留收益权，投资人在转移风险的同时仍享有收益，有违公平原则；若转让优先受益权后诉权的保留不成立，当事人在转让优先受益权难以弥补的损失时无法寻求权利救济，亦有违公平原则。本案从公平原则的角度，提供了判定权利保留是否成立的另一依据。

本案的判案思路兼顾意思自治原则与公平原则，深入探究合同条款的设立初衷和立法本意，并综合考虑了投资者的权益保护，具有借鉴意义。

从长远来看，本案裁判的价值导向有利于实现投资收益与风险的匹配，有利于信托公司等资管机构提升资产管理能力和投资者提升投资能力和风险意识，对于营造良好营商环境具有积极的促进作用。

编写人：北京市朝阳区人民法院　李有光　项丹

59

开发商以签订房屋买卖合同并登记备案的形式作房屋回购担保的，应履行房屋回购担保义务，而不能直接以房抵债

——解某珍诉云南道恒中天股权投资基金管理有限公司、云南华楚投资开发有限公司委托理财合同案

【案件基本信息】

1. 裁判书字号

云南省昆明市中级人民法院（2018）云01民终5101号民事判决书

2. 案由：委托理财合同纠纷

3. 当事人

原告（被上诉人）：解某珍

被告（上诉人）：云南道恒中天股权投资基金管理有限公司（以下简称道恒公司）、云南华楚投资开发有限公司（以下简称华楚公司）

【基本案情】

2014年4月21日，解某珍与道恒公司、华楚公司签订《合作协议书》，第一条约定由解某珍购买道恒公司合伙理财产品“道恒八号合伙理财计划第二期250万元”，预期年化收益率13.8%，解某珍授权道恒公司将资金用于投资华楚公司的“华楚国际汽配城二期”项目；第三条约定，解某珍理财产品到期后，华楚公司对投资本金及收益提供担保，担保方式为：锁定华楚公司所开发的“华楚国际汽配城二期”项目一组团未售商铺共计31000平方米，以每平方米建筑面积均价3000元的单价冲抵投资的本金和收益。解某珍于2014年4月21日通过平安银行向俊道中心存款250万元，俊道中心同日出具收据；道恒公司和俊道中心向原告出具《俊道中心道恒八号合伙理财计划认购生效证明书》，载明“解某珍于2014年4月21日购买的道恒八号合伙理财计

划250万元已转入俊道中心”。2016年6月16日，解某珍与俊道中心签订《退伙协议书》，执行事务合伙人道恒公司盖章确认。2016年6月16日，解某珍与俊道中心签订《基金投资款转购房款确认书》，载明购房款1579350.32元，基金投资款冲抵购房款后余额为1599572.78元。于同日，解某珍与华楚公司签订《商品房购销合同》及补充协议，约定将华楚公司的“云南华楚汽配玻璃物流城”×号房屋以1511079.30元出售给解某珍，并于当日登记备案。2016年6月16日，解某珍与华楚公司、道恒公司签订《产品清偿及房屋回购协议书》，第二条载明“道恒公司发起成立了俊道中心，系合伙企业的普通合伙人，此合伙企业为华楚公司的股权投资方”；第三条载明“系俊道中心的有限合伙人”；第四条约定解某珍认购华楚公司位于华楚国际汽配物流产业城×号商铺，华楚公司承诺在《商品房购销合同》签订后一年内，以认购价为基础，按年6%增值计算的价格回购，不能按期回购，每超期一天，按总房价1‰支付违约金，道恒公司作为回购履约的担保人。

【案件焦点】

1. 解某珍请求华楚公司履行房屋回购协议是否应当得到支持；2. 道恒公司是否应当承担房屋回购的担保责任。

【法院裁判要旨】

云南省昆明市安宁市人民法院经审理认为：解某珍与道恒公司、华楚公司签订的相关书面协议，并不违反法律规定，合法有效。根据《商品房销售管理办法》第十一条第一款“房地产开发企业不得采取返本销售或者变相返本销售的方式销售商品房”的规定，该条适用于商品房的销售，如前所述，本案中《商品房购销合同》签订的真实意思不是销售商品房；而解某珍根据三方签订的《合作协议书》要求华楚公司承担投资本金及收益的担保义务，实质是清偿其股权投资款，其行为并不违反法律法规规定，因此，法院对于华楚公司认为房屋回购的相关条款与现行的法律法规有相抵触而无效的主张不予采纳。《产品清偿及房屋回购协议书》约定由华楚公司对提供的担保房屋进行房屋回购，由道恒公司提供房屋回购担保，该协议的内容并未违反国家法律、法规禁止性规定而合法有效，三方均应按其约定履行各自的义务，现华楚公司没有履行回购房屋的义务，解某珍要求继续履行回购房屋义务并无不当，法院予以支持。道恒公司负有回购担保责任，理应承担连带保证责任。

云南省昆明市安宁市人民法院依照《中华人民共和国合同法》第四十四条、第一百零七条、第一百一十四条，《中华人民共和国担保法》第六条、第十八条、第十九条、第二十一条、第二十六条，《中华人民共和国合伙企业法》第二条第三款，《最高人民法院关于适用〈中华人民共和国合同法〉若干问题的解释（二）》第二十九条之规定，判决如下：

一、由被告华楚公司于本判决生效后十日内支付解某珍房屋回购款 1579350.32 元；以及以 1579350.32 元为本金，按年利率 6% 计算自 2016 年 6 月 16 日至 2017 年 6 月 15 日的收益 94761 元；以及以 1579350.32 元为本金，从 2017 年 6 月 16 日至付清之日按年率 9% 计算的逾期付款违约金；

二、被告道恒公司对上述债务承担连带清偿责任；

三、驳回解某珍的其他诉讼请求。

道恒公司、华楚公司不服一审判决，提起上诉。

云南省昆明市中级人民法院经审理认为：

一、一审人民法院审理程序是否严重违法的问题

解某珍向一审人民法院提起诉讼时的请求为“1. 解除各方当事人之间的《房屋回购协议书》；2. 由道恒公司、华楚公司连带返还解某珍认购华楚国际汽配物流产业城商铺的认购款 1579350.78 元，并支付约定收益 97919.75 元，违约金 94761 元，收益、违约金暂算至 2017 年 8 月 16 日，实际支付至还清之日止”，一审庭审结束之后，解某珍于 2018 年 4 月 23 日向一审法院递交《撤销诉讼请求申请书》，撤回第一项诉讼请求（解除双方签订的房屋回购协议），按照第二项诉讼请求处理，继续履行回购清偿协议并承担担保责任。根据《最高人民法院关于民事诉讼证据的若干规定》第三十四条第三款“当事人增加、变更诉讼请求或者提起反诉的，应当在举证期限届满前提出”的规定，若是当事人增加、变更诉讼请求的需要在举证期限届满前提出，法院认为，一审人民法院经过开庭审理后发现解某珍的第一项诉讼请求与第二项诉讼请求有矛盾，对解某珍进行法律释明后，解某珍向一审法院明确放弃其起诉时的第一项诉讼请求，保留第二项诉讼请求。根据《中华人民共和国民事诉讼法》第五十一条“原告可以放弃或者变更诉讼请求。被告可以承认或者反驳诉讼请求，有权提起反诉”的规定，解某珍在本案一审中是放弃诉讼请求，并非变更或增加诉讼请求，一审法院未告知其他当事人确有不妥，但并未违反法律或司法

解释的相关规定。道恒公司主张一审人民法院审理程序严重违法，应当发回重审的理由不能成立，法院依法不予采信。一审人民法院审理程序并不违法，法院依法予以确认。

二、道恒公司、华楚公司在本案中是否应承担责任

2014年4月21日，本案各方当事人签订了《合作协议书》，之后解某珍依约向道恒公司购买了“道恒八号合伙理财计划第二期250万元”理财产品，华楚公司为此提供担保。之后，因道恒公司不能按照约定返还解某珍投资款项，经各方当事人协议一致于2016年6月16日签订了《产品清偿及房屋回购协议书》。前述两份协议书均系各方当事人的真实意思表示，且内容不违反法律的规定，对各方当事人具有法律上的约束力，各方当事人应当按照约定履行自己的义务。因华楚公司没有履行回购房屋的义务，解某珍有权依据前述协议书要求华楚公司继续履行及要求道恒公司承担回购担保责任。一审判决道恒公司、华楚公司在本案中承担责任并无不当。关于道恒公司、华楚公司上诉主张本案约定的保证不符合法定保证要件、《合作协议书》不成立、《产品清偿及房屋回购协议书》中关于房屋回购内容及相关条款无效、遗漏当事人、违约金过高、一审法院适用法律错误等上诉观点法院已充分注意到，因道恒公司、华楚公司主张的前述上诉理由与事实不符，故法院依法不予采信。综上，道恒公司、华楚公司的上诉请求不能成立，法院依法不予支持。

云南省昆明市中级人民法院依照《中华人民共和国民事诉讼法》第一百一十八条、第一百七十条第一款第一项及《诉讼费用交纳办法》第二十九条第一款之规定，判决如下：

驳回上诉，维持原判。

【法官后语】

实际生活中，房地产开发商常以合作的名义筹集社会资金，通过一系列协议将资金用于房地产开发项目，再利用自身的强势地位将筹集到的资金转为购房款，进一步签订《商品房购销合同》并登记备案，同时签订房屋回购协议；接下来以签订的《商品房购销合同》合法有效且经过登记备案为由，要求投资者履行购房义务，与此同时以自己提供的格式合同的房屋回购协议的内容违反《商品房销售管理办法》禁止返本销售的规定为由而规避房屋回购责任，进一步锁定投资者的救济渠道

只有以房抵债。房地产开发商通过上述“合法”手段，达到前期既吸纳了大量资金用于房地产开发，后期又消化了存品房销售的目的。

如果本案以双方签订《商品房购销合同》且经过登记备案为由认定房屋买卖有效，同时又认定双方签订的房屋买卖合同违反禁止返本销售的规定而无效，只能判决投资者履行购房义务。但是这样既违背了投资者纯粹为了获取现金利益的投资初衷，又助长了房地产开发商设下的一系列“合法圈套”，不利于房地产企业的良性发展，更不利于构建良性的投资环境。

本案的核心是虽然认定了投资者与房地产开发商签订的《商品房购销合同》合法有效并经过登记备案，但是法院认定签订《商品房购销合同》并经过登记备案只是以房屋买卖的形式所作的一种担保，房地产开发商应当以现金支付的方式履行房屋回购的担保义务，而不能直接以房抵债。从双方签订合同的本意来看，解某珍并不是想取得房屋的所有权，而是想完全取回投资款的一种担保意愿；真正的房屋买卖合同具有独立性，本案房屋买卖合同是附属于返还投资款的从合同，不能独立存在，如果没有理财投资合同，就不会有本案的房屋买卖合同，因此，房屋买卖合同符合担保合同的从属性特征。

本案的难点在于认定签订《商品房购销合同》并经过登记备案只是以房屋买卖的形式所作的一种担保是何种类型担保。这种担保与法定的担保方式①不同，商品房未抵押，更未办理抵押登记；商品房作为不动产也不可能交付质押；本案也不存在留置。这种担保不属于理论上的买卖型担保，买卖型担保的表现形式为：债权人与债务人订立债权债务合同的同时，也与债务人本人或第三人订立买卖合同（通常表现为商品房买卖合同），约定如债务人未能按期偿还债务，则履行买卖合同，以买卖价款抵偿债务，如果债务按期偿还，则买卖合同不予履行。本案华楚公司在《商品房购销合同》签订后一年内没有履行回购义务，解某珍并不要求被告履行买卖合同，以房屋抵偿投资款。这种担保也不属于理论上的让与担保，让与担保是指债务人或第三人为担保债务人的债务，将担保标的物的所有权等权利转移于担保权人。债务清偿后，担保标的物应返还于债务人或第三人，债务不能履行时，担保权

---

① 《中华人民共和国担保法》第二条第二款规定：“本法规定的担保方式为保证、抵押、质押、留置和定金。”

人可就该标的物优先受偿的非典型担保物权。本案解某珍并未委托将商品房的所有权转移于解某珍。这种担保方式也不同于法定的保证①，但是本案最终处理结果是参照法定的保证方式予以判决。保证一般是债权人、债务人和保证人的三方关系，而本案的房屋回购协议中的债务人是华楚公司，“保证人”也是华楚公司，相当于是自己给自己保证；综合全案事实及相关法律和理论实践来看，“保证人”暨被告华楚公司没有按时履行房屋回购义务，应向解某珍以现金形式支付房屋回购款的合同义务（“保证责任”），而不是以房抵债；道恒公司因对房屋承担回购担保责任而对上述债务承担连带清偿责任。

审理类似案件不能只审查双方签订的合同形式要件，更要深入剖析实质要件，站在为构建良好的经济运行环境提供指引意义的司法服务的高度综合考虑，不能放任房地产开发商的这种集资模式。

编写人：云南省昆明市安宁市人民法院　张萍　郭文坤

60

保理融资方伪造基础合同不当然导致保理合同无效

——马某颖诉中信商业保理有限公司北京分公司等合同案

【案件基本信息】

1. 裁判书字号

北京市第二中级人民法院（2018）京02民终4693号民事判决书

2. 案由：合同纠纷

3. 当事人

原告（被上诉人）：中信商业保理有限公司北京分公司（以下简称中信保理公司）

被告（上诉人）：马某颖

① 《中华人民共和国担保法》第六条规定：“本法所称保证，是指保证人和债权人约定，当债务人不履行债务时，保证人按照约定履行债务或者承担责任的行为。”

被告：北京安启华科技有限公司（以下简称安启华公司）、潘某初、孔某统

第三人：北京神州数码有限公司（以下简称神州数码公司）

【基本案情】

安启华公司以与神州数码公司签订的《销售合同》及相关收货确认单为凭据，将对神州数码公司的15408640元应收账款转让给中信保理公司，申请获取800万元融资款。2014年4月24日，中信保理公司与安启华公司签订《保理合同》。

2014年12月4日，中信保理公司与安启华公司共同向神州数码公司发出了应收账款转让通知书。同日，潘某初、孔某统为安启华公司上述债务提供连带责任保证，马某颖以其名下房产提供担保并办理抵押登记。

2014年12月5日，中信保理公司向安启华公司发放了保理融资款800万元。

另查，北京市第一中级人民法院（2016）京01刑初52号刑事判决书认定，安启华公司实际控制人彭某伙同孔某统采取虚构神州数码公司向安启华公司采购产品，伪造销售合同、收货确认书等手段，骗取若干受害人款项，安启华公司、彭某均犯合同诈骗罪。该案受害人不包含在内。

各方当事人当庭均认可本案《销售合同》、收货确认书、应收账款转让通知书中神州数码公司的印章系案外人彭某伪造。

【案件焦点】

1. 涉案《保理合同》及相关担保合同是否因保理融资方伪造基础合同而无效；2. 本案应否先移送刑事侦查机关处理。

【法院裁判要旨】

北京市东城区人民法院经审理认为：首先，本案保理业务所涉文件形式、内容均符合交易习惯，中信保理公司对保理文件已尽到合理审查义务；本案现有证据及陈述不能证明中信保理公司存在明知或应知上述文件系伪造的情况；债权转让仅为《保理合同》的一部分内容，即使基础合同关系系虚构，也不影响其他合同条款的履行。《保理合同》及其相关从合同均有效。其次，本案各当事人反映的彭某伪造神州数码公司印章及《销售合同》一事对安启华公司、马某颖、潘某初、孔某统依约所承担的民事责任无影响，故一审法院对本案应先移送刑事侦查机关处理的答辩

意见不予采信。据此，依照《中华人民共和国合同法》第六十条，《中华人民共和国担保法》第十八条、第二十八条、第五十九条，《中华人民共和国物权法》第二百零三条，《中华人民共和国民事诉讼法》第一百四十四条之规定，判决如下：

一、本判决生效之日起十五日内，安启华公司向中信保理公司支付回购款8643200元及律师费10万元；

二、如安启华公司未履行上述债务，则中信保理公司有权就马某颖名下位于北京市昌平区黄平路×号院×号楼1层至3层的房屋折价，或以拍卖、变卖的款项优先受偿；

三、潘某初、孔某统对中信保理公司实现上述抵押权后未获清偿的部分承担连带保证责任；

四、马某颖、潘某初、孔某统承担担保责任后，有权向安启华公司追偿；

五、驳回中信保理公司的其他诉讼请求。

马某颖不服一审判决，提起上诉。

北京市第二中级人民法院经审理认为：首先，“以合法形式掩盖非法目的”的“目的”应指合同双方的共同目的而非单方目的，而本案并无证据显示中信保理公司签订涉案《保理合同》存在非法目的。保理法律关系参与一方的行为涉嫌违法犯罪，不当然导致全部保理融资行为均归于无效。本案中，保理业务的各项要件齐备，中信保理公司亦实际向安启华公司发放了保理融资款，涉案《保理合同》本身不存在违反法律、行政法规的效力性强制性规定情形。即使安启华公司涉嫌虚构应收账款、伪造基础合同，涉案《保理合同》亦应依据《中华人民共和国合同法》第五十四条第二款规定被认定为可撤销合同，而中信保理公司并未主张撤销涉案《保理合同》。本案中并无证据显示中信保理公司参与虚构了涉案《销售合同》或明知该合同系虚构，故本案不属于“名为保理、实为借贷”的情形。综上，涉案《保理合同》有效，其相应从合同亦有效。各方均应依约履行己方义务。其次，因涉案《保理合同》不因一方当事人涉嫌犯罪而归于无效，则本案的审理结果并不以刑事案件的审理结果为依据，本案所涉事实与刑事犯罪并非同一事实，故本案无须先移送公安机关处理。综上所述，马某颖的上诉请求不能成立，应予驳回；一审判决认定事实清楚，但适用法律有误，依照《中华人民共和国民事诉讼法》第一百七十条第一款第二项的规定，判决如下：

一、维持北京市东城区人民法院（2015）东民（商）初字第19468号民事判决第一项、第二项、第四项；

二、撤销北京市东城区人民法院（2015）东民（商）初字第19468号民事判决第三项、第五项；

三、潘某初、孔某统就北京市东城区人民法院（2015）东民（商）初字第19468号民事判决第一项所确定的安启华公司的债务，向中信保理公司承担连带保证责任。

【法官后语】

本案为保理合同纠纷，争议焦点主要有二，一是在当事人伪造公章、虚构基础合同并存在诈骗嫌疑时，保理合同效力如何认定；二是案件涉嫌刑事犯罪时民事程序如何处理。

关于焦点一，首先，本案《保理合同》不因融资方涉嫌诈骗而当然无效。本案中，保理融资方存在伪造公章、虚构基础合同及应收账款、骗取保理融资款的行为，然此仅为融资人单方实施的诈骗行为，而民事合同行为则是在各合同签订方意思表示一致的情况下共同实施的双方或多方行为，故缔约一方的诈骗行为触犯刑法、侵害国家利益，不代表缔约各方签订的合同本身亦触犯刑法，故本案《保理合同》之效力仍应依据《中华人民共和国合同法》第五十二条规定予以认定。

其次，是否存在“以合法形式掩盖非法目的”情形，需考察各方签订主体的合同目的。合同行为系各方当事人意思表示一致的结果，故应依各方共同意思表示判定合同是否具有非法目的。从目的解释角度看，《中华人民共和国合同法》第五十二条第三款之所以给合同效力以否定性评价，是因为合同签订方借虚假意思表示掩盖了其违法真意，该款旨在打击以合法表象实施的违法行为。在一方存有非法目的但另一方为善意的场合，一概依该款规定否定合同效力，不利于维护善意一方的合法权益。《中华人民共和国民法总则》第一百四十六条亦规定：“行为人与相对人以虚假的意思表示实施的民事法律行为无效。以虚假的意思表示隐藏的民事法律行为的效力，依照有关法律规定处理。”据此，民事行为无效的条件之一是该行为系行为人与相对人通谋实施的虚假行为。本案中，并无证据显示中信保理公司存在通谋情形，其债权不应因合同相对方的行为涉嫌犯罪而遭受损害。

再次，一方当事人存在违法犯罪行为，不应推定为保理行为“违反法律、法规的强制性规定”。保理是以债权人向保理商转让应收账款为前提，集多项金融服务为一体的综合性金融业务，保理法律关系涉及债权人、债务人及保理商三方主体，涵盖基础合同关系、保理合同关系两种法律关系。本案债权人涉嫌合同诈骗，但保理商并未恶意串通。保理商系受欺诈一方，其有权根据合同法相关规定行使撤销权，然其并未行使该等权利，故《保理合同》仍为有效。

最后，“名为保理、实为借贷”，指保理商与交易相对人虚构基础合同、以保理之名行借贷之实的情形，需审查保理商是否明知基础合同为虚构，而不应仅以保理融资方虚构债权为由否认保理合同关系的真实有效性。综上，法院认定《保理合同》有效。

关于焦点二，本案观点为，“先刑后民”的前提条件为民事案件与刑事案件中的事实为“同一事实”，该事实是指同一自然事实。本案中马某颖所主张的安启华公司的犯罪行为，主要是通过伪造公章、虚构基础合同骗取保理融资款，然保理业务涵盖资金融通、债务人资信评估、应收账款管理、坏账担保、账款催收等一系列金融服务，涉及多方主体，安启华公司的行为本身与保理合同行为并非完全重合，故本案虽可能与刑事犯罪有关联但却并非同一事实，本案不符合“先刑后民”的条件。

编写人：北京市第二中级人民法院　邢军　张翼

图书在版编目（CIP）数据

中国法院2020年度案例．金融纠纷／国家法官学院，最高人民法院司法案例研究院编．—北京：中国法制出版社，2020.3

ISBN 978-7-5216-0907-3

Ⅰ.①中… Ⅱ.①国…②最… Ⅲ.①金融-经济纠纷-案例-汇编-中国 Ⅳ.①D920.5

中国版本图书馆CIP数据核字（2020）第034115号

策划编辑：李小草（lixiaocao2008@sina.cn）

责任编辑：韩璐玮 王紫晶　　封面设计：温培英 李宁

中国法院2020年度案例·金融纠纷

ZHONGGUO FAYUAN 2020 NIANDU ANLI · JINRONG JIUFEN

编者/国家法官学院，最高人民法院司法案例研究院

经销/新华书店

印刷/三河市紫恒印装有限公司

开本/730毫米×1030毫米 16开　　印张/15.25 字数/192千

版次/2020年3月第1版　　2020年3月第1次印刷

中国法制出版社出版

书号 ISBN 978-7-5216-0907-3　　定价：56.00元

北京西单横二条2号

邮政编码 100031　　传真：010-66031119

网址：http：//www.zgfzs.com　　**编辑部电话：010-66070084**

市场营销部电话：010-66033393　　**邮购部电话：010-66033288**

（如有印装质量问题，请与本社印务部联系调换。电话：010-66032926）

中国法院 2012 ~ 2020 年度案例系列

国家法官学院　最高人民法院司法案例研究院　编

简便易用、权威实用——打造“好读有用”的案例

1. 权威的作者：国家法官学院案例开发研究中心持续 20 余年编辑了享誉海内外的《中国审判案例要览》丛书，2012 年起推出《中国法院年度案例》丛书，旨在探索编辑案例的新方法、新模式，以弥补当前各种案例书的不足。

2. 强大的规模：2012、2013 年各推出 15 本，2014 年推出 18 本，2015 年推出 19 本，2016 年推出 20 本，2017 年推出 21 本，2018、2019、2020 年推出 23 本，含传统和新近的所有热点纠纷，所有案例均是从全国各地法院收集到的上一年度审结的近万件典型案例中挑选出来的，具有广泛的选编基础和较强的代表性。

3. 独特的内容：不再有繁杂的案情，高度提炼案情和裁判要旨，突出争议焦点问题。不再有冗长的分析，主审法官撰写“法官后语”，展现裁判思路方法。

1. 婚姻家庭与继承纠纷
2. 物权纠纷
3. 土地纠纷（含林地纠纷）
4. 房屋买卖合同纠纷
5. 合同纠纷
6. 买卖合同纠纷
7. 借款担保纠纷
8. 民间借贷纠纷
9. 侵权赔偿纠纷
10. 道路交通纠纷
11. 雇员受害赔偿纠纷（含帮工受害纠纷）
12. 人格权纠纷（含生命、健康、身体、姓名、肖像、名誉权纠纷）
13. 劳动纠纷（含社会保险纠纷）
14. 公司纠纷
15. 保险纠纷
16. 金融纠纷
17. 知识产权纠纷
18. 行政纠纷
19. 刑事案例一
20. 刑事案例二
21. 刑事案例三
22. 刑事案例四
23. 执行案例

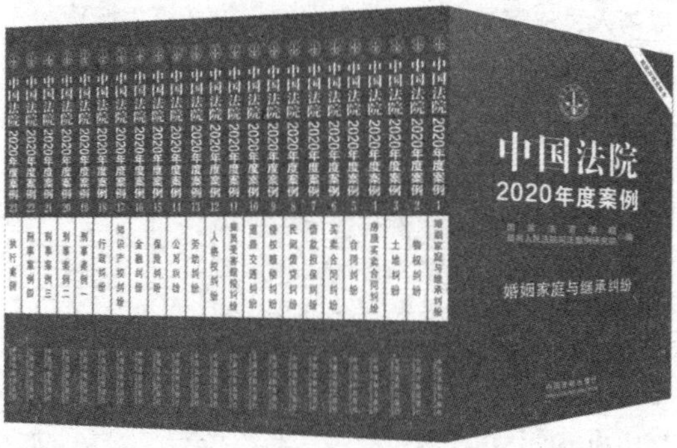

最高人民法院指导性案例裁判规则理解与适用系列

公司卷二	98 元	物权卷	88 元
公司卷（第三版）（上下册）	139 元	婚姻家庭卷（第二版）	68 元
民事诉讼卷（第二版）（上下册）	145 元	合同卷四（第二版）	98 元
侵权赔偿卷二	69 元	合同卷三（第二版）	98 元
侵权赔偿卷一	69 元	合同卷二（第二版）	108 元
房地产卷	98 元	合同卷一（第二版）	108 元
劳动争议卷	58 元	担保卷（第二版）（上下册）	139 元

最高人民法院知识产权审判实务系列

最高人民法院知识产权审判案例指导（第 11 辑）	86 元
最高人民法院知识产权审判案例指导（第 10 辑）	98 元
最高人民法院知识产权审判案例指导（第 9 辑）	88 元
最高人民法院知识产权审判案例指导（第 8 辑）	88 元
最高人民法院知识产权审判案例指导（第 7 辑）	98 元
最高人民法院知识产权审判案例指导（第 6 辑）	78 元
最高人民法院知识产权审判案例指导（第 5 辑）	88 元
最高人民法院知识产权审判案例指导（第 4 辑）	78 元
最高人民法院知识产权审判案例指导（第 3 辑）	78 元
最高人民法院知识产权审判案例指导（第 2 辑）	78 元
最高人民法院知识产权审判案例指导（第 1 辑）	48 元
中国知识产权指导案例评注（第 10 辑）	128 元
中国知识产权指导案例评注（第 9 辑）	108 元
中国知识产权指导案例评注（第 8 辑）	98 元
中国知识产权指导案例评注（第 7 辑）	118 元
中国知识产权指导案例评注（第 6 辑）	128 元
中国知识产权指导案例评注（第 5 辑）	118 元
中国知识产权指导案例评注（第 4 辑）	98 元
中国知识产权指导案例评注（第 3 辑）	98 元
中国知识产权指导案例评注（上、下卷）	188 元
商标法适用的基本问题（增订版）	78 元
反不正当竞争法的创新性适用【精装】	68 元
知识产权法律适用的基本问题——司法哲学、司法政策与裁判方法	168 元
最高人民法院知识产权司法解释理解与适用（最新增订版）	69 元
最高人民法院知识产权案件年度报告（2008 ~ 2015）（中英文版）	198 元
知识产权司法实务新型疑难问题：专利、商标与著作权热点问题	138 元
知识产权司法实务新型疑难问题：知识产权司法保护与产业发展	120 元

最高人民法院审判指导书系

执行规范理解与适用——最新民事诉讼法与民诉法解释保全、执行条文关联解读（增订 2 版）	159 元
最高人民法院民事立案业务指导	108 元
最高人民法院审判监督业务指导	128 元
最高人民法院执行业务指导	128 元